経営計画策定・実行の教科書

企業変革・新産業創造のプロ
シカゴ大学MBA（Beta Gamma Sigma）
内 海 康 文　Yasufumi Utsumi

あさ出版

はじめに

経営経験を重ねるに連れて、企業経営の常識に疑問が湧く

大学を卒業後、国内大手素材メーカーに7年間勤務し、米国MBAに留学しました。その後、外資系戦略コンサルティング会社に転職し、新聞・雑誌で取り上げられるような貴重な経験をさせていただきました。ただ、あるべき姿を描いて会社が変わるかというと、そうではないだろうという気持ちがどこかにありました。

企業変革の現場に就きたいという思いの中、ヘッドハンティングで外資系保険会社に転職しました。業界素人かつ彼らにとって実現不可能なあるべき論を述べる私には誰も力を貸してくれず、結局一人で事業計画を作り、通販型自動車保険事業を立ち上げました。そうすると、これまでそっぽを向いていた多くの同僚が集まり、その後、事業は急拡大し、同分野のトップ企業の1社になりました。企業変革は頭で引っ張るのではなく、自ら動いて背中で引っ張ることが重要と気づかされました。

その後、企業変革に強みを持った外資系コンサルティング会社に勤め、同社の関連会社としてビジネス・アーキテクトを設立し現職に至ります。ビジネス・アーキテクトでは、矢継ぎ早に会社を興し、代表取締役としてそれら会社の経営に従事しました。また、ある世界的な外資系戦略コンサルティング会社の日本拠点の経営にも兼務で携わり、今なお多くの経営コンサルティングに従事しています。

これら、国内外企業での現場経験、MBAでの経営学の勉強、戦略・経営コンサルティング経験、自ら代表取締役を務める企業経営経験を重ねる中で、「議論の余地のない所与の目的として与えられる利益ってなんだろう」「株主って何者」「そもそも会社って何だ」という、原点に立ち返った課題意識が自分の中で大きくなっていきました。

「会社は虚像、実体は生身の人間のチーム」を基盤にした新企業経営論をつくる

会社は、社会を幸せにする分業の一形態に過ぎず、我々人類が作り上げた分業のルールに過ぎません。つまり会社は虚像であり、実体は生身の人間です。その生身の人間は、自分ひとりでできることは限られています。それゆえに仲間を集めてチームで社会の幸せを作ることになります。チームが大きくなれば、チームの方向付け、チームメンバーの選定、役割分担、成果の対価の公平な分配や、モチベーション維持などの仕組みが不可欠になります。

このように会社をそもそもの原点から見ると、「チームの方向付け」とは、自社は社会においてどんな幸せを作るためのチームなのか、幸せにする相手は誰で、どんな価値を作るために、他チームと比較して何に勝り、同時に他チームとどのように分業・連鎖すべきかを、ゼロベースで考えることです。この設計を、本書では、「**外向きの戦略**」と呼んでいます。

そして、「外向きの戦略」を実現するための「チームメンバーの選定」「役割分担」「対価の分配」「モチベーション維持」の設計などを、本書では「**内向きの戦略**」と呼びます。

世の中にあふれる、組織や人事制度の事例の類型化や自社の過去の経験則の応用では、今、目の前にいる生身の人間に当てはまる確証はありません。〝虚像〟の抽象的な形を議論するよりも、目の前にいる生身の人間の感情や行動様式を科学し、外向きの戦略と結びつけるためのチームのあり方をゼロベースで考えるべきだと思います。

また業務設計は、業務設計自体を目的化せず、業務を行う〝人〟の役割・タスク分担が目的であることを認識すべきです。そうでないと使われないシステムやマニュアル、行き過ぎたコストダウン、現場の〝人〟の疲弊をもたらすことになります。

この「外向きの戦略」「内向きの戦略」を設計し、そのＰＤＣＡを回すことが企業経営に他なりません。

ここでそのＰＤＣＡのＣ（Check）ですが、今や会計上の利益は、企業経営の巧拙を図る、絶対的な指標と言えなくなっています。一人の幸せの大きさは、貧富の差無く同一であるべきです。幸せの大きさと受幸者の人数、苦労の大きさと幸せをつくる工数の比率が分業チームの社会的価値を計測する指標です。本書では、それを「ＣＳＶ指標」と呼んでいます。しかし未だその概念と会計上利益の追求との折り合いを付けられている会社は、ほとんどありません。本書では、会計利益指標を補完するものとして、このＣＳＶ指標の使い方を解説しています。

本書は、会社の大小、読者の経験を問わず一生役立つ経営のバイブルである

本書は、著者オリジナルの概念に基づいて作られています。そのため会社の大小を問わ

ず、経営知識の多寡《たか》を問わず、働く全ての人に新鮮な示唆を提供できると考えています。また経営計画の策定と実行は、会社のみならず部や課の経営にも有効です。

新人から経営者の皆様まで幅広く役立つ書籍である一方で、新たな経営論をこの一冊に凝縮しているため、一節一節、一文一文の内容が濃く、〝ながら〟で読めるものではありません。**「良薬口に苦し」と思い、じっくりと腰を据えて**〝勉強〟してください。

また短時間で本書を読破しても、〝経営のプロ〟になれるわけではありません。皆様個人が直面している状況に応じて、効能として対応する章・節が異なります。一生ものの〝経営の教科書〟として、その都度その章・節を読み返して理解を深めてください。その読み返しの都度、経営を一人称でとらえ、〝ようし、やってみよう〟と皆様の心を奮い立たせることができれば嬉しい限りです。

２０１７年４月

内海　康文

要点	本書の構成
市場の概観、顧客の未充足ニーズ、事業シーズ（技術、新サービス他）、競合の動向などを記述。よく「今までこうだった」ので「これからこうしましょう」と過去の振り返りから入る経営計画を見かけるが、過去は関係ない。事業環境を客観視して“ゼロベース”で計画を立てることが重要。	**対象外** 本書は企業経営に軸足を置いたため社会トレンドの描写や分析系の内容は割愛しています。
事業環境分析を踏まえて、ビジネスモデルの任意の要素の組み合わせで事業ドメインを定義する。自社の強みから発想しがちだが、新たな産業･市場を切り開く、いわゆる“ブルーオーシャン戦略”では、自社の強みはさほど重要ではない。	**第2章**
設定した事業ドメインに個別事業を入れる。既存事業をベースに事業ドメインが設定されるのではなく、事業ドメインが先であり、結果として売却する事業、撤退する事業も出る。また全社から見た個別事業の位置付け（問題児、スター、金のなる木等）を考え、収支予想の投資戦略に反映し、個別事業間のシナジーを設計しなければならない。	**第2章**
個別事業でより詳細な「事業戦略」を設計。本書は「経営計画」というテーマなのでその詳細は記述していないが、あらゆる事業戦略に有効な、“内海式“戦略の方程式化と８つの思考テクニックを伝授する。	**第3章**
内向きの戦略の要件は、①外向きの戦略を実行するためのコアコンピタンスを確保する、②競争優位性をつくる、③利益を出すコスト構造をつくる、④従業員の働くモチベーションを上げる　の４点。“内海式”７ステップ法を用いた、業務モデルの設計を解説。	**第4章**
戦略とはどこか１定点の会社のあるべき姿の設計ではなく、動的な変化の描写であるべき。コンティンジェンシープラン（変化への対応計画）を含め、その描写テクニックを解説。	**第6章**
“内海式”収支 KPI モデルによる戦略と収支予想の連結、DCF 法による事業価値・企業価値の算出、収支予想のチェックポイント、感度分析、資金調達計画などを解説。	**第7章**
戦略の目的は実行つまり“人”の行動変革。マーケティング理論を応用して、従業員をセグメントし、セグメント別の施策のポイントを解説。	**第5章**
ミッション、ビジョン、戦略、ブランドコンセプト、行動指針などの各種ステートメントの関係性を整理し体系化した上で、それぞれのステークホルダーの心を打つメッセージを抽出する。	**第8章**
誰が､いつ､何をすべきかを描写した PDCA サイクルと､Plan と Check の全社から事業部､部署、個人へ落とし込みの体系、Do と Act の統制の仕組みを設計する。	**第8章**
従業員の行動を引き出す４つのレバーに対応した施策・仕組みを設計する。	**第9章**
経営計画（マスタープラン）をターゲット・オーディエンス別にカスタマイズして発信するコミュニケーション戦略をつくる。	**第10章** （1節）

“内海式”経営計画(マスタープラン)の内容と本書の構成

経営計画(マスタープラン)の項目

1．事業環境の認識
- (1) 市場の概観
- (2) 顧客の未充足ニーズ
- (3) 事業シーズ(技術、新サービス他)
- (4) 競合の動向

第1章(構成の解説)

2．経営戦略
- (1) 事業ドメイン
- (2) 外向きの戦略
  - (a) 事業ポートフォリオ
  - (b) 個別事業の戦略の概要
    - (i) ターゲット顧客
    - (ii) 提供価値
    - (iii) マーケティングミックス
    - (iv) バリューチェーン
  - (c) 外向きの戦略ロードマップ
- (3) 内向きの戦略
  - (a) コアコンピタンスと競争優位性
  - (b) 業務モデル
    - (i) 組織
      - 1) 組織ストラクチャー
      - 2) 組織スキル
      - 3) 人員構成
      - 4) 組織アーキテクト
    - (ii) 人材マネジメント
      - 1) 採用計画
      - 2) 人事制度
      - 3) 教育制度
    - (iii) その他のポイント*1
  - (c) 内向きの戦略ロードマップ
- (4) 統合ロードマップ
- (5) 収支予想

第8章(構成の解説)

3．経営戦略のPDCAの仕組み*2
- (1) ステートメント体系
- (2) PDCAマネジメント
- (3) PDCAサポートシステム

＊1：ミッションとKPI、顧客接点、業務プロセス、ICT　＊2：内向きの戦略の「行動革新メカニズム」を含む

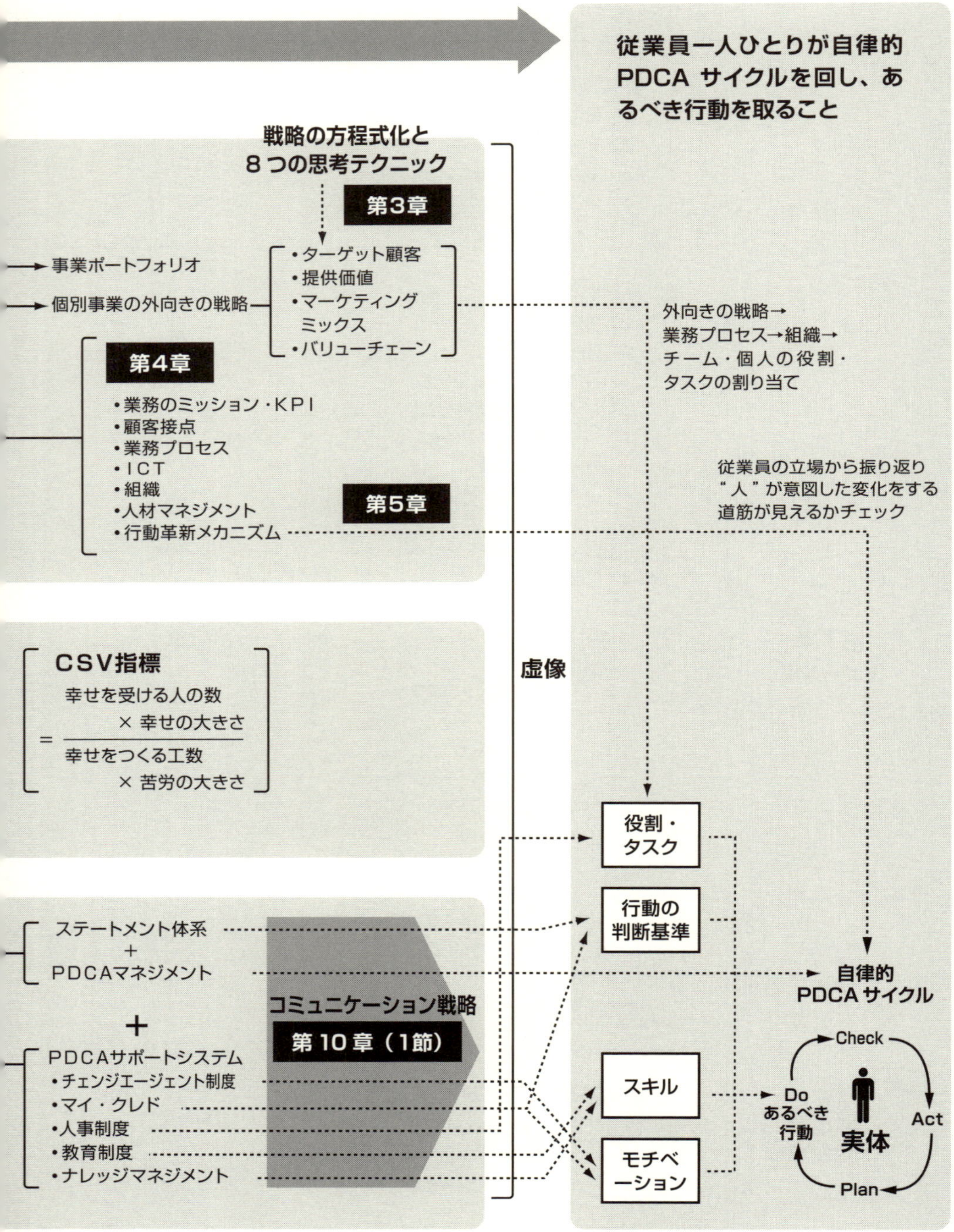
従業員一人ひとりが自律的PDCAサイクルを回し、あるべき行動を取ること
戦略の方程式化と8つの思考テクニック
第3章
事業ポートフォリオ
個別事業の外向きの戦略
・ターゲット顧客
・提供価値
・マーケティングミックス
・バリューチェーン
外向きの戦略→業務プロセス→組織→チーム・個人の役割・タスクの割り当て
第4章
・業務のミッション・KPI
・顧客接点
・業務プロセス
・ICT
・組織
・人材マネジメント
・行動革新メカニズム
第5章
従業員の立場から振り返り
“人”が意図した変化をする道筋が見えるかチェック
CSV指標
= 幸せを受ける人の数 × 幸せの大きさ / 幸せをつくる工数 × 苦労の大きさ
虚像
役割・タスク
行動の判断基準
ステートメント体系
+
PDCAマネジメント
自律的PDCAサイクル
コミュニケーション戦略
第10章（1節）
+
PDCAサポートシステム
・チェンジエージェント制度
・マイ・クレド
・人事制度
・教育制度
・ナレッジマネジメント
スキル
モチベーション
Check
Do
あるべき行動
Act
実体
Plan

“内海式”人中心の企業経営連鎖図と本書の構成

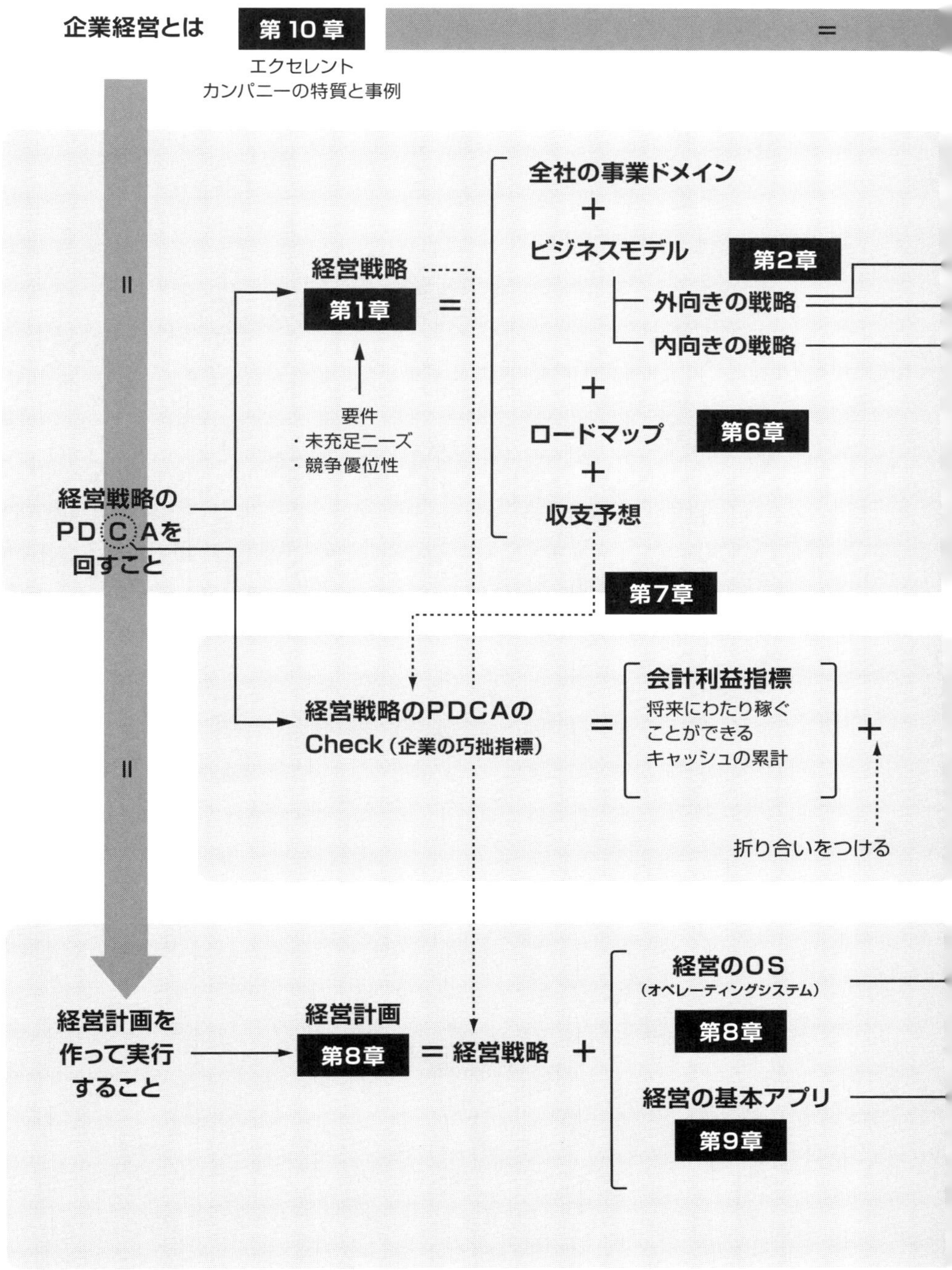

はじめに……2
〝内海式〟経営計画（マスタープラン）の内容と本書の構成……6
〝内海式〟人中心の企業経営連鎖図と本書の構成……8
本書の活用法――あなたのこんな課題にお役にたちます……20

プロローグ

経営計画の概要と企業経営連鎖図

経営計画の構成要素と本書の構成の対応……22
経営計画の目的は経営戦略のPDCAを回すことである
経営戦略の定義をはっきりさせる／ステークホルダーの行動を起こさせる仕組みを設計する
経営計画を発信して「行動」を促す
企業経営連鎖図と本書の構成の対応……26
企業経営の6つの視点
第1の視点：企業経営の3つの定義／第2の視点：経営戦略の要素分解
第3の視点：個別事業戦略策定の方法論／第4の視点：企業経営の巧拙指標
第5の視点：経営計画の機能分解
第6の視点：従業員のあるべき行動を引き出すレバー

第1章

経営戦略の作成手順と重要ポイント

従来の経営戦略の焼き直しでは通用しない……32
企業に影響を与える社会の大きな変化を知る
メガトレンドが既成産業を焼失させる／「6つの変化」に注目する

経営戦略の構成要素と要件を明確にする……36
経営戦略を定義し、体系化して各種戦略との整合性をとる
経営戦略の中身は大きく4つ ／ 2つの要件（①未充足ニーズをとらえ、②競争優位性を確認する）
経営戦略はトップダウンとボトムアップの双方向でつくる……40
行ったり来たりのプロセスと、ゼロベースで作成
経営戦略の方針はトップダウンでつくる ／ ボトムアップで吸い上げて完成
経営戦略作成の要諦は2つ

第2章 顧客に向かう〝外向きの戦略〟をつくる

まず事業ドメイン（事業領域）の設定を行う……46
ビジネスモデルの任意の要素の組み合わせで定義
事業の展開を意識して設定する ／ 定期的に見直し・変更を行う
［チェックポイント①］未充足ニーズや競争優位性が薄れていないか？
［チェックポイント②］無節操に事業が増殖していないか？
次に事業ドメインに入れる事業を考える……50
PPMの手法を活用して事業ポートフォリオをつくる
PPMとは事業ポートフォリオ管理 ／ 事象ごとに個別事業戦略の方針を立てる
PPMを使用するときの注意点
「問題児事業」の管理の仕方とそのポイント……54
事業の取捨選択とテコ入れがポイント
「問題児」に入る新規事業を選別する ／ 新規事業をテコ入れする
問題児事業に投資する総額と撤退基準を決める

第3章

個別事業の〝外向き〟の戦略〝策定ポイント

「スター事業」の管理の仕方とそのポイント……58
積極投資を行いつつ、陥落させない手を打つ
積極投資で競合を引き離す／差別化ポイントを考え事業ドメインを変える
凋落の兆しを見きわめる／事例：「スター」からの凋落

「負け犬事業」の管理の仕方とそのポイント……62
絞る、広げる、事業リエンジニアリング、売却の4対策を検討する
市場が成熟すれば、必ず「負け犬化」が進む／負け犬事業への「4つの対策」

事業間シナジーを実現させる事業ポートフォリオ作成法……66
事業ドメインを絞る、内向きの戦略でくくる
事業ポートフォリオではシナジーを考える／事業ドメインが絞られている場合
事業ドメインが広い場合／戦略フレームワークでシナジーを積み上げる

利益・CSV指標とビジネスモデル（要素）の方程式をつくる……72
「戦略の方程式化」が戦略策定を容易にする
戦略の目的「Y」が最大になる方程式を考える／戦略の方程式のつくり方・解き方

「戦略方程式」と8つの思考法をセットで使う……76
分解して、組み合わせて、評価するテクニック
MECEと多次元発想／仮説思考に基づくソリューションシステム／演繹的・帰納的発想
フェルミ推定／コンセプト拡張／共創・合成／ゼロベース思考

第4章

従業員に向かう〝内向きの戦略〟をつくる

外向きの戦略を実現させる内向きの戦略の作成手順と要件……84

自律的に〝人〟が働く仕組みの設計

戦略を実現させるのは〝人〟／内向きの戦略の作成手順／内向きの戦略の「4つの要件」

内向きの戦略の「7つのステップ」の詳細……88

7ステップの作業内容とアウトプット

ステップ1：ミッションとKPIを決める／ステップ2：顧客接点を考える

ステップ3：業務プロセスを描く／ステップ4：ICTの開発計画を作成する

ステップ5：組織を考える／ステップ6：人材マネジメントの仕組みをつくる

ステップ7：行動革新メカニズムを設計する

組織ストラクチャーを縦横両方向から設計する……92

〝縦〟で階層をつくり、〝横〟で業務をくくる

「縦方向の設計」で階層を考える／「横方向の設計」で業務をくくる

流動的組織形態をとる会社

組織スキルを定義しギャップへの対策を考える……96

コアコンピタンス、競争優位性を確保する内部・外部対策

組織スキルを定義する／組織スキルの設計手順／不足組織スキルの対策を考える

採用から評価、処遇まで人材マネジメントの仕組みを設計する……100

人材マネジメントは経営戦略と一体で考える

経営陣が自ら人材マネジメントに関与する／採用――柔軟に採用形態を考える

配置――中央集権VS自由・競争／役割・タスク・目標設定――経営戦略から個人へ落とし込む

教育――コアコンピタンス・競争優位性を確保する／評価――3つの観点から評価する

処遇――業績をフェアに分配する

第5章 行動革新メカニズムをつくる

従業員を「セグメンテーション」して対策を考える……108
リーダー、フォロワー、アパシータイプに分類
「リーダー」を発掘・育成する／「フォロワー」を配置する／「アパシー」は社外へ

従業員の行動改革を促す仕掛けをつくる……112
従業員の「あるべき行動」を引き出す4つのレバーへ働きかける
「役割・タスク」を明確にする／「行動の判断基準」をつくる／「スキル」の充足をはかる
「モチベーション」を向上させる

16%のリーダーを確保すると変革が起動する……116
「イノベーター理論」は企業変革にも使える
イノベーター理論を従業員に応用する／企業変革に必要なのは16%のリーダー
職位に関係なくリーダーを発掘する

リーダーを確保するための方策を設計する……120
リーダーの採用、教育、覚醒を行う
日本はリーダーが年々減っている／リーダーはCSVで惹きつける／若手リーダーの育成方法
リーダー予備軍を覚醒させる

第6章 ロードマップをつくる

ロードマップでビジネスモデルを時系列に描写する……126
あるべき姿にどう到達し、そこからどう発展させるか
あるべき姿は変化する／ロードマップの作成方法／ロードマップの最終形式を考える
論理的考察と多面的な検討が必要

ロードマップの作成で使える「5つのヒント」……130
論理的な考察と多面的な検討が必須
フェーズド・アプローチ（Phased approach）／ランチェスター戦略
競争優位性の積み上げ／PPM（Product Portfolio Management）／4R
コンティンジェンシープランを作成して変化に備える……134
事業環境シナリオの不確実性に対応する
コンティンジェンシープランとは？／シナリオプランニングで最適戦略を考える
ディシジョンツリーとリアルオプションを使う
某サプリメントメーカーのロードマップ作成例……138
ロードマップのつくり方を事例で学習する
あるべき姿にどのように到達するか／あるべき姿からどのように発展するか
コンティンジェンシープランの作成

第7章 収支予想をつくる

「収支予想」の基本を理解する……144
収支予想は将来のキャッシュを割り引いて合計する
戦略XとY、どちらを選ぶべきか／利益ではなく、キャッシュで考える
DCF法で将来のキャッシュを割り引いて合計する／累積の事業価値では、戦略Yに軍配
収支KPIモデルで戦略と収支予想をつなぐ……148
戦略のファクト（裏づけ）と対応させる
収支を合わせる〝悪業〟／「収支KPIモデル」をつくる
収支KPIモデルとファクトを対応させる

事業部別の収支予想を合算して「全社の収支予想」をつくる……152
安全性、収益性、企業価値分析で最終チェック
事業部別収支予想を作成する／全社の収支予想をつくる
安全性、収益性、企業価値をチェック
収支予想は当たらない。必ず「感度分析」を行う……156
ケース作成とブレークイーブン分析の解説
収支の変化をシミュレーションする／KPI間の相関をチェックする
ブレークイーブン（損益分岐点）分析をする
キャッシュフローを予測して「資金調達計画」を立てる……160
誰から、どの方法で、いつ、いくら調達するか
悲観ケースに耐えうるキャッシュを準備／資金調達手段を考える／資本政策を考える
収支予想の新たな潮流を知っておく……164
会計利益指標の限界とCSV指標の出現
会計利益指標の限界／「企業」は社会の幸せをつくる分業の一形態
CSV（社会的価値の創造）で企業を評価する／会計利益指標とCSV指標を使い分ける

第8章

経営戦略から経営計画をつくる

経営計画の目的と枠組みを理解する……170
経営計画の目的はステークホルダーの行動を変えること
経営計画の目的とマスタープランの構成／マスタープランをカスタマイズする

第9章

PDCAサポートシステムを設計する

「ステートメント体系」を5つの構成要素で整理する……174
“心に刺さる”メッセージを抽出する
「ミッション」で会社の存在意義を示す／「ビジョン」で将来の姿を描写
「ブランドコンセプト」を打ち出す／「行動指針」で従業員を動かす

「PDCAマネジメント」で従業員の行動変革を促す……178
経営戦略を個人に落とし込みPDCAを回す
誰が、いつ、何をすべきかを設計する／Planの対象を決め、振り分ける
各階層のPlanを連結する／各階層のCheckを連結する
PlanとCheckを連結する／CheckとActをつなぐ仕組みをつくる
PDCAの統制と自由のさじ加減

チェンジエージェント制度で変革を推進する……186
16%の変革リーダーを確保する仕組みをつくる
“人”が“人”を動かす／16%の変革リーダーをいかに確保するか
チェンジエージェント制度のつくり方

マイ・クレドで会社の論理と個人の論理をつなぐ……190
会社のステートメント体系とつながるマイ・クレドをつくる
マイ・クレドは個人のステートメント体系／会社のステートメント体系と突合させる

PDCAマネジメントと人事制度をつなぐ……194
PDCAのタイミングと管理項目をそろえる
Planと人事制度を連結させる／Doと人事制度を連結させる
Checkと人事評価項目を連結する／Actと人事制度を連結させる

第10章

経営計画で会社を変える

自社固有の経営モデルを教える教育プログラムをつくる……198
自律的PDCAを回すマインドとスキルを養成する
経営戦略と個人のつながりを教える／リーダーのマインドを養成する
課題解決スキルを養成しCheckとActをつなぐ／経営計画を〝全従業員〟に教える

PDCAから生まれるナレッジを組織知化する……202
ナレッジマネジメントの仕組みを設計する
ナレッジ・データベースをつくる／ナレッジ・リーダーを決める／ナレッジの発表会を開催する
継続のインセンティブを工夫する

コミュニケーション戦略をつくり経営計画をカスタマイズする……208
経営計画（マスタープラン）はそのまま発信しない
株主・債権者／経営陣／採用候補者／従業員

エクセレントカンパニーへの船出をする……214
自社固有の経営計画を礎石とする
エクセレントカンパニーの特質／自社固有の経営モデルをつくる
経営のリーダーシップのあり方

事例1　巨額赤字からV字回復を遂げた「日立製作所」……218
日立の経営戦略・経営計画を明らかにする
2008年度当時の課題／事業ドメインの変更／事業ポートフォリオの入れ替え
内向きの戦略の刷新／リーダーシップのあり方／業績

事例2　持続的な成長を遂げている生産材プラットフォーム会社「ミスミグループ」……222
明確な外向きの戦略とユニークな内向きの戦略
外向きの戦略の中身／内向きの戦略の中身
リーダーシップのあり方／業績
事例3　29期連続で増収増益を果たしている「ニトリホールディングス」……226
持続的に好業績を維持している秘密
経営計画のタイムフレームとビジョン／外向きの戦略の中身
内向きの戦略の中身／リーダーシップのあり方／業績
用語索引……230

本書の活用法 —— あなたのこんな課題にお役にたちます

POINT 1

新入社員、若手社員、起業家の皆様
➡ 企業経営をこの１冊で“まるっと”知る

マーケティング戦略、競争戦略、組織論、会計、ファイナンスなど、特定のテーマを取り上げた本は山のようにありますが、それら個別知識を企業経営と紐付け、企業経営を俯瞰した書籍は見たことがありません。個別知識習得の前にその俯瞰を先に持つべきです。本書が“その１冊”です。

POINT 2

やりたいことがあるが権限がない悩みがある皆様
➡ 個人が会社を動かす秘訣を知る

会社は５～６人のチームの連鎖で成り立っています。この連鎖の仕組みを知れば、一つの課あるいは有志チームで会社を動かすことができます。

POINT 3

部署の業績向上・業務改善に悩む皆様
➡ 本質的課題を見つける体系を手に入れる

業績が伸びない、業務がうまく回らないのは、同じ“事象”つまり既成のビジネスモデルを前提として、“改善策”を考えているからです。秘訣は、今のビジネスモデルを変える本質的課題を特定することです。本書のビジネスモデルの体系は、本質的課題の特定を容易にします。

POINT 4

経営陣・社長の皆様
➡ 自社を鏡に映す。そして新経営計画で企業経営を刷新する

事業環境は大きく変化しています。これまでの強みが弱みに転じ、またこれまで所与としていた事業ドメインは近い将来消失してしまうかもしれません。これまでの経営・事業戦略の焼き直しはもはや通用しません。本書のフレームワークを用いて、自社の経営モデルを見える化すると自社の強み、弱み、変革の残された時間が明確になります。そして本書の手順に従い、経営戦略とその実行の仕組みを設計したうえで、変革を推進してください。

プロローグ

経営計画の概要と企業経営連鎖図

「経営計画の構成要素」「企業経営連鎖図」と
本書の構成の対応を解説する。

経営計画の構成要素と本書の構成の対応

経営計画の目的は経営戦略のPDCAを回すことである

経営戦略の定義をはっきりさせる

戦略作成は定義があいまいなままに進めると、戦略の効果が減じられ、全体として整合性がとれなくなってしまいます。本書では、戦略は、①事業ドメイン（事業領域）、②タイムフレーム（戦略の対象期間）、③ビジネスモデル（事業の仕組み）の3軸で定義します。③のビジネスモデルは、さらに外向きの戦略と内向きの戦略に分かれます。

経営戦略は、①事業ドメインは全社レベルで、②タイムフレームは5年から10年の中長期で、③のビジネスモデルは、外向きの戦略と内向きの戦略の両方を含みます。

さらに、中長期の変化を示すロードマップと戦略の社会的インパクトの評価として、収支予想（資金調達計画を含む）が必要です。

戦略を定義する3つの軸

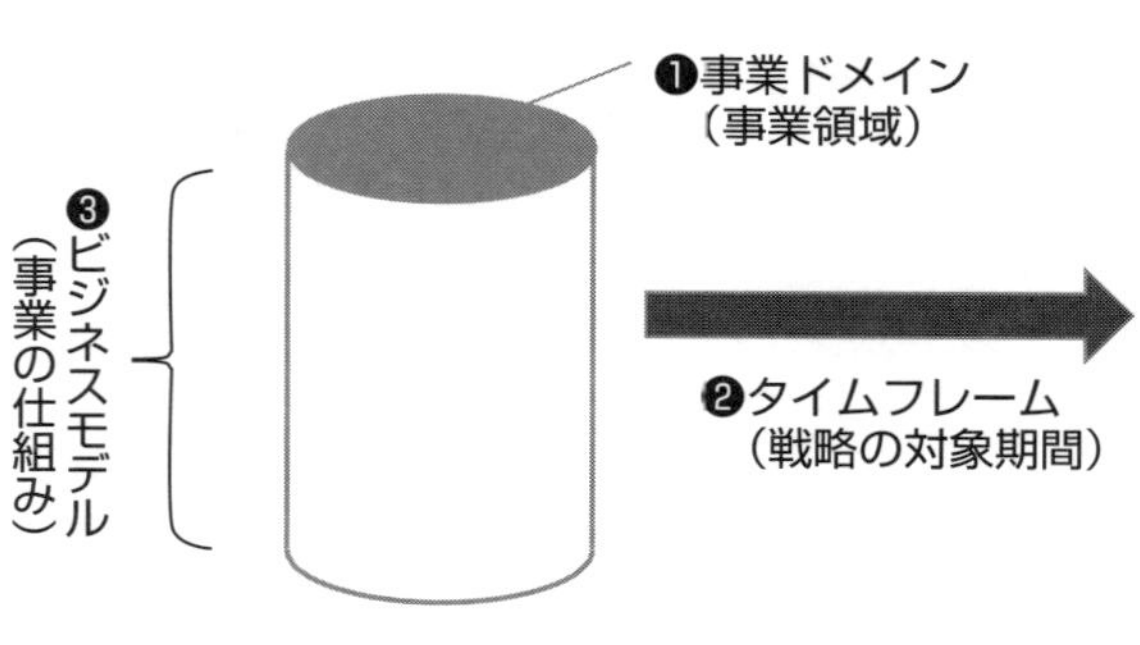

ステークホルダーの行動を起こさせる仕組みを設計する

戦略は、そのままでは絵に描いた餅です。株主や従業員といったステークホルダーが実際に行動しなければ、戦略を実現することはできません。「会社としてこのような方向性を考えているので、ご理解いただき、会社が意図した行動を起こしてください」と伝えて、実際に行動を起こしてもらうことが必要です。

そのための仕組みの設計が、「経営計画」です。

戦略を実現させるには、それぞれのステークホルダーのあるべき行動（Do：ドゥ）を誘発し、その結果を計測（Check：チェック）し、意図した通りになっていなければ対策（Act：アクト）を考え、戦略（Plan：プラン）を修正する必要があります。つまり、経営計画とは、経営戦略のＰＤＣＡの仕組みの設計にほかならないのです。

そのＰＤＣＡを回す仕組みは次の通りです。

① ステートメント体系

経営戦略を要約し、心に刺さる文章化・キーワード化を行います。それにより個別戦略・計画とステークホルダーの行動を律します。

② ＰＤＣＡマネジメント

ターゲット・オーディエンス（発信の想定対象者）の行動のＰＤＣＡサイクルを設計します。

計画とは戦略のPDCAを回すこと

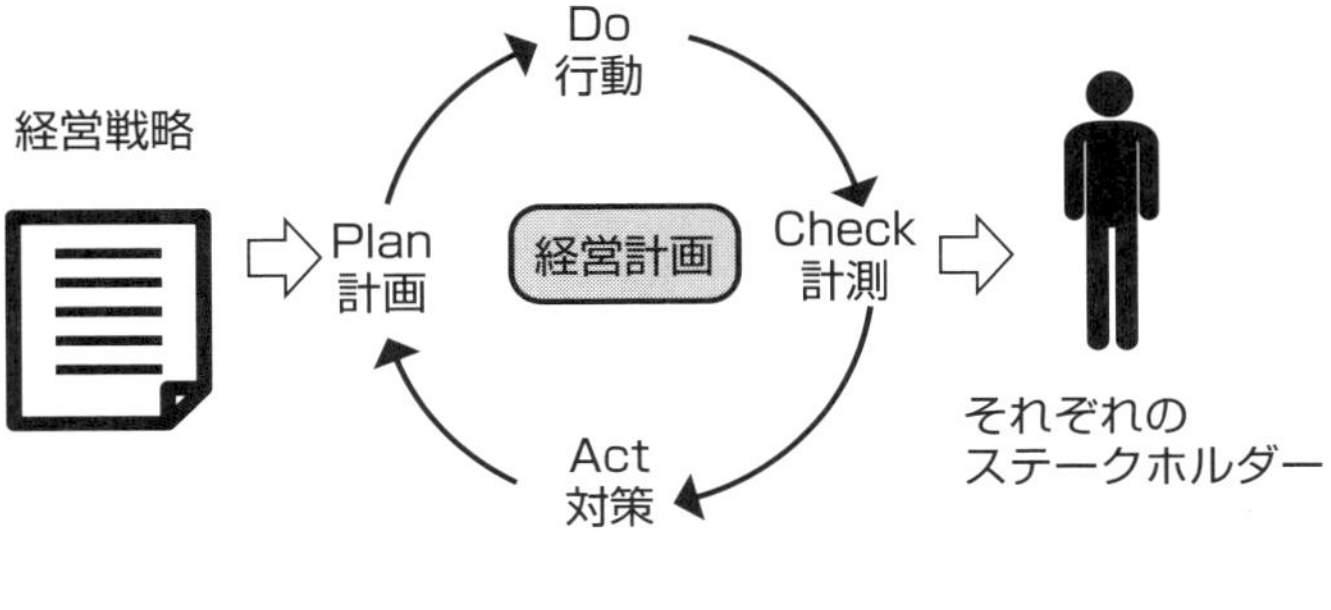

③ ＰＤＣＡサポートシステム

ＰＤＣＡサイクルを仕組み化するための各種制度を設計します（178・185ページ参照）。

これらの3つの仕組みを設計して経営計画のマスタープラン（基本計画）をつくります。

経営計画を発信して「行動」を促す

経営計画のマスタープランを立てたら、ターゲット・オーディエンス別に、誰に、いつ、どのようなメディアで、どんなメッセージを発信するかという「コミュニケーション戦略」を立てます（208ページ参照）。

そして、ＴＰＯ（Time Place and Occasion: 時間、場所、状況）に応じて経営計画マスタープランをカスタマイズして発信します。

経営計画をつくることとは、自社固有の経営モデルをつくりあげることにほかなりません。最初からすばらしい経営計画はできません。経営計画の作成手順・フレームワーク・作成のヒントを知り、経営計画の作成を通して、経営モデルを進化させてください。

経営計画の目的

株主・債権者	●経営陣、経営戦略の承認を得る ●株の継続保有、株の購入、融資枠をいただく
経営陣	●経営陣一人ひとり、部門一つひとつの役割、目標を明確にする ●行動のベクトルの整合性をとる
採用候補者	求人要綱に適合した人材を惹きつけ、入社の意志を固めてもらう
従業員	あるべき行動変革を起こす

◎経営戦略の立案から経営計画の設計までの流れ

経営計画とは、ステークホルダーに経営戦略の内容を伝え、意図した行動を起こさせるＰＤＣＡの設計である

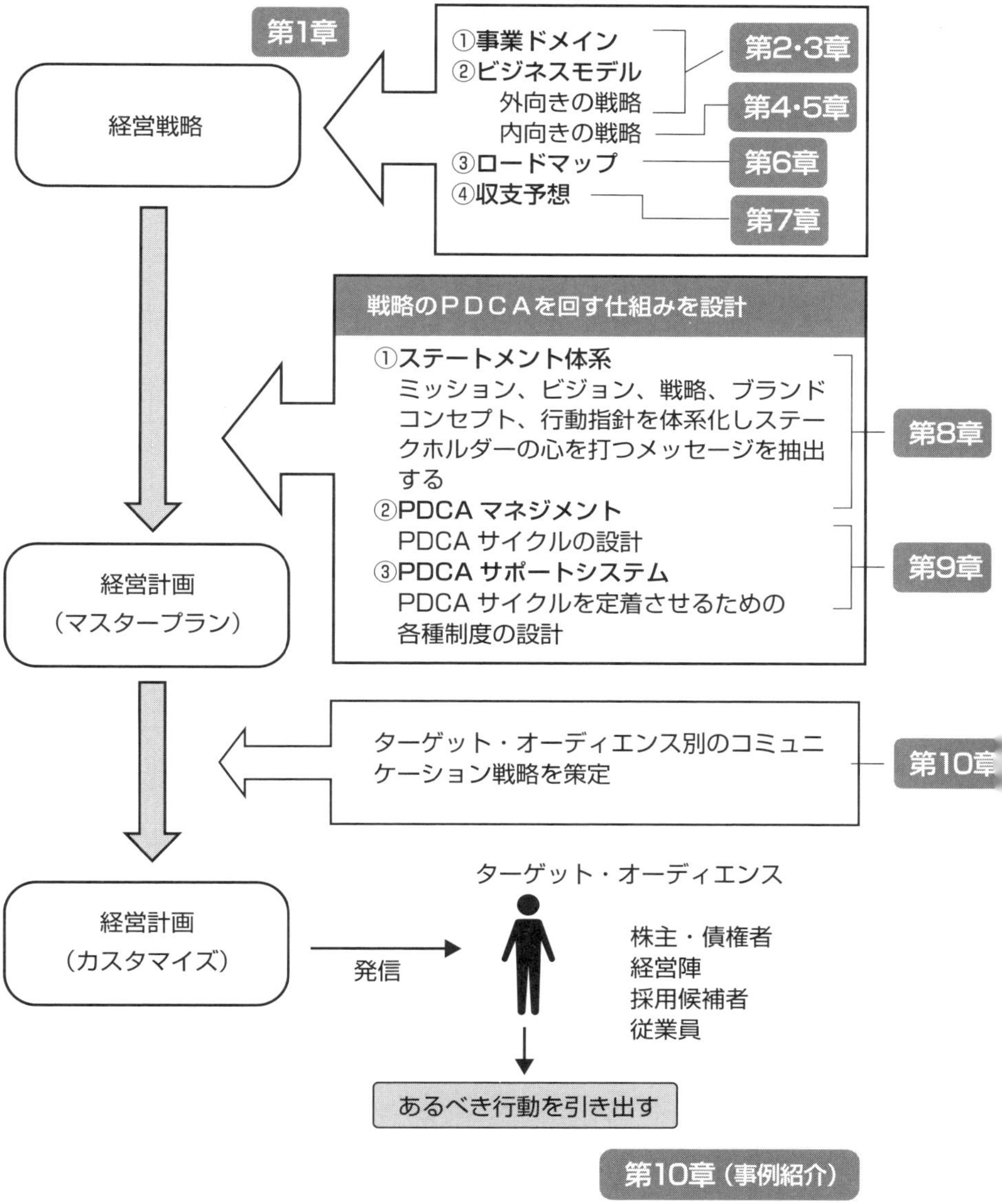

企業経営連鎖図と本書の構成の対応

企業経営の6つの視点

企業経営を6つの視点から捉えて本書の各章との対応を明らかにします。

第1の視点　企業経営の3つの定義

企業経営とは、既述の通り経営戦略を立て、そのＰＤＣＡサイクルを回すことです。別の言い方では、企業経営とは経営計画を作って実行することです。また企業経営の目的は、従業員一人ひとりが自律的ＰＤＣＡサイクルを回しあるべき行動を取ることであり、これら3つの定義は等しい関係です。

第2の視点　経営戦略の要素分解

経営戦略とは、全社の事業ドメインを定め、外向きの戦略と内向きの戦略から成るビジネスモデルを設計し、ビジネスモデルの変化

第1の視点

企業経営

＝経営戦略のＰＤＣＡを回すこと

＝経営計画を作って実行すること

＝従業員一人ひとりが自律的 PDCA サイクルを回しあるべき行動を取ること

をロードマップで表し、その戦略の社会的インパクトを収支予想で示すことです。つまり経営戦略は、事業ドメイン、ビジネスモデル、ロードマップ、収支予想の4つの要素に分解できます。

第3の視点　個別事業戦略策定の方法論

経営戦略は、個別事業戦略の上位に位置し、個別事業戦略と密接な関係にあります。その個別事業戦略の作成の際は、事業戦略の目的をYとし、ビジネスモデルの構成要素をXとして方程式化することにより、作業目的が明確になり、作業効率と成果が格段に向上します。その際に役立つ8つの思考テクニックを紹介します。

第4の視点　企業経営の巧拙指標

経営戦略のPDCAサイクルのC(Check)は、将来にわたり稼ぐことができるキャッシュの累計となります。この数値が第3の視点の〝Y〟となります。

新たなCheck指標としてCSV(Creating Shared Value)というコンセプトが生まれましたが、世の中に共通の計測指標は存在せず、会計利益指標とCSVの折り合いをつけられている会社は稀です。本書は、この2つの指標の折り合いのつけ方を解説します。

第5の視点　経営計画の機能分解

経営計画は、経営戦略にそのPDCAの仕組みを加えたものです。

第3の視点

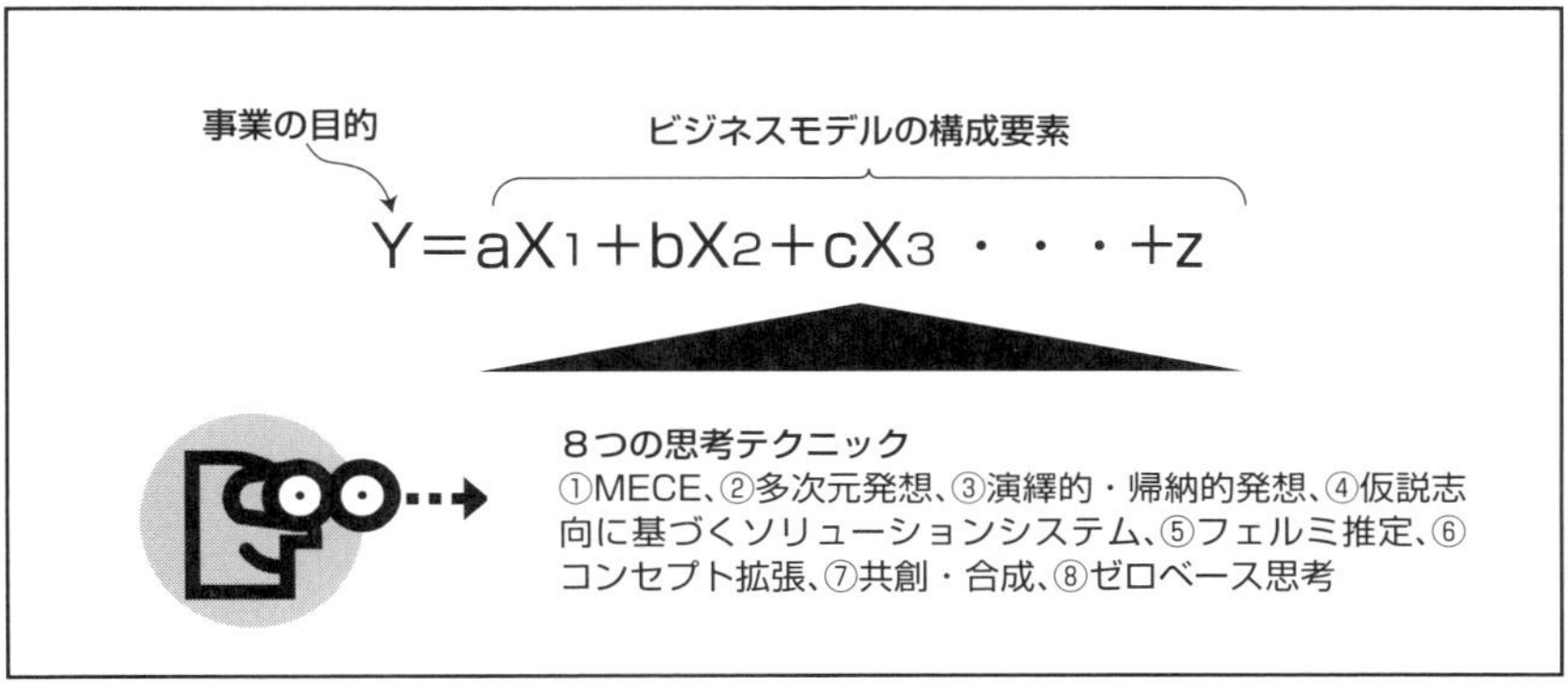

具体的にはステートメント体系、ＰＤＣＡマネジメント、ＰＤＣＡサポートシステムを加えます。ステートメント体系とＰＤＣＡマネジメントが経営のＯＳ（Operating system）と位置づけると、ＰＤＣＡサポートシステムは文書作成や計算などの基本アプリの関係となります。具体的にはチェンジエージェント制度、マイ・クレド、人事制度、教育制度、ナレッジマネジメントなどの従業員のあるべき行動を引き出す４つのレバーに作用する仕組みです。

第６の視点　従業員のあるべき行動を引き出すレバー

従業員のあるべき行動は、役割・タスク、行動の判断基準、スキル、モチベーションの４つのレバーに働きかけることにより促進されます。作成した各種戦略・計画が、経営のＯＳ、基本アプリを通して、この４つのレバーにどのように働きかけるのかチェックが必要です。作成した戦略・計画を従業員の立場から〝一人称〟で振り返って、本当に自分の行動が変わるだろうかとチェックすることが重要です。

第6の視点

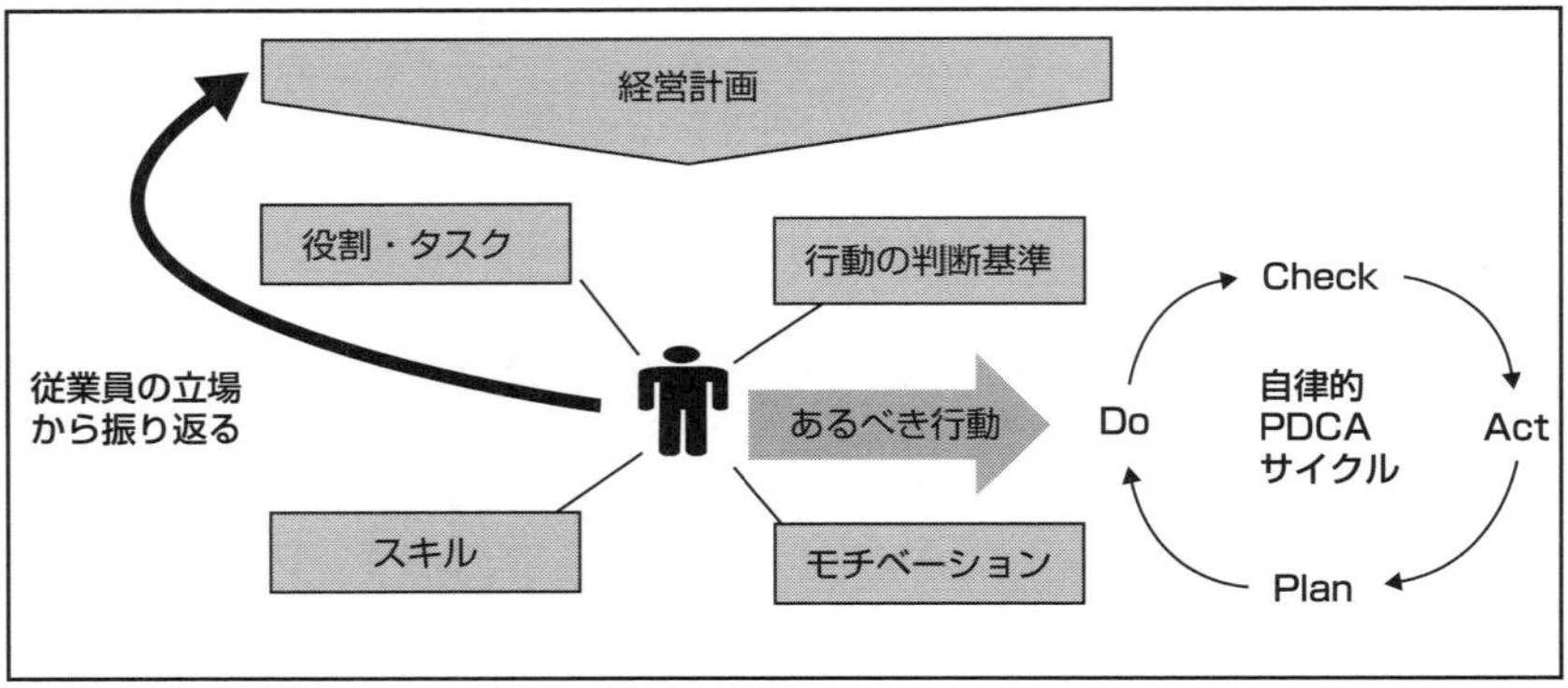

◎企業経営を要素分解する

企業経営を6つの視点から要素分解して、本書の各章の位置づけを明確にする

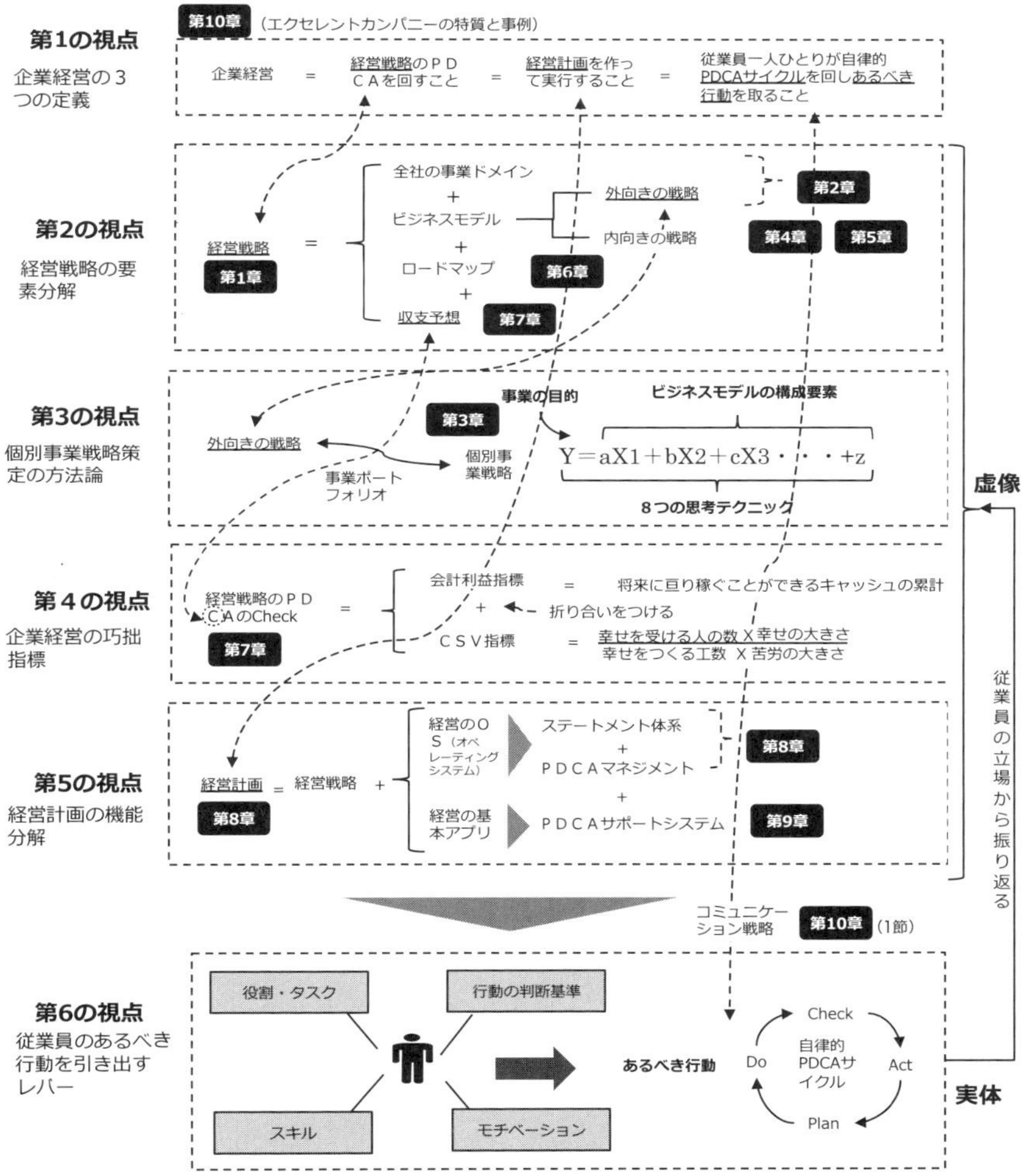

第 1 章

経営戦略の作成手順と重要ポイント

経営戦略の構成要素と要件を定義し
作成手順を学習する。

従来の経営戦略の焼き直しでは通用しない

企業に影響を与える社会の大きな変化を知る

メガトレンドが既成産業を消失させる

社会は今大きな変革期にあります。これから先、既存の産業は、消失するか、少なくとも大きな変化が起こります。これまでの経営戦略の焼き直しは通用しません。

社外で何が起こっているのか、それは自社にとってどんな意味があるのか、客観的に知る必要があります。これらの変化に目を瞑《つぶ》って、いつも通りの方法で戦略・計画をつくりますか？

「6つの変化」に注目する

企業に影響を与える社会変化には、大きく次の6つが考えられます。

社会の変化が企業経営に与える意味合い（その1）

① 豊かになった社会	従業員の仕事への取り組み姿勢が変わる
②富の偏在	経済・会社のあり方が変わる（会計利益からCSV〔社会的価値の創造〕へ）
③超高齢社会	顧客属性・ニーズが変わる

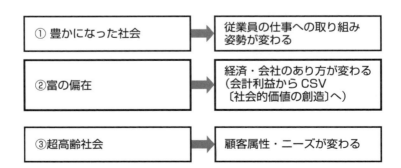

① 豊かになった社会

技術の発展により、人は昔のように働かなくてよくなってきています。ワークライフバランスが声高に唱えられ、「人生＝仕事」と考え、無私で社会を変えようという人は少なくなっています。

〝ゆとり〟世代から無気力な〝さとり〟世代になり、競争意識が薄れています。

② 富の偏在

既存の社会・経済の仕組みは富を偏在させ、一部の金持ちが社会の富を牛耳ることになります。

このような状態をなくそうと、すでに世界では、人の幸せを目的とした新たな社会・経済の仕組みが真面目に検討されています。

③ 超高齢社会

医療技術の発展により、高齢化が進みます。また、家族を形成しなくとも〝個〟として生きていくことが可能となり、少子化が進みます。

④ ニーズの変化と多様化

豊かな社会では、生きるための商品・サービスの社会的価値が低下します。社会への帰属と愛、他人からの尊敬、自分の世界観・人生観にもとづく自己実現、美容・健康、快楽などの新たなニーズが

社会の変化が企業経営に与える意味合い（その2）

④ ニーズの変化と多様化	多様な自己実現、美容・健康、快楽ニーズの顕在化
⑤ グローバル化	・自国保護ルールの消失 ・グローバル協働・競争の進展
⑥ 技術進化と応用の加速	商品・サービス、事業のライフサイクルの短縮

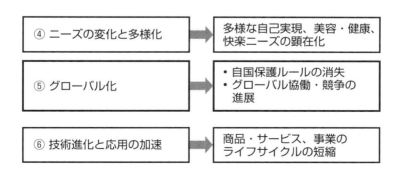

強くなります。

これらのニーズは個々に異なり、企業から見れば顧客ニーズが多様化することになります。

⑤ グローバル化

一時的に少数の自国利己主義があったとしても、中長期的には自国に閉じた幸せの追求から、国を越えた社会のあり方、人の幸せを考える余裕が生まれ、通貨統合や関税撤廃など、グローバルの幸せを目的にしたフェアな協働・競争が進展します。

⑥ 技術進化と応用の加速

技術進化がこの世の根本的な真理の究明に近づき、グローバル化によりその技術の応用スピードが増殖され、技術の進化がさらなる技術の進化を生みます。

この技術進化と応用の加速により、既存商品・サービスはすぐ陳腐化し、代替財・サービスの出現により事業ドメイン自体が消失することもあります。


これらのメガトレンドは将来の話ではなく、今、目の前に横たわっています。

◎社会のメガトレンドに戦略を対応させる

社会のメガトレンドは既成産業を消失させる。これまでの戦略・計画の立て方は通用しない

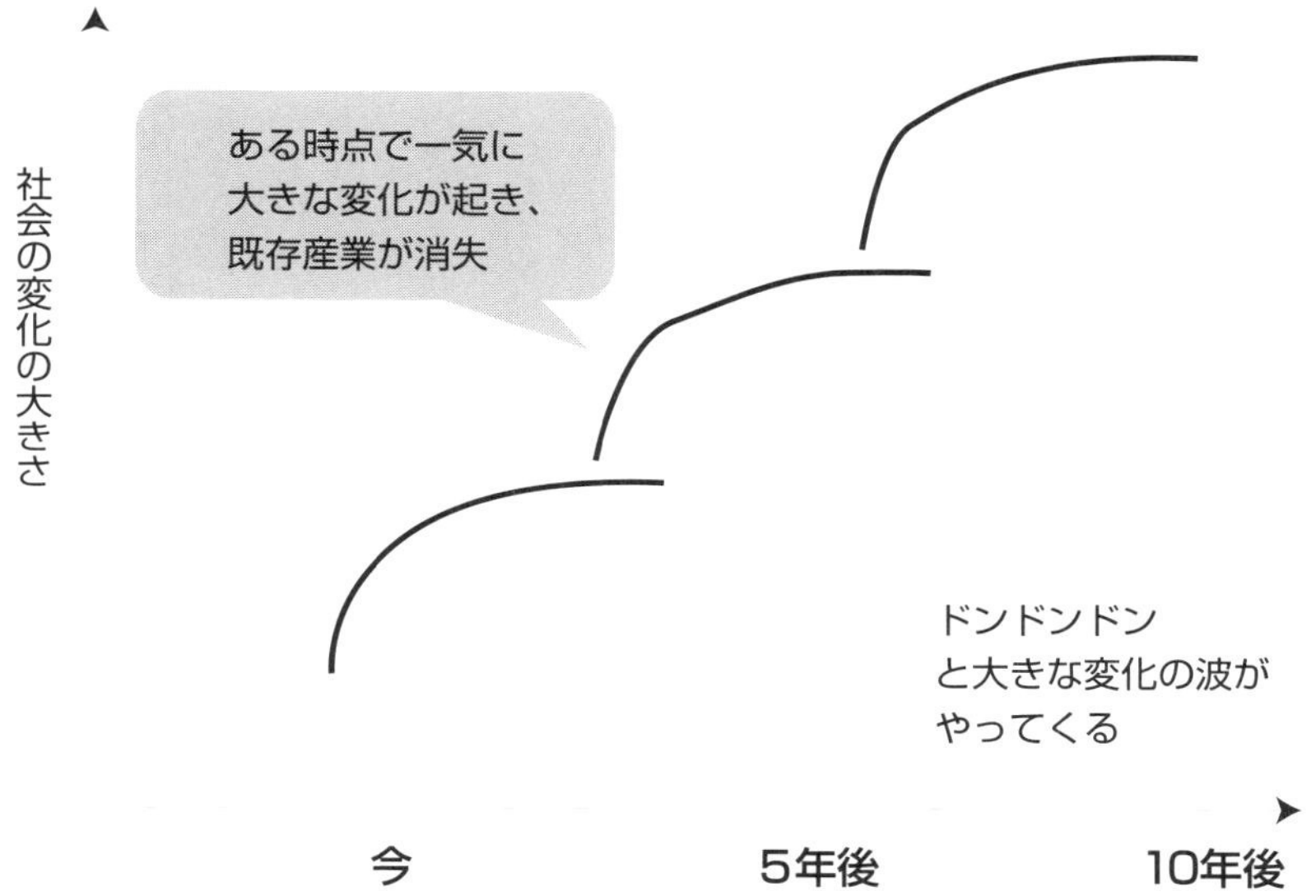

		2017 ➡		2021 ➡	2027
事業環境	規制		規制の変化		
	競合		新たな競合の出現		
	顧客		顧客ニーズの変化		
	供給者		バリューチェーンの変化		
	代替財		代替財・サービスの出現		

⬇

経営戦略	これまでの焼き直しでは通用しない

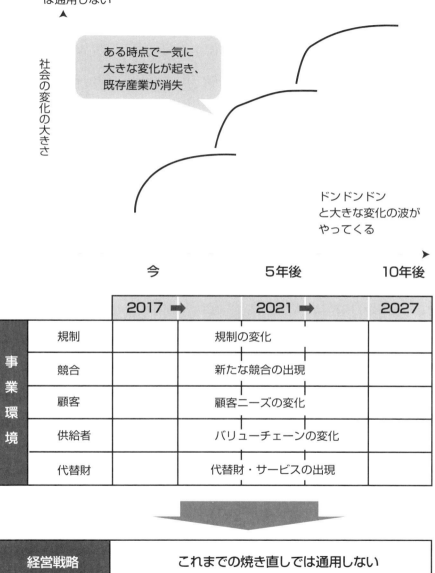

経営戦略の構成要素と要件を明確にする

経営戦略を定義し、体系化して各種戦略との整合性をとる

経営戦略を４つの構成要素を分解したうえで、戦略が満たすべき２つの要件を説明します。

経営戦略の中身は大きく４つ

経営戦略の中身は、①事業ドメイン、②ビジネスモデル、③ロードマップ、④収支予想の４つに分かれます。

①　事業ドメイン

事業ドメインは、ビジネスモデルを構成している外向きの戦略(第２・３章で詳述)と内向きの戦略(第４章で詳述)の任意の要素の組み合わせで定義されます。経営戦略においては、経営トップの意思と、個別事業戦略の要約という両面から事業ドメインが検討されます。

経営戦略の構成要素

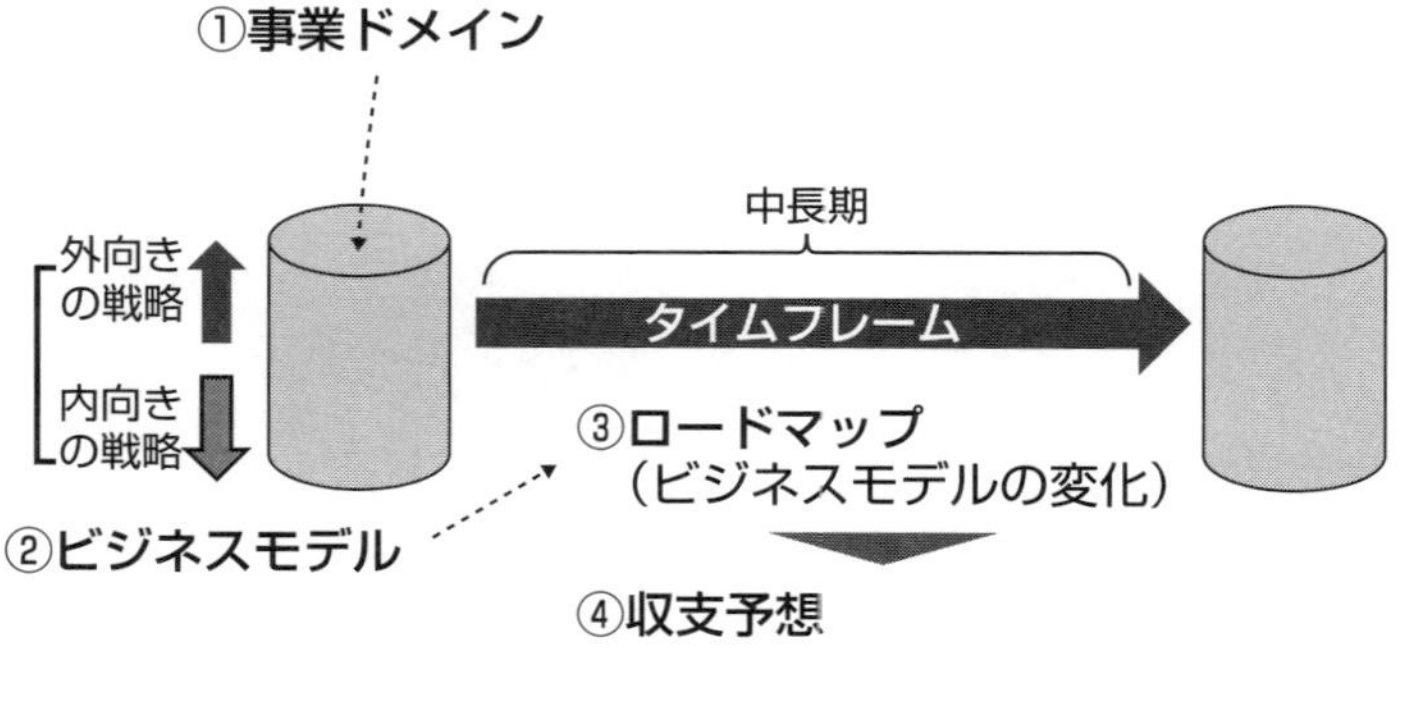

② ビジネスモデル

経営戦略の中身の２つ目は、ビジネスモデルです。外向きの戦略と内向きの戦略の中長期の変化をあらわします。

●外向きの戦略

外向きの戦略は、顧客に向けた戦略です。経営戦略では、個別事業の詳細設計より、どの個別事業を全社の事業ドメインに入れるかの検討が重要となります。その設計を事業ポートフォリオの設計といいます。設計の要点は全社の事業ドメインにおける個別事業の位置づけ、個別事業間のシナジー（相乗効果）の定義を明確にすることです。個別事業戦略の内容は、各事業担当の事業戦略で詳述されます。

●内向きの戦略

内向きの戦略は、外向きの戦略を実現するための役割・タスクを〝人〟に落とし込み、実行させる業務モデルの設計です。

③ ロードマップ

外向き、内向きの戦略の変化を、時系列で示したものをロードマップといいます。経営戦略は、タイムフレームが中長期なので、想定した外部環境の変化や戦略の実現リスクなどを織り込んだコンティンジェンシープラン（変化の対応策）が必要となります。

ビジネスモデルは外向き・内向きの戦略から構成

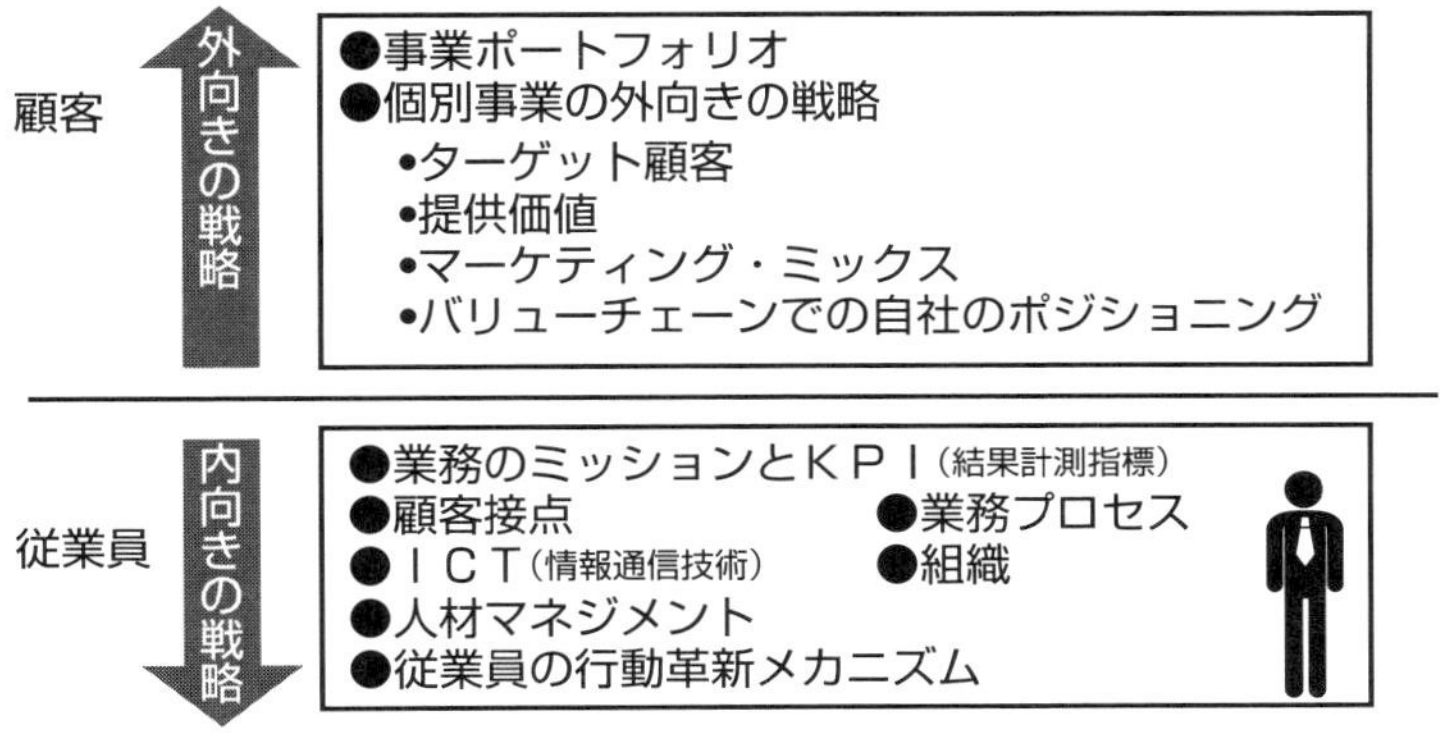

④　**収支予想**

戦略の社会的インパクトの大きさを評価するために、収支予想を作成します。

戦略は、会計利益指標（将来にわたるキャッシュの累計）とCSV指標（166ページ参照）で評価します。CSV指標は社会共通の指標ではないため、会計利益指標が公に発信されるものの中心となります。収支予想には感度分析（156ページ参照）が必要です。

また必ずしも自己資金のみで会社を運営することが良いことではなく、株主や債権者から資金を調達し会社の使命をより大きく果たすことが求められます。そのための資金調達計画を作成します。

2つの要件（①未充足ニーズをとらえ、②競争優位性を確認する）

企業の存在意義は、顧客の未充足ニーズを発掘し、競合他社が提供し得ない差別化価値を提供することにあります。

そこで、経営戦略作成においては、個別事業戦略がターゲット顧客の未充足ニーズをとらえ、競争優位性があるかを確認する必要があります。また個別事業のコアコンピタンス（中核能力）と競争優位性が、全体としてシナジーをもって、全社の内向きの戦略の器に収まることを確認します。

未充足ニーズと競争優位性はあるのか？

未充足ニーズと競争優位性が満たされていれば、戦略としては合格。しかし、「未充足ニーズと競争優位性が満たされていれば」というのは非常にむずかしい要件で、本当にそうなのかを徹底的に検証しなければならない。とくに、「将来の競合は誰か？　競争優位性は本当にその競合より勝っているか？」「そのファクト（裏づけ）は？」と質問すると、多くの場合、答えに窮する。"強み"が、"伝説"として社内の暗黙の了解になっていることが多いようだ。

◎経営戦略の構成要素と要件

経営戦略は①事業ドメイン、②ビジネスモデル、③ロードマップ、④収支予想で構成され、未充足ニーズと競争優位性が要件となる

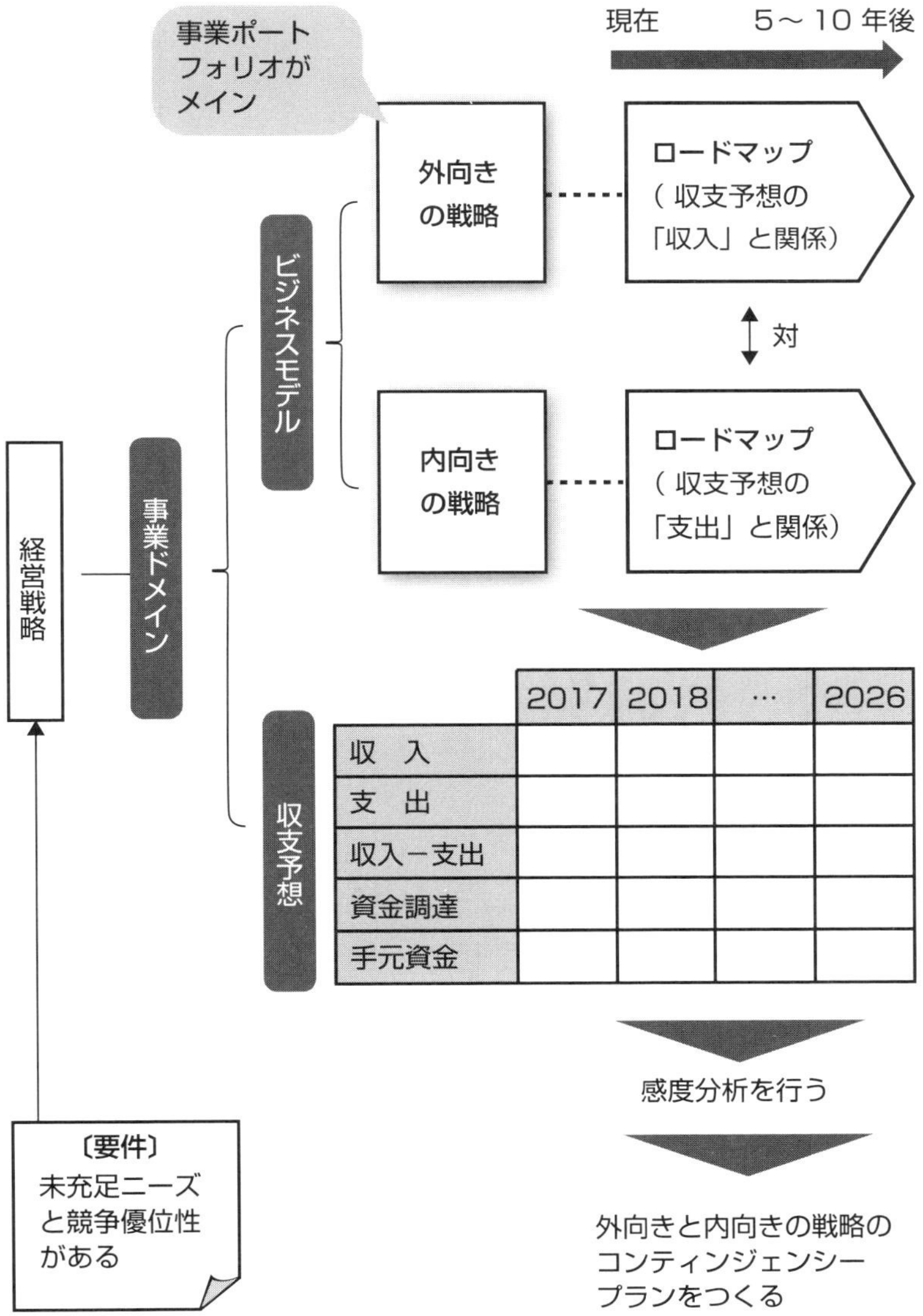

	2017	2018	…	2026
収　入				
支　出				
収入－支出				
資金調達				
手元資金				

経営戦略はトップダウンとボトムアップの双方向でつくる

行ったり来たりのプロセスと、ゼロベースで作成

経営戦略の方針はトップダウンでつくる

経営戦略の作成では、通常、社長およびそのサポート部門が事業環境を分析し、全社の事業ドメイン、事業ポートフォリオのたたき台を作成します。そのうえで各部署に事業戦略、機能別戦略を作成させる指示書をつくります。指示書には次の内容が含まれます。

●トップダウンの方針
●戦略の策定手順
●事業部、機能部門長から提出させるアウトプット（成果物）のひな形
●アウトプットの要点
●スケジュール　ほか

事業戦略、機能別戦略の担当部署の責任者は、指示書を受けて、事業環境を分析し、事業戦略、マーケティング戦略、機能別戦略を作成します。

ボトムアップで吸い上げて完成

社長とサポート部門は、各部署のアウトプットを吸い上げて、経営戦略を完成させます。事業戦略、マーケティング戦略、機能別戦略は、十分な考察がなされていないもの、合理性に欠けるものがあれば、修正をさせます。

同時に、各部署のアウトプットを踏まえ、全社の事業ドメイン、事業ポートフォリオのたたき台をリファイン（最終化）し、場合によっては事業売却、新規事業の追加の検討を行います。

また全社の視点から、事業部間の業務の集約、外注機会を探り、組織、人材マネジメントのあり方を検討し、再度、各部署に落とします。

経営戦略作成の要諦は2つ

経営計画作成の要諦は、①行ったり来たりを可能とするプロセスと、②ゼロベースでの作成の2点になります。

行ったり来たりのプロセス

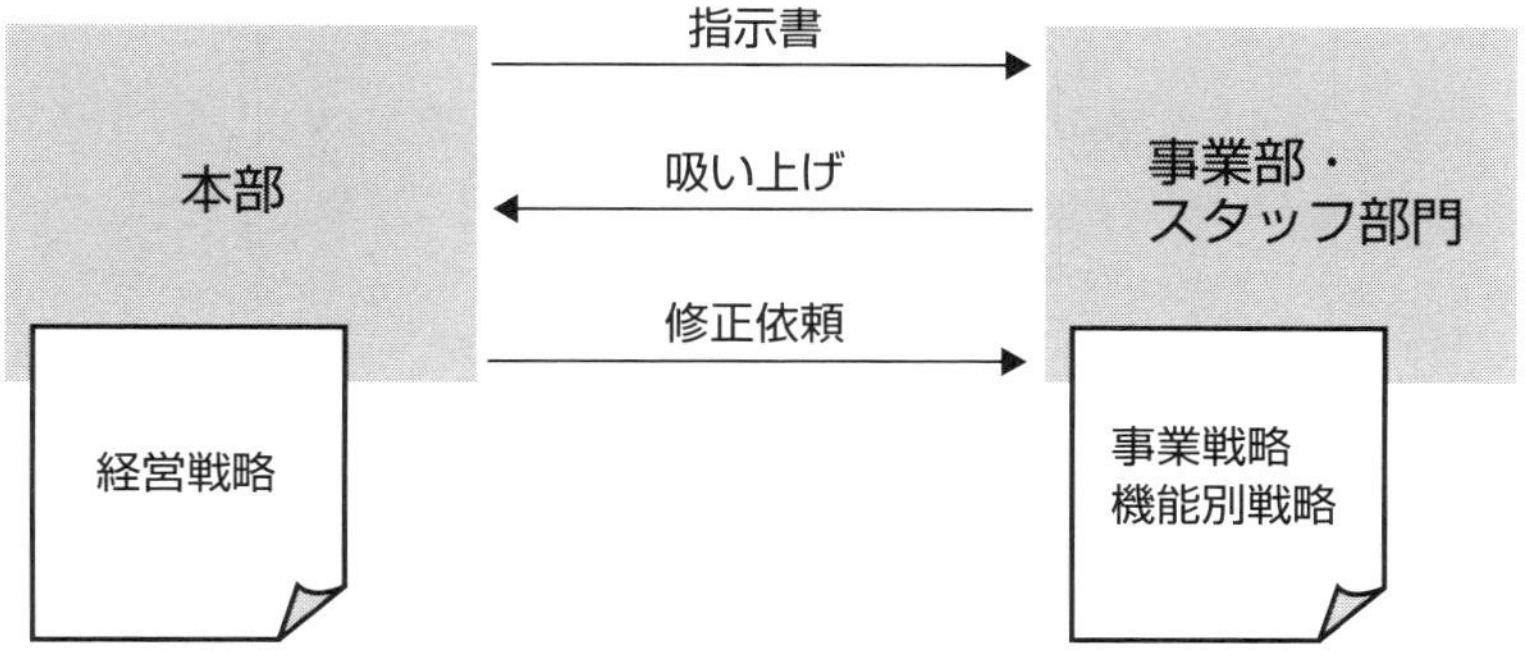

① 行ったり来たりを可能とするプロセス

経営戦略は、限られた時間の中で、行ったり来たりのプロセスで作成しなければなりません。時間切れで満足のいく経営戦略が立てられない状況は、航海図とコンパスがないまま荒海に出航するのと同じです。日ごろから組織間で密なコミュニケーションをもち、各部署と事業環境認識をすり合わせておくことが重要です。

本部主催で各部署と経営戦略・事業戦略作成ワークショップを開催したり、非公式に意見を吸い上げ、可能な限り情報を共有します。

② ゼロベースでの作成

もう一つ注意すべき点は、過去の経営戦略、事業戦略を踏襲しないことです。新規参入のつもりで、ゼロベースで戦略を立てると、あるべき姿が見えます。

たとえば、工場や設備があるからこの製品をつくるのではなく、市場のニーズと自社のポジショニングから発想し、求められる商品をつくる工場や設備をゼロベースで考えます。それにより、設備の売却、新設を含めた新たな戦略の検討が可能となります。

また手元資金、情報システム、原料・製品在庫なども、それぞれいったん制約条件から外して発想してみると、これまで気がつかなかった戦略オプションが見えてきます。

世界最大手ABインベブ社のゼロベース予算

M＆Aによりビール世界最大手になった、ベルギーに本社を置くＡＢインベブ社は、買収した企業の経営計画を自らの手でつくり直す。また、毎年の予算は、直接購入費や間接経費を毎年一から見直す「ゼロベース予算」を採用しており、そのコスト管理の手法と徹底度は業界一といわれている。

独自の経営計画作成方法とその徹底した実行が世界最大手のビール会社の競争優位性になる。

◎経営戦略の作成手順

行ったり来たりのプロセスとゼロベースで作成する

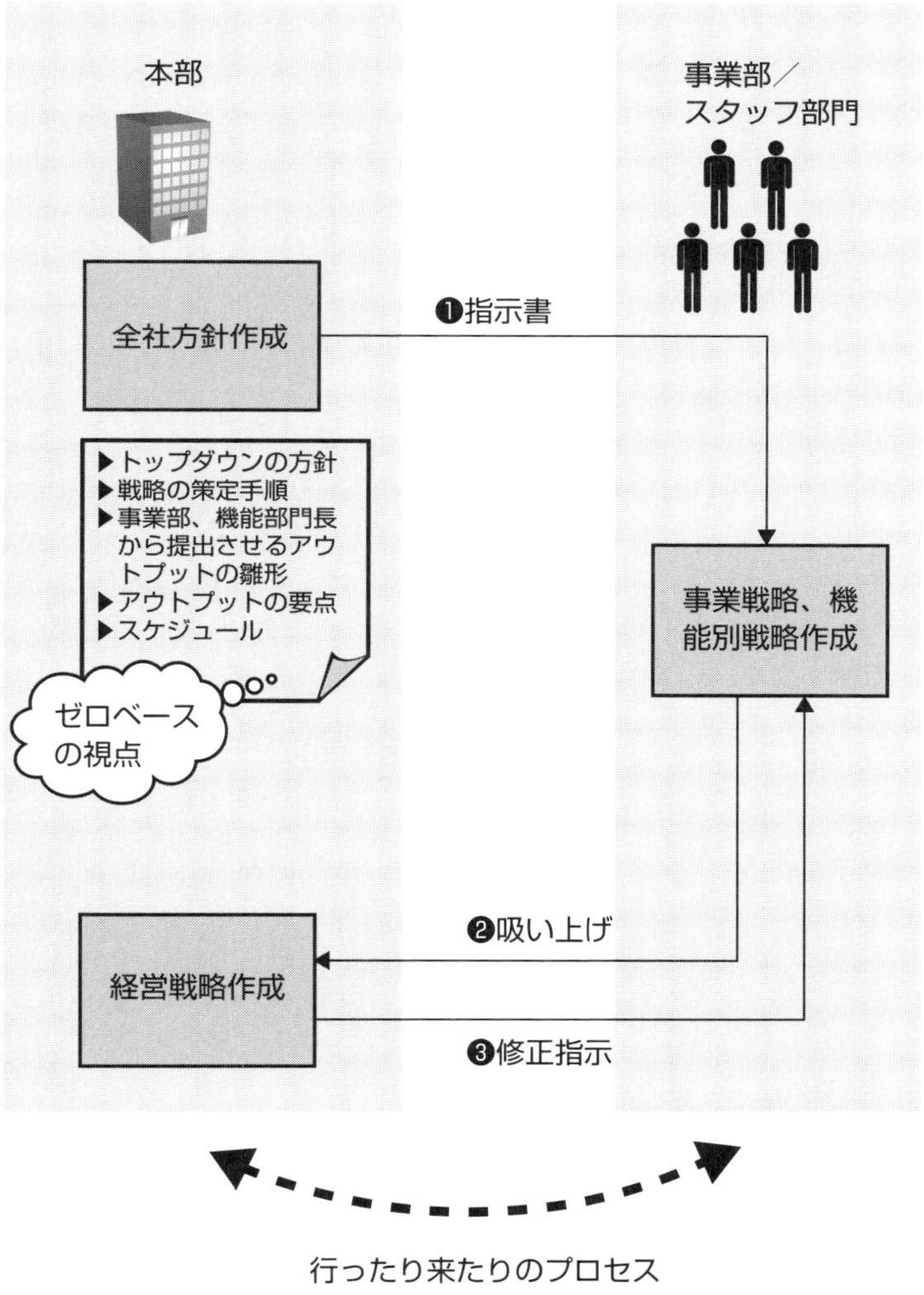

第 2 章

顧客に向かう“外向きの戦略”をつくる

全社の事業ドメインと
事業ポートフォリオを設計する。

まず事業ドメイン（事業領域）の設定を行う

ビジネスモデルの任意の要素の組み合わせで定義

事業の展開を意識して設定する

経営戦略策定の第1ステップは事業ドメイン（事業領域）の設定です。事業ドメインは、外向きの戦略のターゲット顧客、顧客への提供価値、マーケティングミックス（製品・サービス、価格、流通チャネル、プロモーションなど）、バリューチェーン（商品などを製造・流通する過程）における自社の位置づけなどの外向きの戦略と、組織スキル（職務遂行能力：96ページ参照）などの内向きの戦略の任意の要素の組み合わせで定義します。定義された事業ドメインは、大きな規模観（未充足ニーズの強さ×対象顧客数）があり、かつ競争優位性を構築可能なものである必要があります。

戦略のタイムフレーム（対象期間）により事業ドメインの抽象度は異

事業ドメインの設定方法

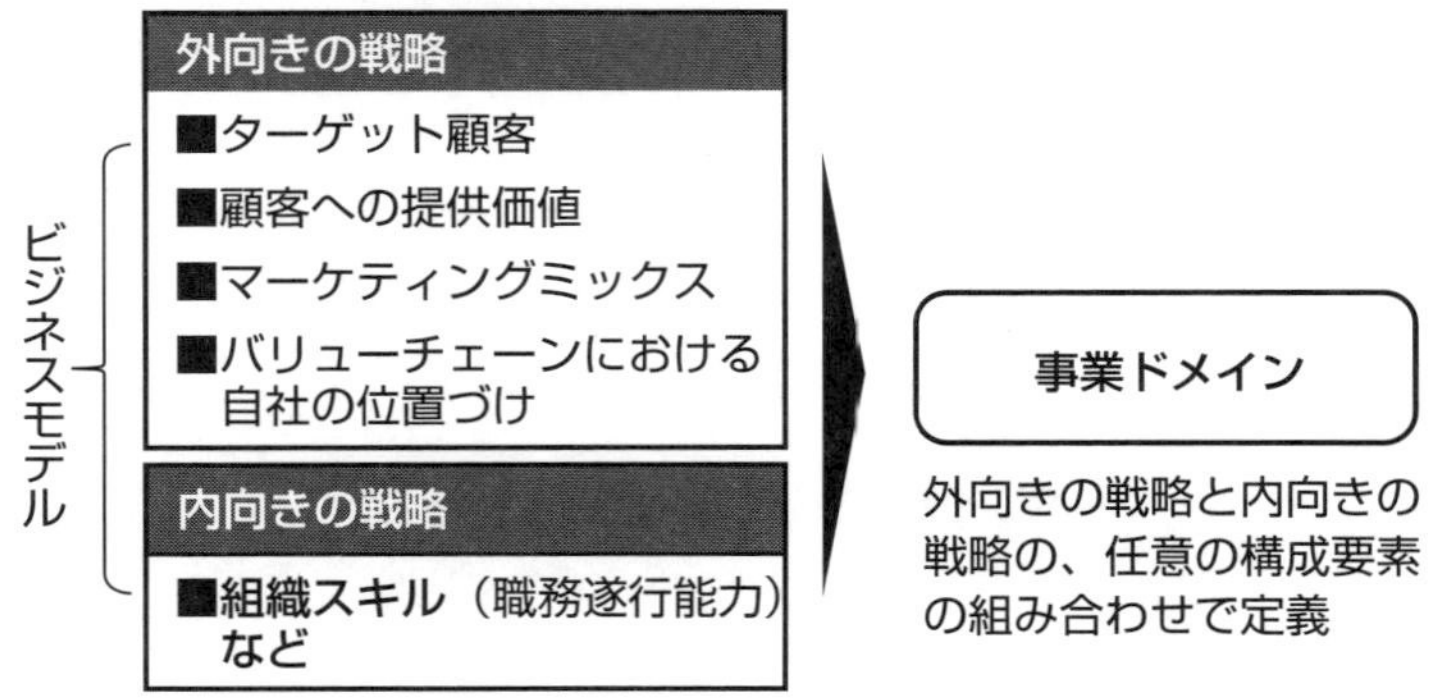

なります。短期なら具体的であるべきですが、経営戦略は中長期となるため、個別商品・サービスから展開の余地がある、広がりをもったものであることが望ましいです。

たとえば、ベネッセでは、「一人ひとりの〝よく生きる〟を実現するために、人々の向上意欲と課題解決を生涯にわたって支援する」事業と定義しています。ターゲット顧客を絞ることなく「すべての人」とし、顧客の未充足ニーズは「よく生きる」とし、提供価値は「向上意欲と課題解決を生涯にわたって支援する」です。

一人ひとりの「よく生きる」の定義、「向上意欲」と「課題解決」支援の具体的な商品・サービス、「生涯にわたって」の顧客接点、業務プロセスの工夫など、無数の戦略が考えられ、かつ差別化されたものに仕上げることが可能な、優れた事業ドメインの定義例です。

定期的に見直し・変更を行う

事業ドメインは設定後、定期的に見直す必要があります。

みなさんの会社は、既存の事業ドメインを是として、戦略を作成していませんか？

次の観点から既存の事業ドメインの正当性をチェックしてみてください。

ベネッセの事業ドメイン（2016年）

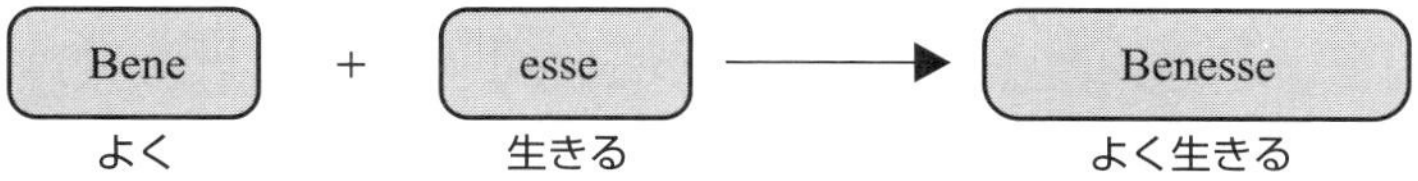

Benesse、それは「志」をもって、夢や理想の実現にむけて一歩一歩近づいていく、そのプロセスを楽しむ生き方のこと。私たちは、一人ひとりの「よく生きる」を実現するために、人々の向上意欲と課題解決を生涯にわたって支援します。
（ベネッセグループ憲章より）

〔チェックポイント①〕未充足ニーズや競争優位性が薄れていないか？

当初は未充足ニーズがあり、競争優位性があっても、社会の変化が進み、未充足ニーズが消失し、競合他社の追随により競争優位性が薄れている、あるいは競合から劣後している事例を散見します。

たとえば、ベネッセは、かつて事業ドメインを小学生から高校生を対象とした通信教育に設定していました。しかし、１９９０年代に入り、Ｂｅｎｅ（よく）、ｅｓｓｅ（生きる）という未充足ニーズに対する提供価値に事業ドメインを変更しています。富士フイルムは「フィルム」から「イメージング、インフォメーション、ドキュメントソリューション」へ、キヤノンは「カメラ」から「事務機器」へと事業ドメインを変えて、成長を続けています。

〔チェックポイント②〕無節操に事業が増殖していないか？

〝成長〟という呪縛から、個別事業の数は増殖する傾向があります。事業ドメインから外れる、収益性が低い、シナジーがない事業を発見した場合は、売却するか、事業ドメインを変更するかを考える必要があります。そのことに気づきながら意思決定を先延ばしすると、会社の体力が消耗する、あるいは事業機会を損なうなど大きな痛手を負うことになります。

定期的に事業ドメインの見直し・変更を行う

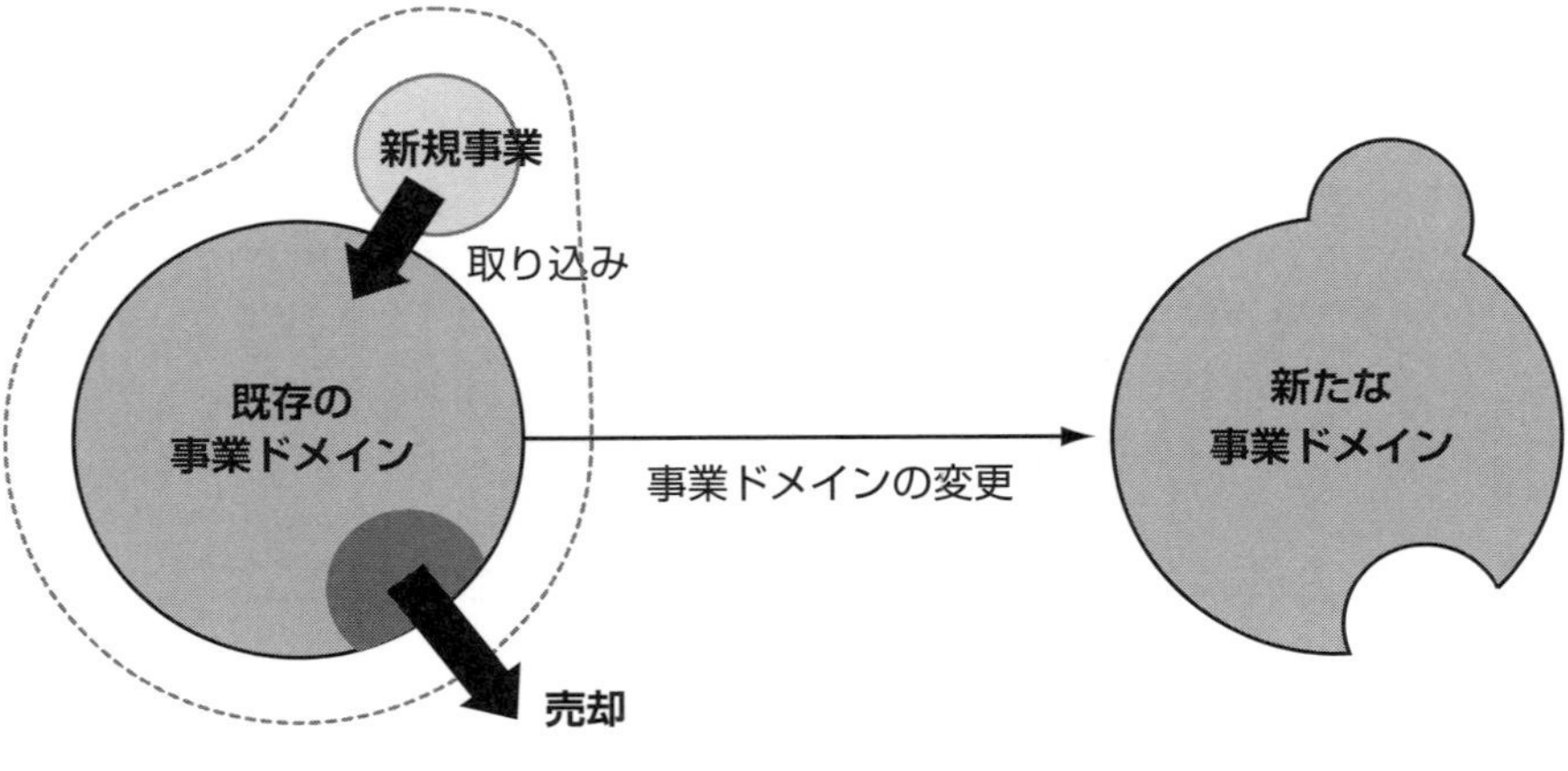

◎事業ドメインの設定と見直しの視点

外向きの戦略の第１ステップは事業ドメインの設定。設定後、定期的に見直すこと

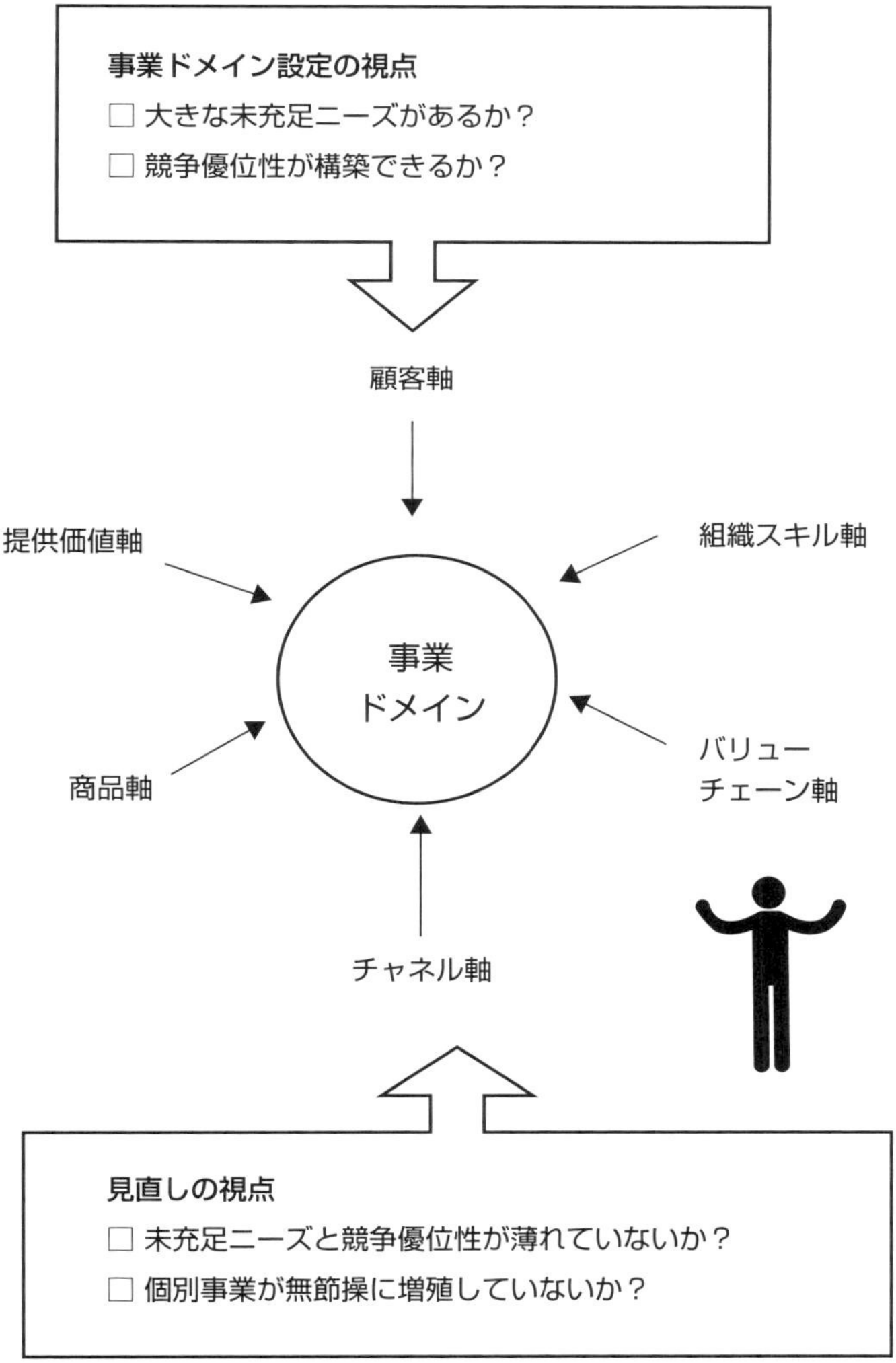

次に事業ドメインに入れる事業を考える

PPMの手法を活用して事業ポートフォリオをつくる

PPMとは事業ポートフォリオ管理

事業ドメインに入れる事業と、個別事業の全社における位置づけを合理的に考える手法の一つにボストン・コンサルティング・グループ(BCG)が開発したPPM(Product《プロダクト》 Portfolio《ポートフォリオ》 Management《マネジメント》)があります。名前にプロダクト(商品)とついていますが、事業のポートフォリオ管理にも用いられる手法です。

PPMでは、市場成長率と自社の相対マーケットシェアの2軸からなる4事象のマトリックス表を作成し、その表に個別事業をプロットしていきます。

そして、あてはまった事象がどこかによって、個別事業戦略の方針を立てます。

事業ポートフォリオマネジメント

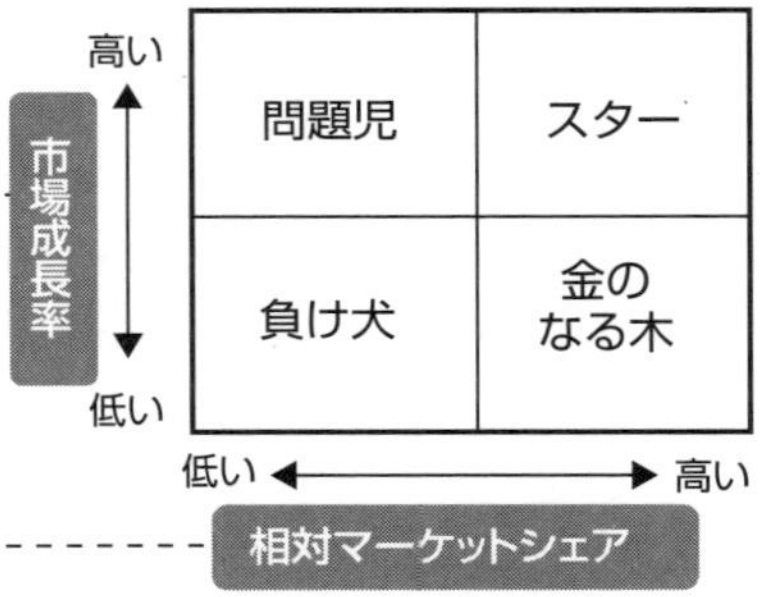

事象ごとに個別事業戦略の方針を立てる

事象ごとの個別事業戦略は、次のように考えます。

①「問題児」にあてはまる事業

問題児とは、市場成長率は高いが相対マーケットシェアが低い事業のことです。問題児の事象には、通常、新規事業かスターからの落ちこぼれ事業があてはまります。シェア拡大のために早期に集中投資を行うか、逆に早期撤退かの判断が求められます。シェア奪取に成功すればスターになります。

②「スター」にあてはまる事業

スターとは、市場成長率も相対マーケットシェアも高い事業です。スター事業には積極的に投資します。成長率の高い市場なので、それに合わせて自社も拡大することが可能です。投資は「金のなる木」になってから回収することもあり得ます。

③「金のなる木」にあてはまる事業

金のなる木とは、相対マーケットシェアは高いが市場成長率は低い事業です。コストを必要最小限に抑えて利益を確保します。成長は鈍っていても、シェアが高く、大きな利益を生むことが可能です。

④「負け犬」にあてはまる事業

負け犬とは、市場成長率も相対マーケットシェアも低い事業です。

市場成長率

経営戦略のタイムフレーム（5～ 10 年）に対応した将来予想。株主と経営陣が自社に課す期待成長率を決め、それより高い事業は市場成長率が高い、低い事業は市場成長率が低いとする。客観性を重視して過去の市場成長率を使うこともある

相対マーケットシェア

算式

$$\frac{\text{自社のシェア}}{\text{最大企業のシェア（自社を除く）}}$$

「問題児」「負け犬」と「スター」「金のなる木」の境目の相対マーケットシェアは通常“1”とするが、それよりも低い数字を用いることもある

負け犬にあてあまる事業は、撤退時期を検討します。利益が出ていれば維持可能ですが、市場成長率が低いにもかかわらずシェア拡大の投資を行うことに通常合理性はありません。

ＰＰＭを使用するときの注意点

ＢＣＧのＰＰＭの利点は、機械的に作業を行い、投資の軽重の判断ができることです。

金のなる木に属する事業は、かつてスターであったため、資金・人材を湯水のように使うことに慣れています。そのため資金を絞られ、優秀な人材を別事業に異動されることを強力に拒む傾向にあります。

またかつてのスターや金のなる木から負け犬に転落した事業は、未だ巻き返し可能と利己的に考え、事業撤退の判断を遅らせるべく様々な手を打ってきます。これらをＰＰＭの権威を借りて一刀両断にすることが可能です。

ただし、シェアと利益率が相関しない事業や、元データの精度が悪い場合は一刀両断の判断は禁物です。また事業規模、事業間のシナジーの観点や、本当に実現可能な巻き返しのネタを摘みとってしまわないように慎重な検討が必要です。

PPMを使うときの2つの注意点

1．ＰＰＭは相対マーケットシェアと利益率が相関することを前提としているため、たとえば、相対マーケットシェアが低くても利益率が高い事業は、ＰＰＭの意味合いにあてはまらない。利益率が高い理由が差別化にある場合は、新たな事業ドメインを設定しPPM分析をやり直せば、相対市場シェアは高くなるので、ＰＰＭが使えることになる。
2．事業規模が考慮に入っていないため、戦略を策定する際は、事業規模を加え、意味合いを抽出する必要がある。

◎事業のポートフォリオ管理の考え方

事業ドメインに入れる事業、入れない事業を決め、入れる事業はポートフォリオの観点から全社における位置づけを明確にする

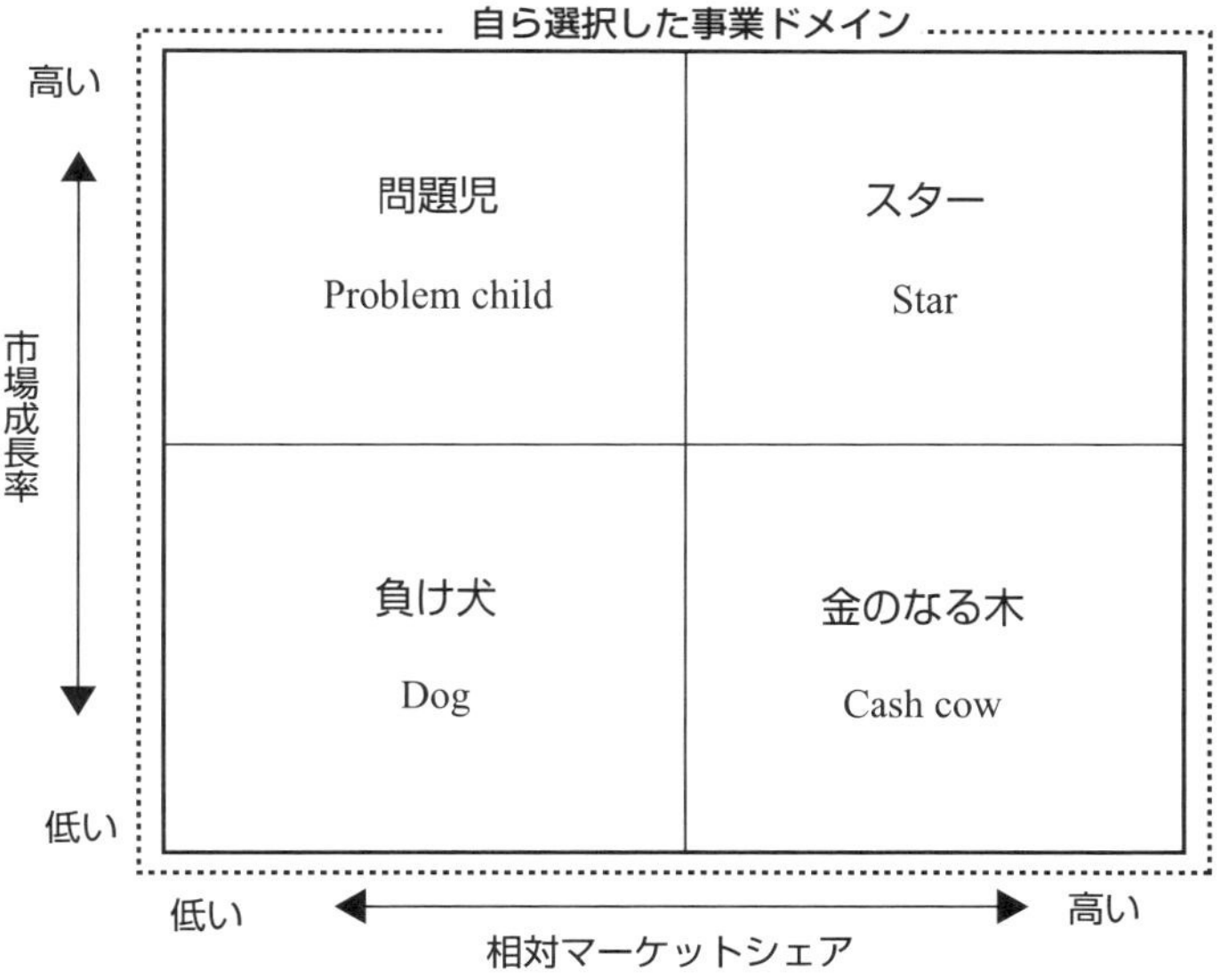

■「問題児」の事業

シェア拡大のために早期集中投資か、逆に早期撤退かの判断が求められる

☞シェア奪取に成功すればスター、失敗すれば万年「問題児」か負け犬に

■「スター」の事業

成長率の高い事業なので、利益を無視しても積極的に投資する

☞積極投資を負う。投資は金のなる木になってから回収することもある

■「金のなる木」の事業

コストを必要最小限に抑えて利益を確保する

☞資金・人材を湯水のように使うことに慣れているので、注意が必要

■「負け犬」の事業

早期撤退も視野に入れる

☞シェア拡大のための投資を行っても、無駄となる可能性が高い

「問題児事業」の管理の仕方とそのポイント

事業の取捨選択とテコ入れがポイント

「問題児」に入る新規事業を選別する

問題児事象には新規事業とスターからの陥落事業が混在しています。そこで、事業の取捨選別とテコ入れがポイントとなります。

新規事業を検討する際によく用いられるのが、アンゾフの製品・市場マトリックスです。

市場と商品・サービスの2軸のそれぞれを既存、新規に分けた4象限のマトリックスを使用し、既存の市場に新規商品・サービスを販売できないか、既存の商品・サービスを新規市場に販売できないかを検討します。

市場と商品・サービスの2軸以外にも、チャネルや提供価値の軸を加えても結構です。

アンゾフの事業拡大マトリックスを活用する

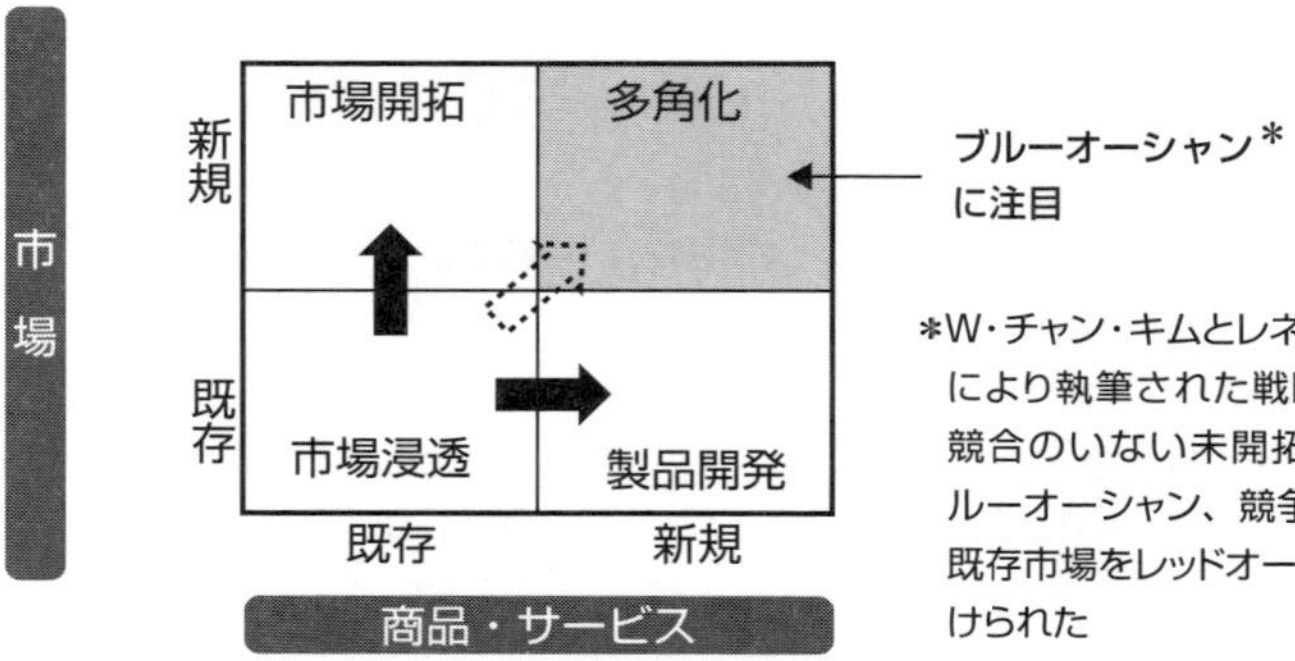

*W・チャン・キムとレネ・モボルニュにより執筆された戦略書の中で、競合のいない未開拓の市場をブルーオーシャン、競争相手の多い既存市場をレッドオーシャンと名づけられた

既存の市場ならびに既存の商品・サービスを活用しない、まったく新規の事業ドメインへの参入も可能です。その場合は、市場規模は小さくとも、成長率が高く、未だ強い競合がいない「ブルーオーシャン市場」がお勧めです。

新規事業をテコ入れする

自社の相対市場シェアを上げるために、まず競争戦略（コスト・リーダーシップ戦略、差別化戦略、集中戦略）を明確にします。

次に人材確保です。対象事業の業界知識および事業立ち上げ経験が求められます。社内だけでなく、外部からの登用を検討します。

また、事業立ち上げの重要ポジションにある人材に対しては、成果連動型の報酬を検討するなど、柔軟かつ大胆な人事戦略をとります。

さらに、競争に勝つために必要十分な資金を投入します。ただし、資金に制約があるために、やみくもに複数事業に取り組むのではなく厳選して取り組むべきです。他人の芝は青く見えるので、何かフックをかけておこうという中途半端な気持ちで事業を行うと、成果が出ないのは当然です。

豆知識　ブルーオーシャン戦略

ブルーオーシャンは、２つの視点から探索する。

❶アクション・マトリックス
「取り除く」「増やす」「減らす」「付け加える」という４つの視点から、自社の事業を再整理する。

❷戦略キャンパス
横軸に競争要因、縦軸にそのレベルをとり、自社の取り組みと他社の取り組みを比較し、市場機会を探る。

問題児事業に投資する総額と撤退基準を決める

資金や人材の制約がなければ、短期的に利益は出なくとも、将来利益が出て、それまでの赤字をペイバックしてくれれば、問題児事象にいくつ事業が存在しても問題ありません。

しかし実際は、資金や人材などの経営資源には限界がありますので、問題児事業に総額でいくら投資するのか、あらかじめ決定しておく必要があります。

その投資額の考え方ですが、金のなる木から生み出される資金が原資になります。スターに必要な資金を投入し、残りが問題児となります。

ただし問題児は、次のスターを生む大切な事象なので、会社の持続的な成長のために一定の投資資金の確保が必須です。場合によっては、借入、出資を受ける、負け犬事業を売却し資金を確保するなどの対策も検討します。

また、問題児がスターになる確率は必ずしも高くないことを理解し、あらかじめ撤退基準を決めておき、早めに意思決定をすることが重要です。

◎「問題児」事象にある事業の管理方法

あらかじめ決定した投資額の範囲内で優先順位をつけ、選定された個別事業の競争戦略を作成し、必要十分な資金、人材を投入する

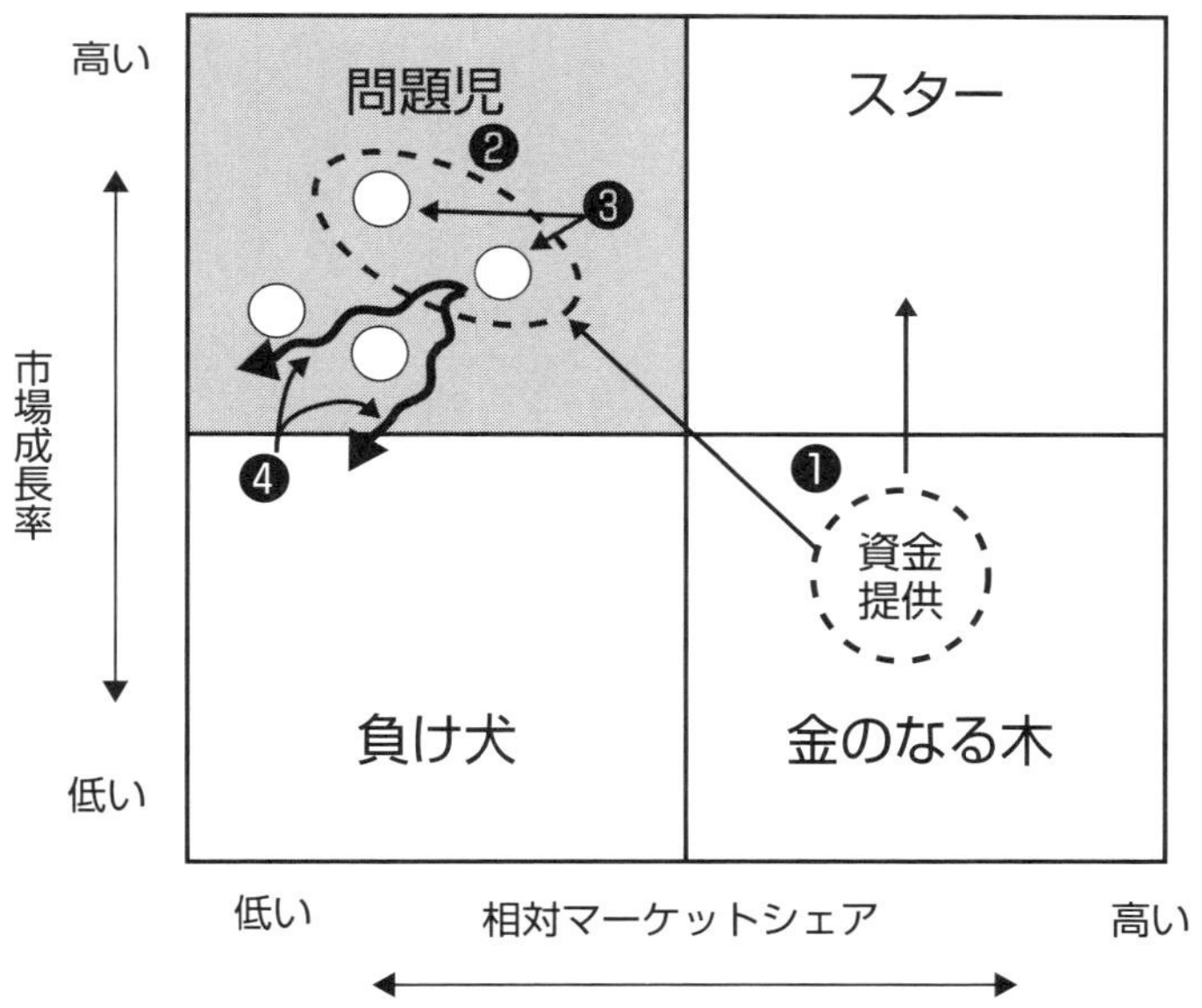

❶ 投資総額を決める
❷ 投資事業を厳選する
❸ テコ入れする（人材、資金）
❹ 撤退基準を決めておく

「スター事業」の管理の仕方とそのポイント

積極投資を行いつつ、陥落させない手を打つ

積極投資で競合を引き離す

市場の成長率が高く、かつ自社の相対シェアも高いスター事業は、後続の競合他社に追いつかれないように、成長のための積極投資を続けなければなりません。

そのためには、周到な投資計画と資金調達計画が必要です。必要な資金が不足する場合は、株主からの出資の受け入れや銀行からの借入・社債発行によって調達することが必要になります。場合によっては、問題児や負け犬事業の売却も検討します。

差別化ポイントを考え事業ドメインを変える

スターはいつまでもスターであり続けることはできません。

スターを育てるにはキャッシュマネジメントが重要

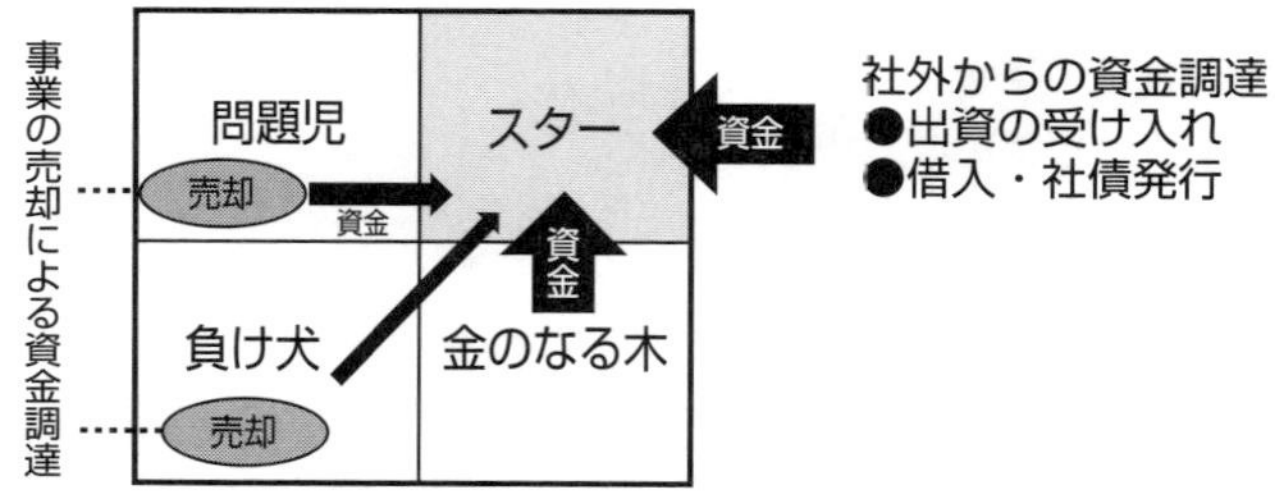

後続の競合に追いつかれる、あるいは技術革新により代替財が出現する、商品・サービスが顧客に行き渡って市場が成熟するなどの理由で、いつかは市場の成長率は鈍化し、自社のシェアも低下するおそれに直面します。

そのために先読みして差別化のポイントを考えておく必要があります。差別化とは事業ドメインを変質させ、新たな事業ドメインをつくることなので、その新たな事業ドメインでスターに復活することも可能です。

たとえば、自動車保険の通販は、〝低価格〟を差別化価値として急成長しました。その後、競争激化により撤退する会社も出る中、一部の会社は、〝低価格〟から、〝ケア〟やサービスを価値とした独自の事業ドメインに変質させ、スターのポジションを維持することに成功しています。

凋落の兆しを見きわめる

差別化のポイントを考え、事業のリノベーションを試みても、うまくいきそうにないと判明したら、その時点で、金のなる木への引導を渡し、投資対効果を考え、これまでのような潤沢な投資はカットする必要があります。

凋落の兆しを見きわめ、手を打つ

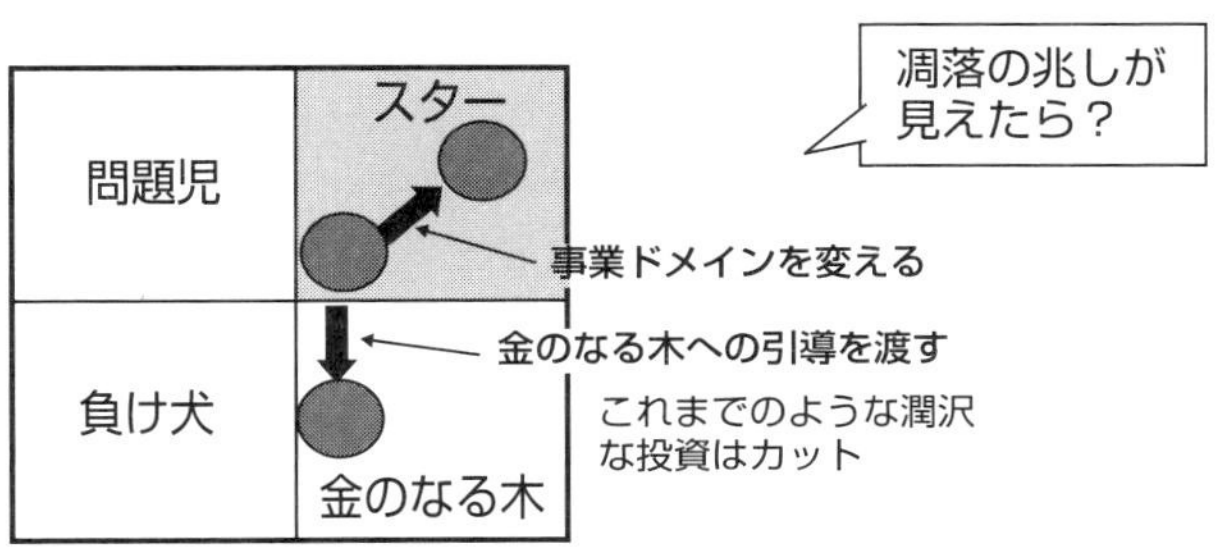

かつてのスターは自らを客観視できず、これまでと同様の資金面、人材面の投資の継続を求めてきます。市場の成長率、自社の相対シェアのデータを定期的にアップデートして、各事業のＰＰＭにおけるポジショニングを客観的に分析することが重要です。

事例：「スター」からの凋落

２０００年に入り、テレビの大型化、薄型化が進展し、日本の電機メーカーは、液晶より動作性能に優れ、37Ｖ以上の大画面では生産コストに優れる、プラズマテレビに積極投資をしました。当時シェアナンバーワンはパナソニックでしたが、相対市場シェアが１以下の日立、パイオニアの両社にとっても、自社内または事業部内ではプラズマテレビ事業はスターと同様に取り扱われていました。

その後、液晶との戦いに敗れますが、各社とも敗北を認めることができず、復活に賭け赤字を続け事業を継続します。

結果として、２００９年にはパイオニアがテレビディスプレイ事業から撤退、その後、会社存亡の危機に陥り、日立は２０１１年にテレビの生産から撤退しました。プラズマ陣営最後の砦のパナソニックも大赤字とともに２０１４年に撤退となりました。スター事業の投資の見きわめは、思いのほかむずかしいことを肝に銘じてください。

◎スター事業を管理する（プラズマテレビの事例）

積極投資を行いつつ、スターの座からの陥落の兆しを見きわめて手を打つ

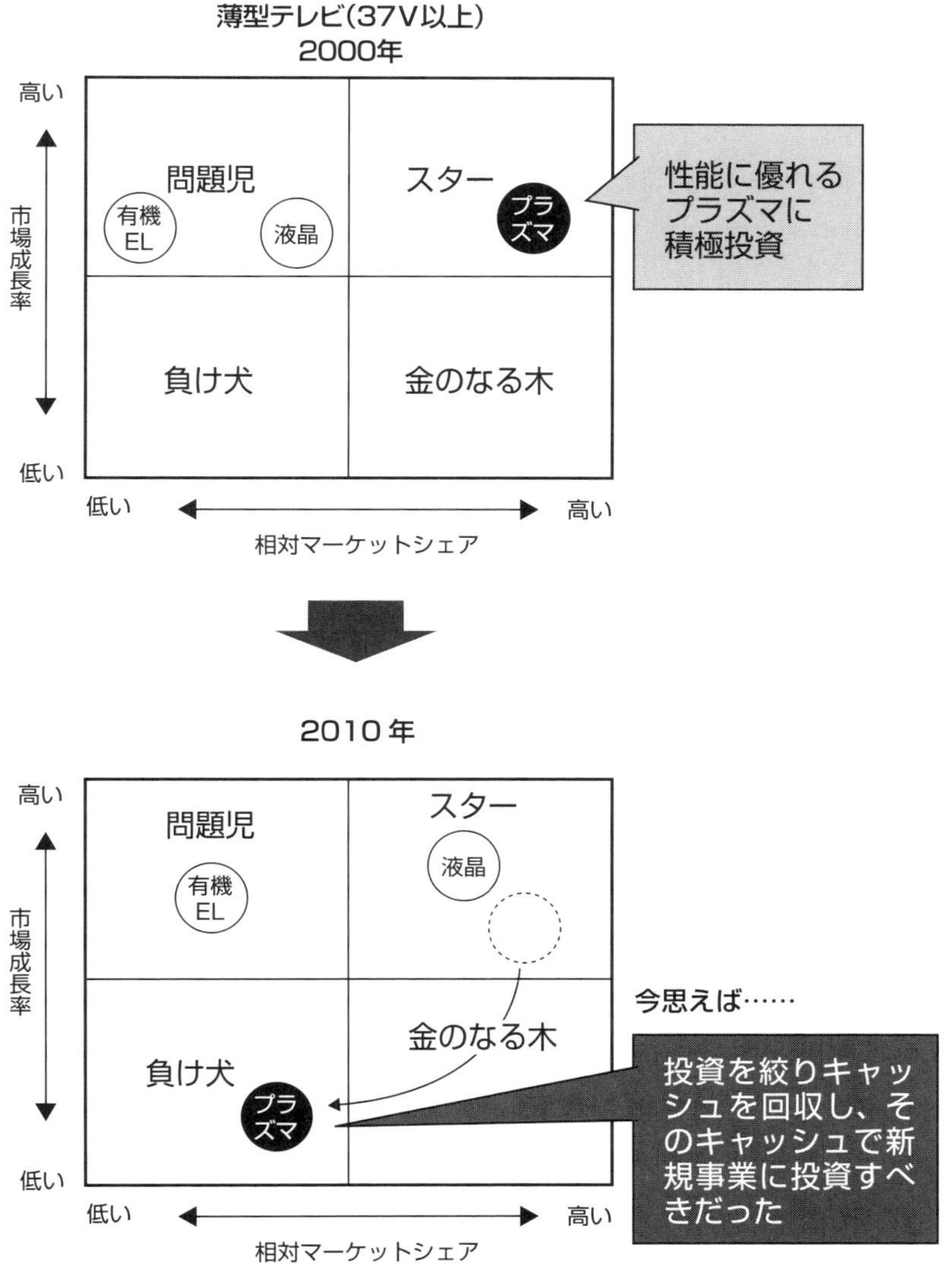

「負け犬事業」の管理の仕方とそのポイント

絞る、広げる、事業リエンジニアリング、売却の4対策を検討する

市場が成熟すれば、必ず「負け犬化」が進む

商品・サービスの普及が進むにつれ、市場成長率は鈍化します。同時に代替する商品・サービスが出現し、当該商品・サービスが属する市場全体におけるシェアが減少し、市場自体が「負け犬」に陥落します。

視点を〝市場〟から自社に移した場合、当該商品・サービス事業の相対シェアが1以上であっても市場の縮小により、自社における重要度が下がります。

また相対シェアが1以下の場合は、事業の撤退を含め対策を考えなければなりません。

市場は必ず成熟し、負け犬化する

業界における個別商品・サービスの位置づけ

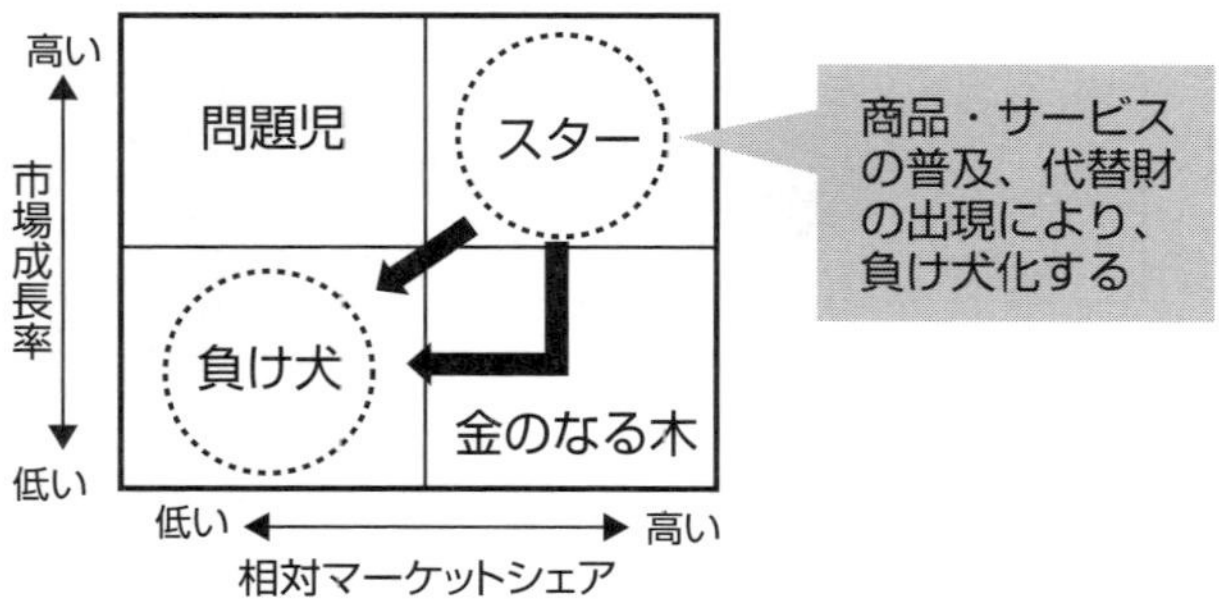

負け犬事業への「4つの対策」

負け犬化に直面する事業に対する4つの対策を解説します。

対策1　事業ドメインを絞り込む

負け犬事業の1つ目の対策は、自社が強みを発揮できる、顧客セグメント、提供価値、具体的商品・サービスカテゴリー、チャネル、バリューチェーン、組織スキルの要素への絞り込みです。

その絞り込みにより、事業ドメインが変わり、PPMにおけるポジショニングが、金のなる木、あるいは問題児やスターへと変化できる場合があります。

対策2　事業ドメインを広げる

社内外の別事業と統合することにより、事業価値を向上する機会がないか検討します。

事業統合により事業価値が向上する理由は、原材料の購買の統合、生産設備の統合、物流の統合、営業の統合、管理部門の統合、共通ブランドの活用などのシナジー効果となります。

対策3　事業リエンジニアリング

事業リエンジニアリングとは事業をゼロベースで見直すことです。業務プロセスを可視化し、標準化、効率化、集約を進めます。

その際、アウトソーシング（外注）、ICT（情報通信技術）による業務

負け犬化事業の対策オプション

1.事業ドメインを絞り込む

2.事業ドメインを広げる

3.事業リエンジニアリングの実施

4.事業売却

効率向上機会、同事業ドメインにおける他社事業のM＆Aや業務提携機会を検討します。

事業リエンジニアリングのポイントは、現状から発想しないこと。まずあるべき姿（〝Could-be〟像）を設計し、そのあとに人、資金、システムなどの制約条件を加えることです。

現状から発想すると、できないことばかりが頭をめぐり、有効な打ち手が立てられません。

対策4 事業売却

事業売却というと後ろ向きなイメージがありますが、自社が強みを発揮できる既存事業の強化、新規事業の立ち上げのための投資資金の調達手段と考えることができます。

事業売却の価値は、将来にわたる税引き後キャッシュフローの合計から、負債を引いて算出されます。小さな事業、利益率の低い事業に見えても、思わぬ金額になることがあります。

また、売却先企業の他事業とのシナジー効果の大きさによっては、プレミアム金額が支払われることもあります。

新規事業機会の探索と同時に、事業ポートフォリオの再構築機会を考えましょう。

◎成熟から「負け犬」化した事業の対策（教育事業の事例）

対策として、事業ドメインを絞る、広げる、事業リエンジニアリングの実施、事業売却を検討する

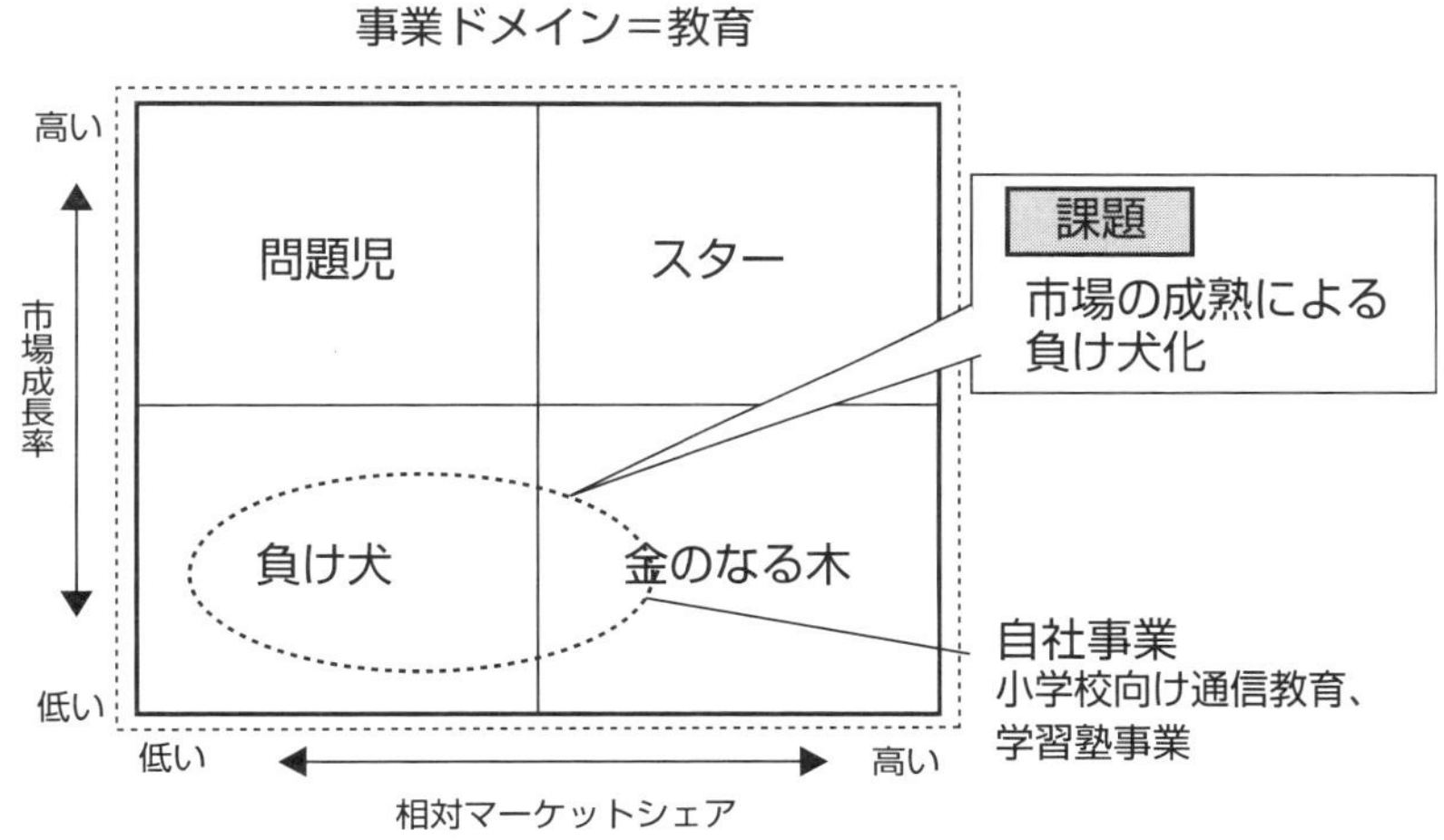

「負け犬」化事業の対策

1．事業ドメインを絞り込む	小学生をターゲットとした教科書準拠教育事業に絞り込む
2．事業ドメインを広げる	小学生をターゲットとした出版、ウェブ動画、カルチャー、語学へ拡張
3．事業リエンジニアリング	小規模の利益責任を負った事業部へ分化させ、権限移譲により中間管理職を削減　ほか
4．事業売却	小学生向け学習塾事業を売却し、大人から子どもまでをターゲットにした体験型学習事業に投資

事業間シナジーを実現させる事業ポートフォリオ作成法

事業ドメインを絞る、内向きの戦略でくくる

事業ポートフォリオではシナジーを考える

事業ポートフォリオをつくる際には、個別事業間のシナジー効果を考える必要があります。ビジネスシステム（研究開発、購買、生産、営業など自社の業務の流れ）の共有によるコストの削減、営業・チャネル・顧客基盤の活用による売上増加、組織スキルの補完・強化による競争優位性の増強などがシナジー効果の事例です。

強いシナジー効果が期待できる事業ポートフォリオは、事業ドメインが絞られているケースと、事業ドメインが絞られていなくとも内向きの戦略の中の「組織」「人材マネジメント」「行動革新メカニズム」が共通化され、かつ競争優位性として機能しているケースの2つがあります。

シナジー効果によるメリットは？

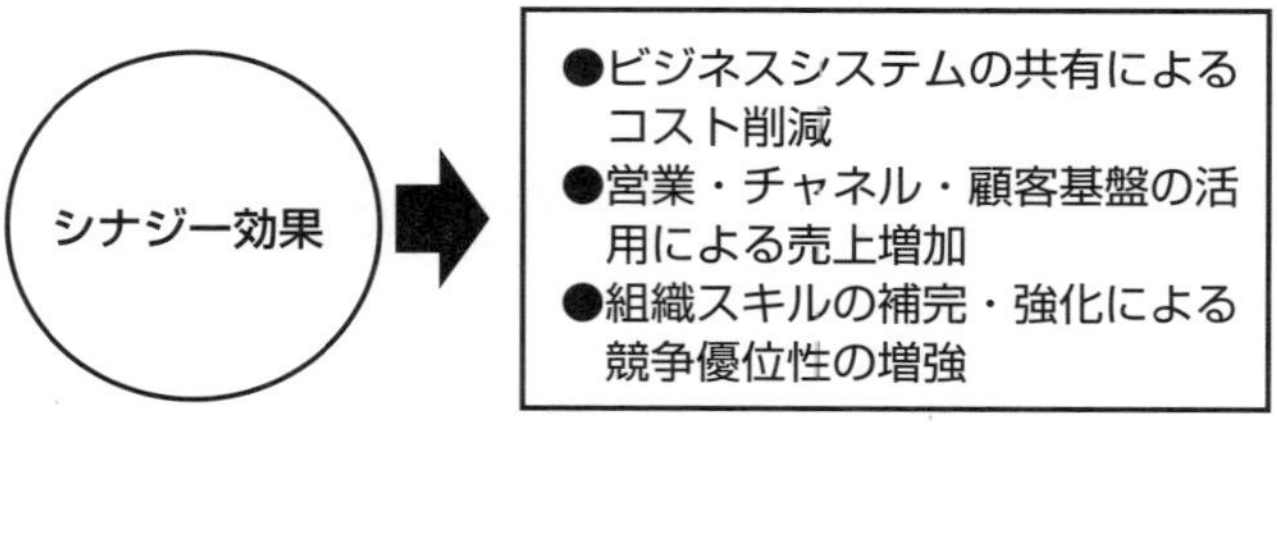
シナジー効果
●ビジネスシステムの共有によるコスト削減
●営業・チャネル・顧客基盤の活用による売上増加
●組織スキルの補完・強化による競争優位性の増強

事業ドメインが絞られている場合

事業ドメインが絞られていると、事業間シナジーは比較的容易に実現できます。たとえば、乗用車市場のポルシェ、消費財市場のコカ・コーラのように、全社の事業ドメインが絞り込まれ、差別化されている会社は利益率が高い傾向にあります。

この理由は、企業ブランドを前面に出した広告・宣伝が可能で、プロモーション効率が高くなることです。

また、提供価値のばらつきが少なく、製品カテゴリー間で相反することがないため、チャネルを使い分ける必要がありません。

さらに事業ドメインを絞っているため事業ポートフォリオの管理コストが削減でき、生産面では規模の経済(量産効果)が効きやすく、学習効果も大きくなります。

事業ドメインが広い場合

逆に事業ドメインが広い場合は、全社の内向きの戦略を強化して競争優位性にまで仕上げる必要があります。それができない場合は、むやみに事業ドメインを広げるべきではありません。

GEは発明王エジソンが1878年に電気照明会社を設立してから、事業ドメインがどんどん広がり、今ではいわゆるコングロマ

事例　GEの事業横断的な内向きの戦略

共通の価値観・行動規範	●4つのアクション ●8つのバリュー ●ブランドコンセプト
業務プロセス・ICT	事業間共通の変革ツール ●シックスシグマ ●GEツールキット ●NPI(新製品導入) ●CAP(変革促進プロセス) ●ベストプラクティス ●ワークアウト
組織	●地域よりも事業軸を優先、各事業トップが責任を負う ●傘下に多数のPL(利益)責任単位をつくり、迅速な意思決定、リーダーシップの育成を実現
人材マネジメント	●リーダーの発掘と育成に投資 ●グループ横断的異動 ●GE Valueと人事評価のリンク(業績が良くても、GE Valueが低ければ昇進しない)

リットとして、重電を中心に多様な事業を推進しています。

それをならしめるGEの強みは内向きの戦略です。多様な事業を1つにまとめる共通の価値観・行動規範を制定しています。また独自の仕事の進め方やツールを開発し、個別事業横断的に活用しています。さらに全社共通の人事評価指標で社員を評価し、リーダー養成教育に多大の投資を行っています。リーダーは個別事業に閉じることなく事業横断的に異動します。

これらの内向きの戦略により、事業ドメインが広いにもかかわらず、会社全体として高い収益性を維持しています。

戦略フレームワークでシナジーを積み上げる

事業ドメインが絞られているケース、内向きの戦略が競争優位性になっているケースも、共に継続的にシナジーを探し、積み上げていくことが大切です。

その際、共通の戦略フレームワークを使うと、それまで見えなかった個別事業間の共通性(顧客、提供価値、チャネルやプロモーション、未充足ニーズや競争優位性、内向きの戦略)が明確になり、機能の集約、人材・技術・情報の連携機会を見出すことが容易になります。

◎戦略フレームによるシナジーの積み上げ

戦略フレームを事業部に与え、４ステップで対策を導出する

ステップ1

個別事業戦略を書き出す

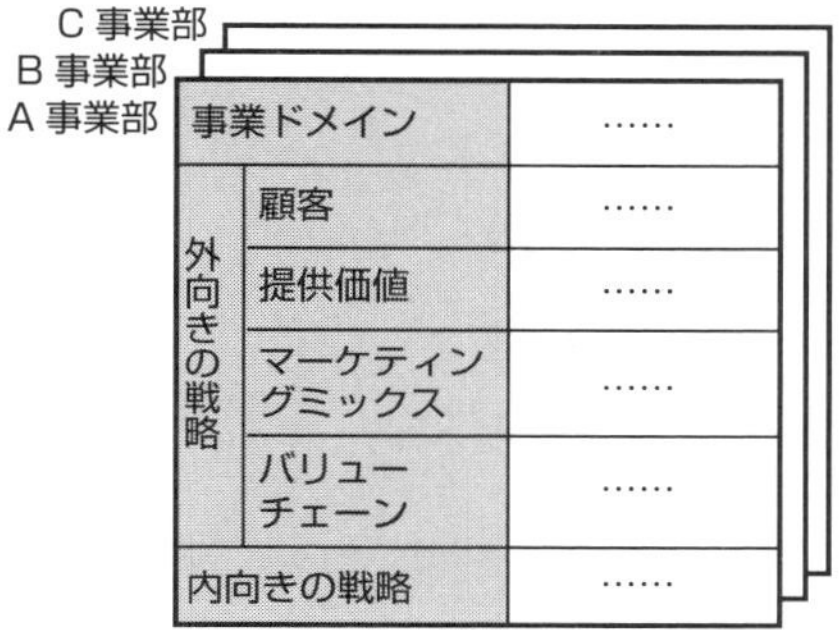

ステップ2

それぞれ必要なコアコンピタンス、競争優位性を書き出し、現状の充足度を評価する

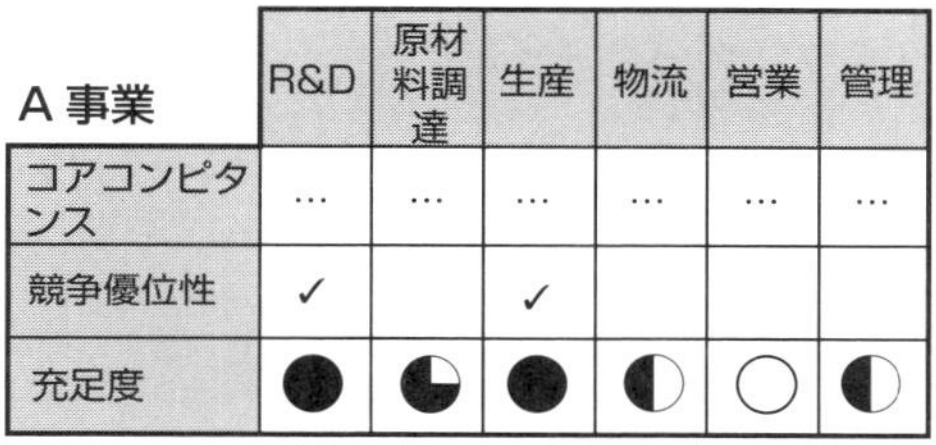

（注）色は充足度
黒：充足　白：未充足

ステップ3

事業ごとの分析結果を集約し会社として不足、シナジーを分析

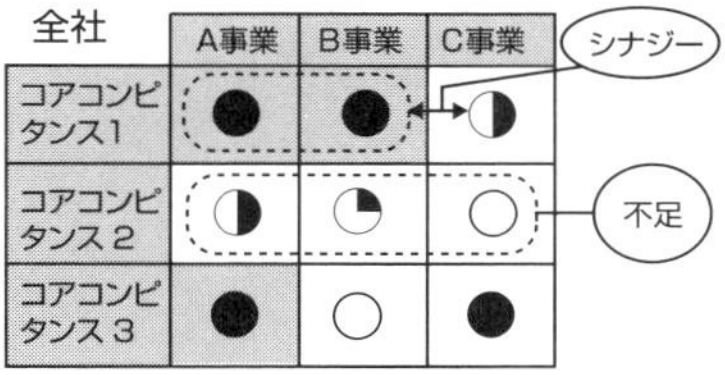

（注1）色は充足度
黒：充足　白：未充足
（注 2）競争優位性であるコアコンピタンスはセルに網掛け

ステップ4

対策の作成

対策例

- ●M&A・事業の売却
- ●コア人材の社外からの調達
- ●人材・教育施策
- ●ナレッジマネジメントほか

❶コアコンピタンス

選択した事業ドメインにおける個別事業を推進するために必要な中核能力

❷競争優位性

コアコンピタンスの中で、競合他社よりも持続的に勝るもの

第 3 章

個別事業の“外向きの戦略”策定ポイント

「戦略の方程式化」が戦略策定を容易にする

利益・CSV指標とビジネスモデル（要素）の方程式をつくる

「戦略の方程式化」が戦略策定を容易にする

戦略の目的「Y」が最大になる方程式を考える

戦略の目的をY、ビジネスモデルの構成要素をXとする方程式をつくります。

Yは目的変数といい、予測したい変数のことです。「$Y = aX_1 + bX_2 + cX_3 \cdots\cdots + z$」というような方程式の左辺のYを指し、会計利益指標を必須とし、会社に受容性がある場合はCSV指標も合わせて用いて用います。

Xは、目的変数を説明する変数のことで、前述の方程式の右辺です。右辺は外向きの戦略、内向きの戦略に大別されます。

外向きの戦略は、ターゲット顧客、提供価値、マーケティングミックス、バリューチェーンにおける自社のポジショニングという

戦略を方程式にして考える

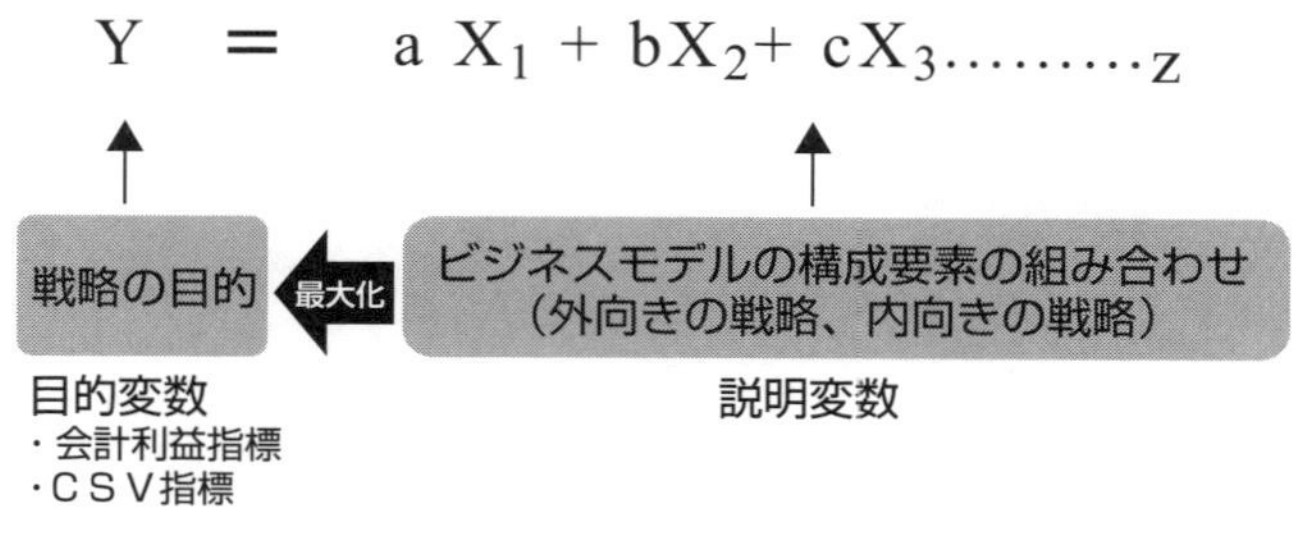

構成要素に分解されます。

内向きの戦略は、業務のミッションとKPI、顧客接点、業務プロセス、ICT、組織、人材マネジメント、従業員の行動革新メカニズムという構成要素に分解します。

戦略の方程式のつくり方・解き方

戦略の方程式は、①説明変数のそれぞれの構成要素の選択肢をつくる、②選択肢を組み合わせて戦略オプションをつくる、③Y(目的変数値)を類推するという順番で解いていきます。

ステップ1　選択肢をつくる

まずは説明変数のそれぞれの構成要素内の選択肢をつくります。たとえば、外向きの戦略の「ターゲット顧客」はF1、F2、F3、M1、M2、M3の6つの選択肢(マーケティングでよく使う分類で、Fは女性、Mは男性、1は20～34歳、2は35～49歳、3は50歳以上)、「提供価値」は高品質、短納期、低価格、顧客の接点経験の4つの選択肢をもうけるなどです。

1つの箱に対して選択肢は複数のセットを考えます。

その際、説明変数のすべての構成要素に複数の選択肢をつくる必要はありません。目的は、Yの値が大きい戦略オプションを考える

経営戦略の方程式の解き方

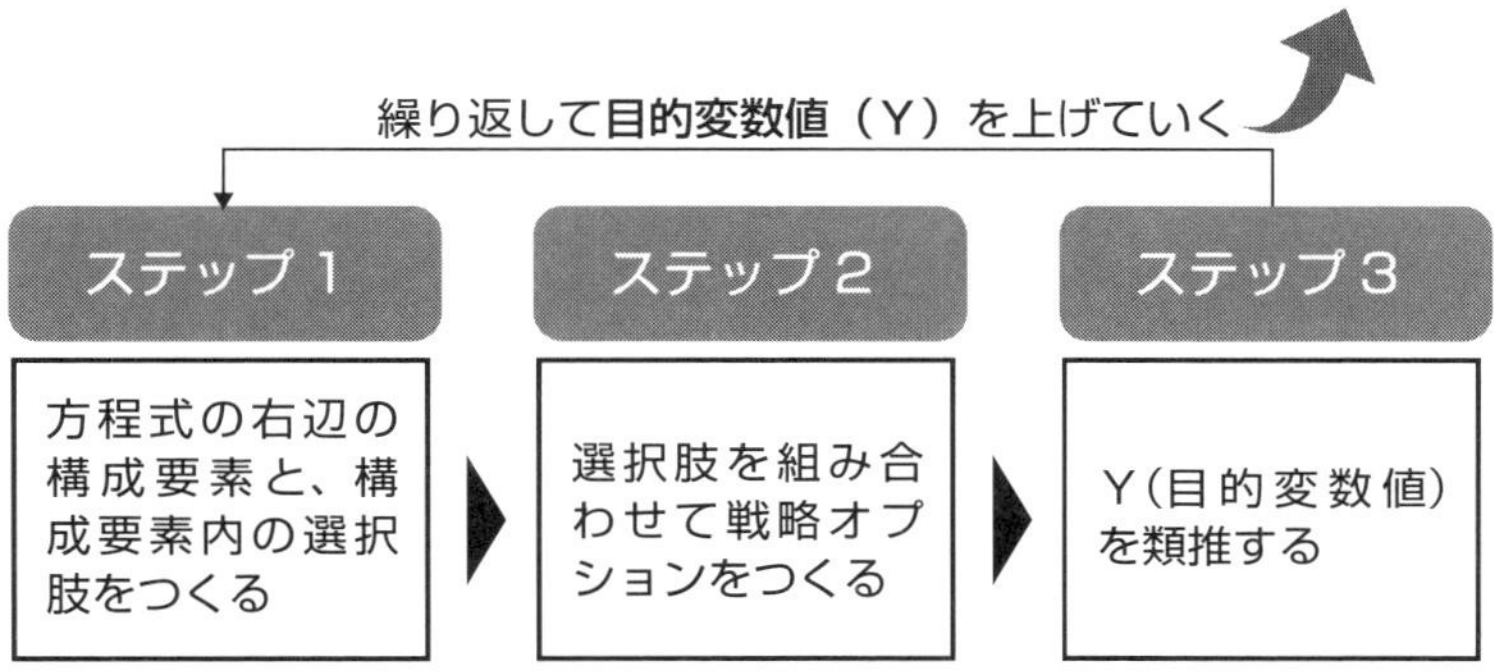
繰り返して目的変数値（Y）を上げていく
ステップ1
方程式の右辺の構成要素と、構成要素内の選択肢をつくる
ステップ2
選択肢を組み合わせて戦略オプションをつくる
ステップ3
Y(目的変数値)を類推する

ことなので、甲乙つけがたしの戦略オプションをつくるための少数の構成要素、少数の選択肢に限定しましょう。

ステップ2　選択肢を組み合わせて戦略オプションをつくる

選択肢のすべての組み合わせを考えることは、時間がかかりすぎるので、〝臆することなく当たりをつけて〟(このことを仮説思考といいます)、Yの値が高いであろう有望な構成要素の選択肢の組み合わせ(経営戦略オプション)をつくってしまいます。

ステップ3　Y(目的変数値)を類推する

CSV指標を使う場合は、まずCSV指標が小さいと類推される戦略オプションを除外します。

次に、会計利益指標を用いて利益がいくらになるか、ざっくり計算し、戦略オプションの優先順位をつけます。

①から③は繰り返し作業となります。選択肢をつくり直し、その組み合わせを変えて、より大きな目的変数値Yとなる戦略オプションをつくります。

Y(目的変数値)の向上幅はだんだん小さくなる

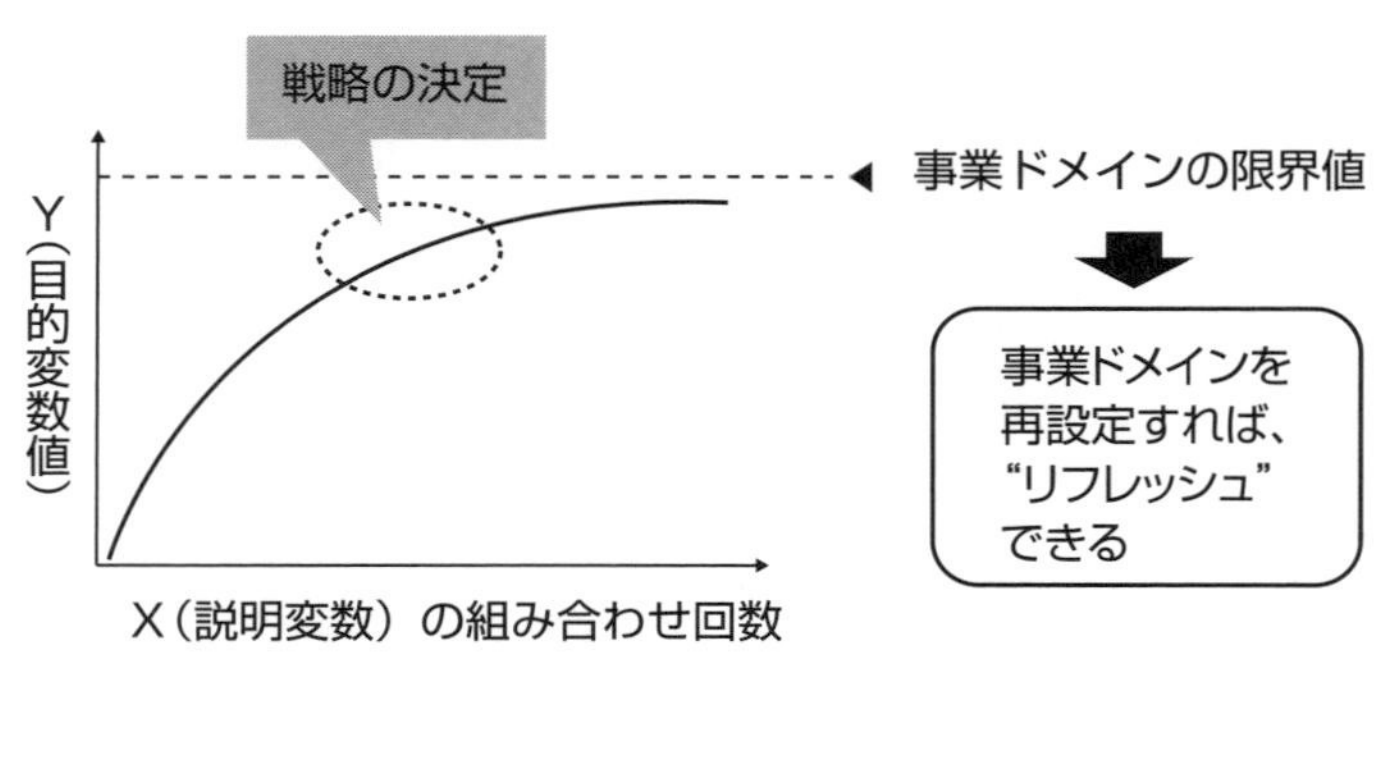

◎戦略を方程式で解く

戦略の目的がY、ビジネスモデルの構成要素がXの方程式で個別事業戦略をつくる

戦略の目的 ← 会計利益指標、CSV指標

$$Y = aX_1 + bX_2 + cX_3 \cdots\cdots\cdots z$$

外向きの戦略

構成要素
- ターゲット顧客
- 提供価値
- マーケティングミックス
- バリューチェーンにおける自社のポジショニング

内向きの戦略

構成要素
- 業務のミッションとKPI
- 顧客接点
- 業務プロセス
- ICT
- 組織
- 人材マネジメント
- 行動革新メカニズム

構成要素を選定して選択肢をつくる

（例）事業ドメインは学習サービス

ターゲット顧客	提供価値	商　品	チャネル
小学生 中学生 高校生 大人	教材提供 カウンセリング 達成度評価	…… …… …… ……	…… …… …… ……

組み合わせで選択オプションをつくる ― 仮説思考

ざっくりと計算して評価する

選択肢の組み合わせにおいて有効な4つの視点

1　バリュープロポジション
新商品・サービスを考えてもすぐ真似される。その一段上の提供価値で差別化する

2　バリューチェーン
企業の壁を取っ払い、産業構造をバラバラにして、自社が押さえるパーツをゼロベースで考える

3　マネタイズ
顧客との関係性に価値がつき、商品・サービスの付加価値が減少する。今までの儲けの常識は使えない

4　CSV指標と会計利益指標
CSV指標の重要性が増す。CSVと会計利益を両立させる

「戦略方程式」と8つの思考法をセットで使う

分解して、組み合わせて、評価するテクニック

MECEと多次元発想

MECEとは、Mutually Exclusive and Collectively Exhaustiveの頭文字をつないだもので、だぶりが無くかつ漏れが無いという意味です。

ビジネスモデルの任意の構成要素（顧客、提供価値、マーケティングミックス、バリューチェーンなど）を取り出し、MECEに分解して戦略オプションの選択肢をつくります。

多次元発想とは、顧客なら顧客という単一事象に集中してMECEに分解するのではなく、顧客と商品など複数の構成要素を、分解後に面白い組み合わせができるかを先回りして考えながら、事象を分解する思考法です。

MECE

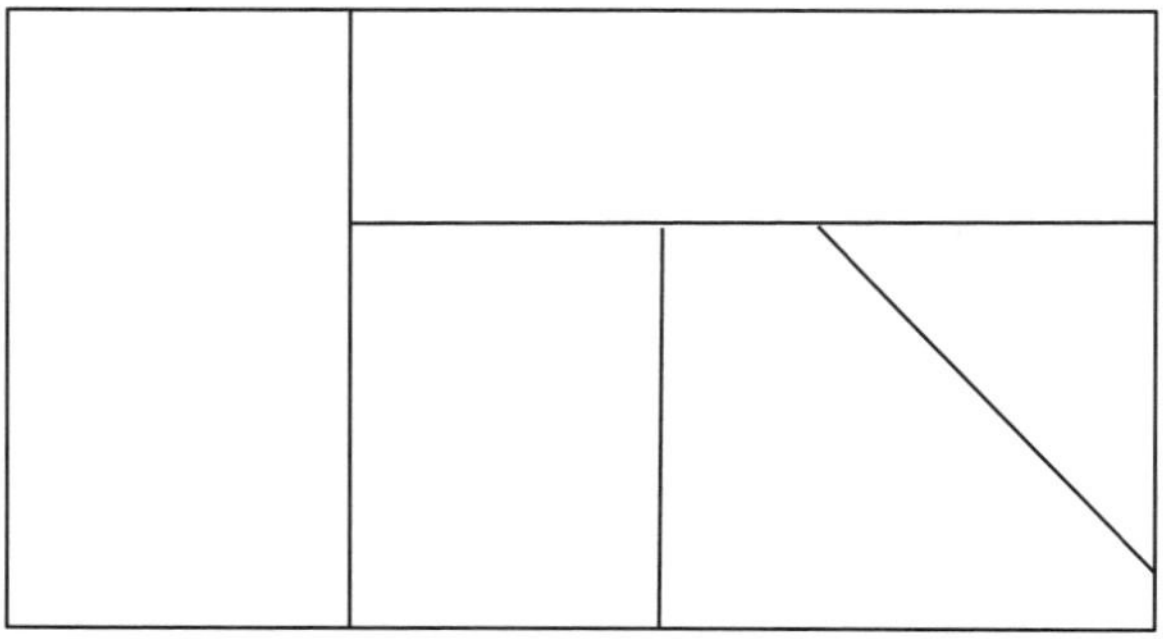

任意の構成要素（顧客、提供価値、商品……）を“だぶりが無くかつ漏れが無く”分解する

仮説思考に基づくソリューションシステム

仮説思考に基づくソリューションシステムとは、まず仮説の対象である課題を定義し、仮説思考で課題の解決策のたたき台を作ってみて、その後、解の要件を満たすか分析・検証を行うプロセスです。

不十分な手持ちのデータや知見から、思い切って最終アウトプットの概要を作ってみるという思考が重要です。戦略の説明変数の組み合わせは無数にありますので、どれがよいか悩んでいたら、戦略を立てる前に事業環境が変わり、一歩も前に進めません。

いきなりベストを目指すより、ベターを目指します。

演繹的・帰納的発想

演繹的発想とは、一般的・普遍的な前提から、「××だから、○○である」という論理を数珠つなぎにして、結論を引き出す方法です。事業環境を分析し、その結果を自社の強み、弱み、市場機会、脅威の4事象に整理して、戦略オプションを抽出するような思考法です。

帰納的思考法とは、個々の情報から汎用的解釈を導き出す方法です。例えば、顧客のインタビューやアンケート調査などのデータから、集計・統計処理をして、「あっ、この顧客属性を用いてくると、自社の強みが発揮でき、かつ共通の未充足ニーズを持った顧客セグ

ソリューションシステム

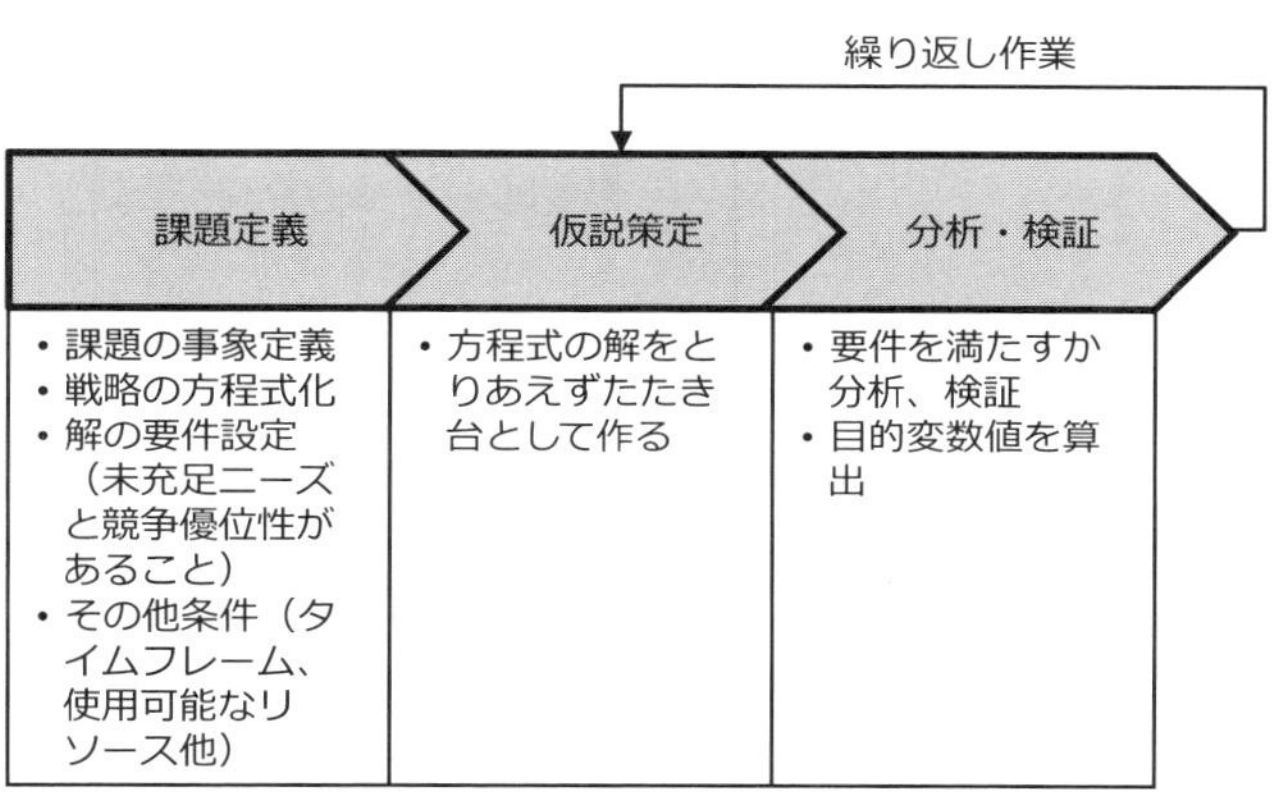

メントができる」と気づきを得ます。またデータでなくとも、仮想の〝個客〟のライフスタイルや商品ニーズを具体的に描いてみて、提供価値や商品の気づきを得る方法もあります。

重要なのは、演繹的発想と帰納的発想の両方の発想を意図して使い分けることです。

フェルミ推定

フェルミ推定とは、目的変数の値を計算する際に、説明変数のデータが十分そろっていない中で、短時間で、自ら欠損しているデータを論理的に推定して目的変数値を計算することを言います。

研修や採用面接で出題されるフェルミ推定の質問は、

「東京23区にコンビニは何件あるか」

「今月生まれた日本人の数は」

のようなものです。

戦略策定においては、目的変数である会計利益指標を〝ざっくり計算〟する際に用います。

コンセプト拡張

コンセプト拡張は、いったんつくった戦略オプションのターゲッ

フェルミ推定

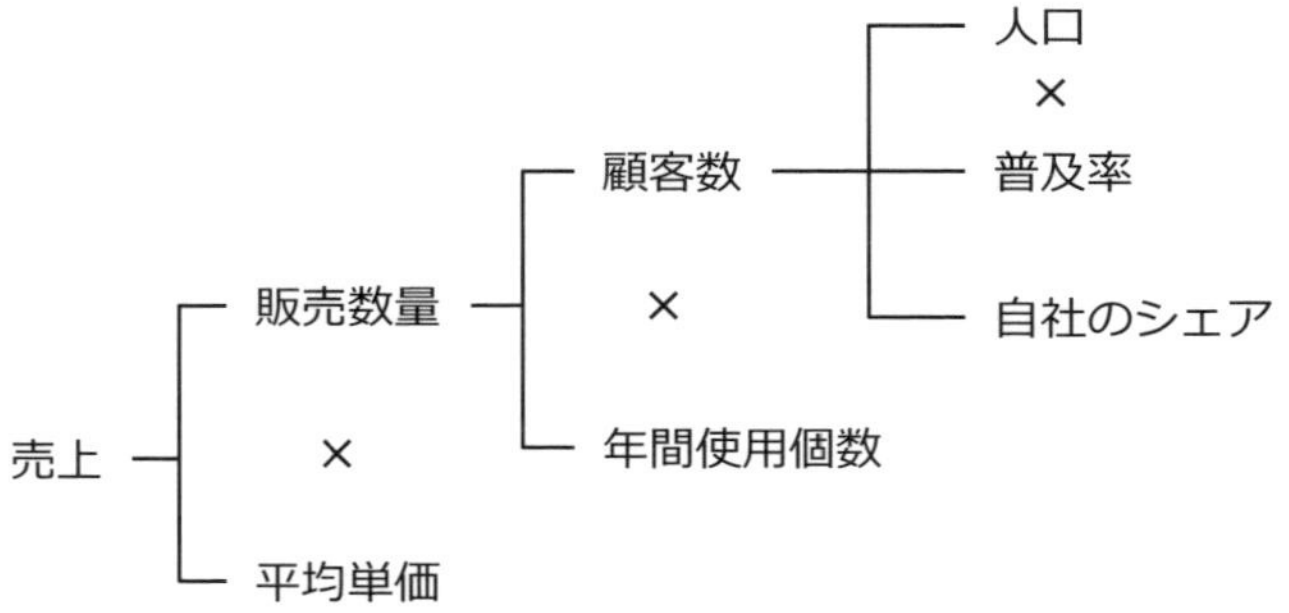

フェルミ推定のポイントは、目的変数を計算するための方程式を作り、ざっくり数字を置いてみること

ト顧客、提供価値、商品、チャネル、バリューチェーンなどの選択肢を広げたり、狭めたりしながら、目的変数がより大きくなりそうな組み合わせを探す手法です。

選択肢をポストイットなどに書き出しビジュアル化して、選択肢の括り、または選択肢の分解を考えると、右脳が刺激され、思いつかなかった括りによる戦略オプションが生まれます。

共創・合成

共創・合成は、戦略オプションの仮説策定、ならびにコンセプト拡張において有効な、チームでアイディアを出す思考法です。一人で考えるよりも二人、二人よりも三人のほうが、発想が豊かになります。ただし人数が多すぎると、遠慮して発想が阻害されますので注意してください。(経験的に5~6人まで)

ポイントは、誰を集めるかですが、社内であれば研究開発、生産、営業、企画、経理などバックグラウンドが異なる人でチームを組むのが有効です。社外を巻き込む場合は、消費者、サプライヤー、流通、メーカーなどのステークホルダーに参加してもらいます。共創・合成を積極的に取り入れている企業も増えてきています。

コンセプト拡張

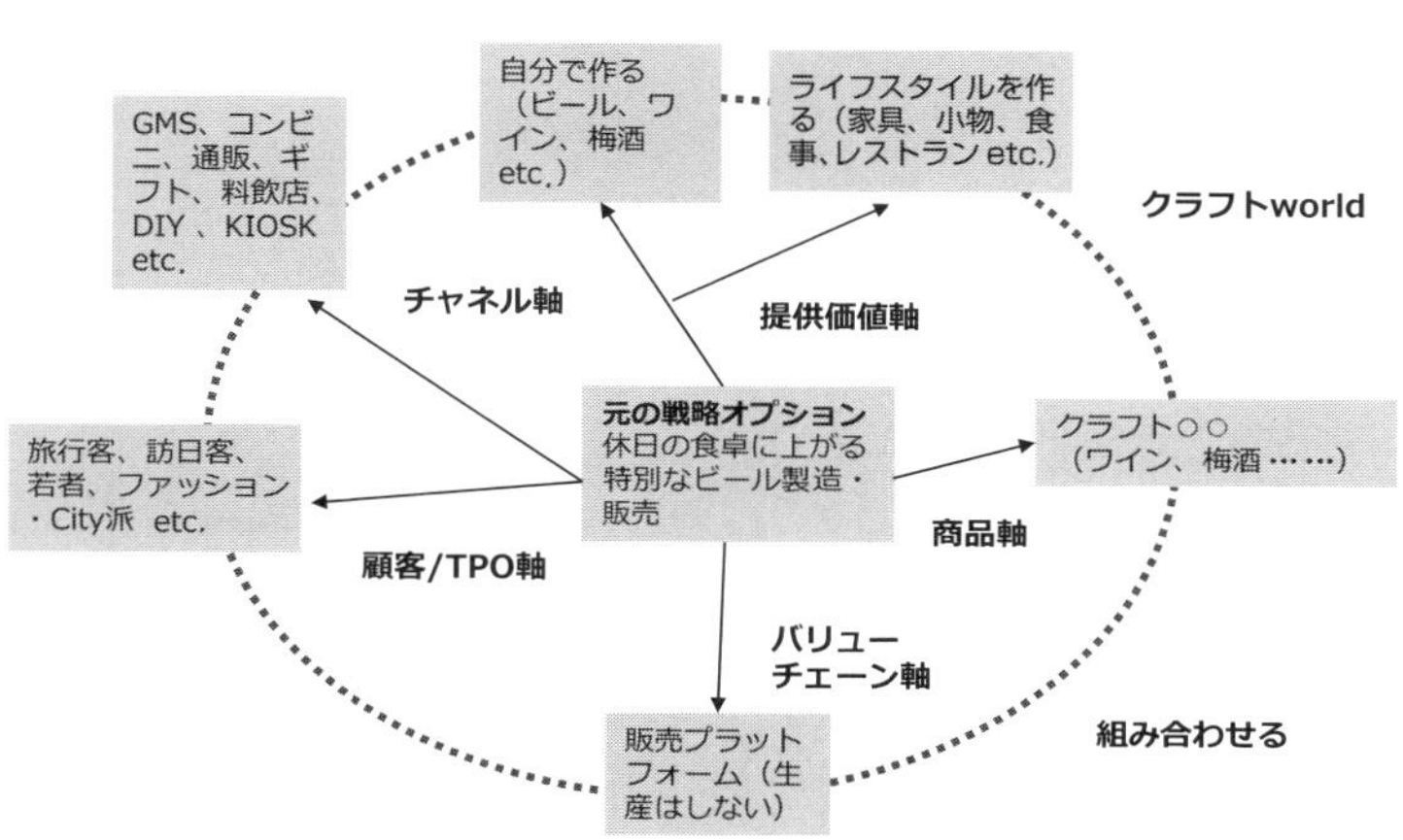

ゼロベース思考

上司から「（そんなつまらないアイディアは要らないので）ゼロベースで発想してください！」と発奮させられた人は多いかと思います。

でもゼロベースって頭の発想をどう変えればよいのか分かりませんよね。よくある研修は、Yes, but ではなく Yes, and でとか、とにかく突拍子もないアイディアを１００個出してみてとか……。経験ありませんか？　突拍子もないアイディアが出たとしても、ビジネスにはほぼ使えませんよね。

戦略策定に有用なゼロベース思考とは、戦略の前提条件を「見える化」することです。人それぞれ、戦略のタイムフレーム、法律・業界規制、資金、人材、現経営陣の思考パターン、現状システムなどを勝手に前提に置いて発想するから、つまらない（でも現実的な）アイディアとなってしまうのです。何を制約条件とし、何を制約条件から外すかを合意すれば、面白く、有益なアイディアがどんどん出てきます。

ゼロベース思考

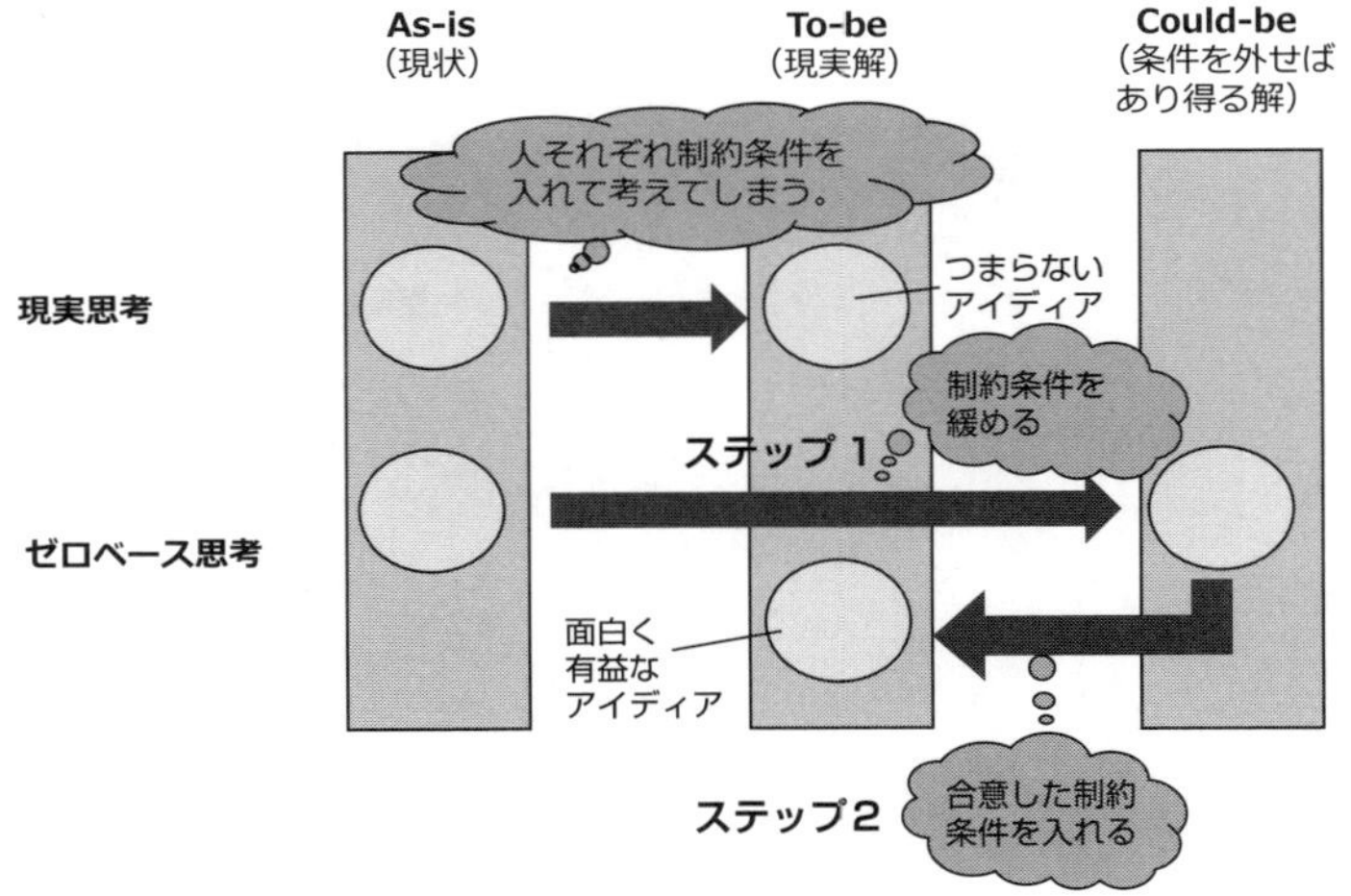

◎思考法の使い所

８つの思考法の使いどころを理解する。

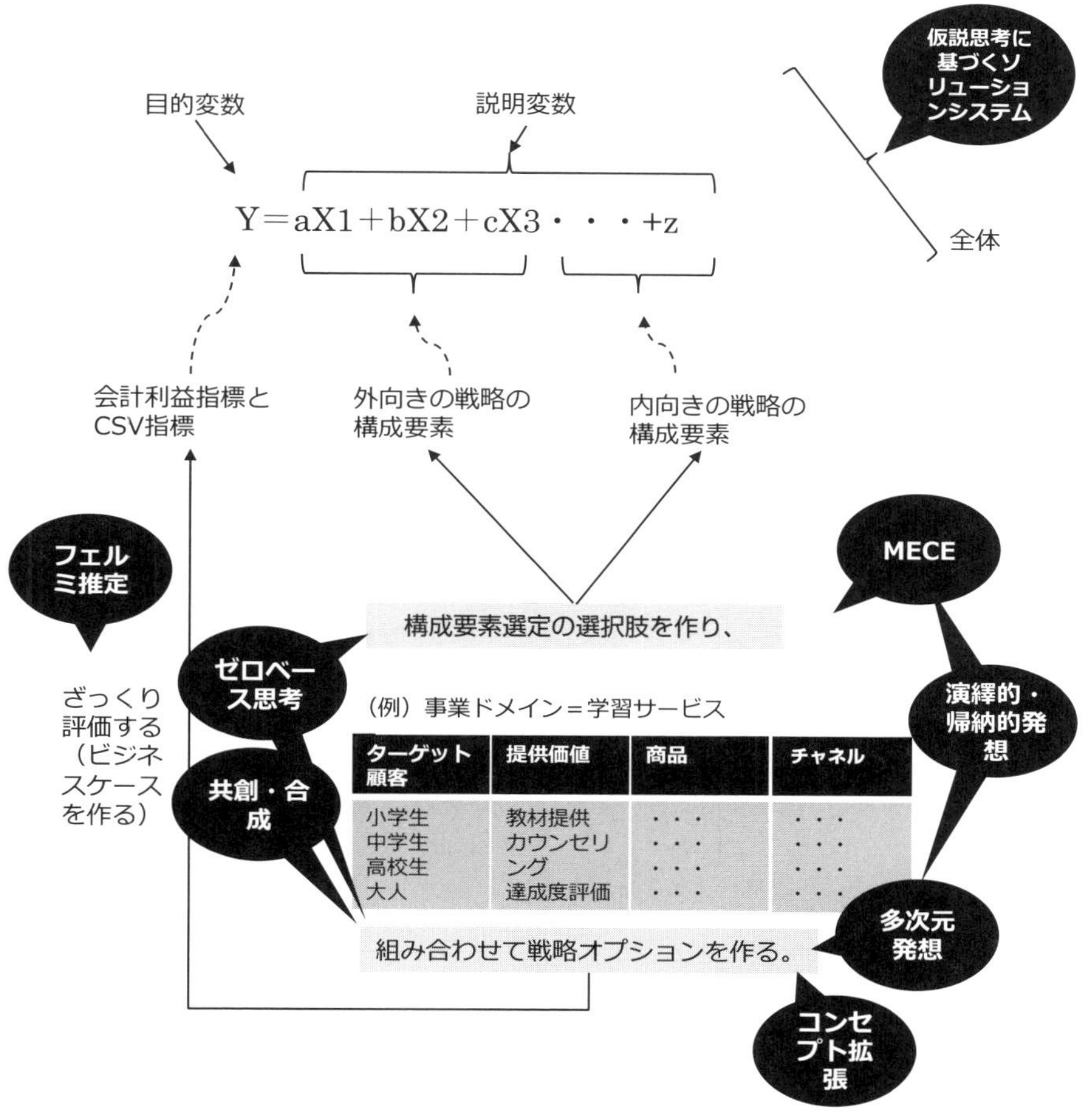

	MECE	多次元発想	仮説思考のソリューションシステム	演繹的・帰納的発想	フェルミ推定	コンセプト拡張	共創・合成	ゼロベース思考
選択肢をつくる	○		○	○				○
組み合わせて戦略オプションをつくる		○	○	○			○	○
Yの値を推定する			○		○			
組み合わせを変えてYの値を上げる			○		○	○	○	○

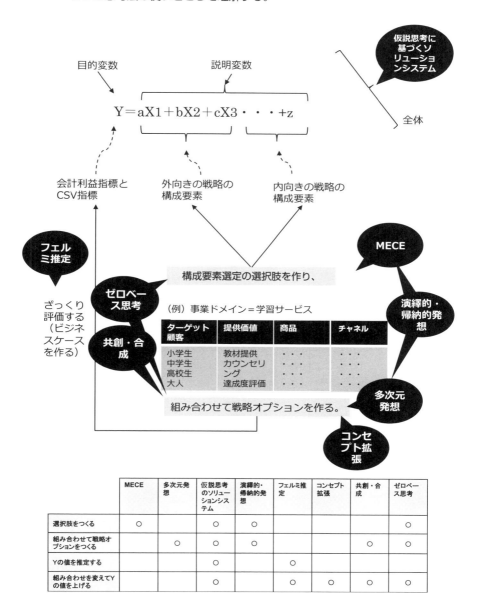

第 4 章

従業員に向かう“内向きの戦略”をつくる

外向きの戦略を実現させるのは“人”。役割・タスクを割り振り、自律的PDCAを回す業務モデルの設計を行う。

外向きの戦略を実現させる内向きの戦略の作成手順と要件

自律的に〝人〟が働く仕組みの設計

戦略を実現させるのは〝人〟

内向きの戦略の目的は、外向きの戦略を実現させることです。外向きの戦略を実現させるのは、〝人〟でしかありません。

したがって、外向きの戦略に賛同しコミットする〝人〟を採用し、役割・タスクを振り分け、行動の善悪の判断基準、働くモチベーションを与え、スキルを養成して、自律的に仕事のＰＤＣＡを回させる必要があります。その仕組みの設計が内向きの戦略です。

内向きの戦略の作成手順

まず、外向きの戦略で定義される提供価値をもとに、内向きの戦略のミッションとＫＰＩ（結果計測指標）を定義します。

次に、顧客接点を設計して、業務プロセスを描きます。業務プロセスはICT（情報通信技術）で標準化・効率化をはかり、業務をくくって組織を設計します。

そして組織の箱に人を入れて、個人の役割・タスク・目標を設定し、教育、評価、処遇制度の設計を行います。

さらに、従業員の立場に立って、従業員の論理と会社の論理をつなぐ仕組みをつくります。

内向きの戦略の「4つの要件」

よい内向きの戦略は、①外向きの戦略を実行するためのコアコンピタンスを確保し、②競合よりも勝る競争優位性をつくり、③利益を出すコスト構造をつくり、④従業員の働くモチベーションを上げます。それぞれについて説明していきましょう。

要件1 コアコンピタンスを確保する

外向きの戦略で設計した商品・サービスを開発・生産し、ターゲット顧客にプロモーション（広告・宣伝・販促）し、所定のチャネルを通して販売するためには、設備をつくり、業務プロセスを設計し、情報・通信システムを開発し、組織をつくり、人を採用して、教育し、業務のPDCAを回さなければなりません。

「内向きの戦略」の要件とは？

1.外向きの戦略を実行するためのコアコンピタンスを確保する

2.競争優位性をつくる

3.利益を出すコスト構造をつくる

4.従業員の働くモチベーションを上げる

その設計と構築が、コアコンピタンス（中核能力）の確保です。

要件2　競争優位性を確保する

自由・競争主義社会では、自ら選定した事業ドメインで事業を行うのは勝手です。しかし、競争優位性のない企業は、利益が出ず、市場から結果的に退出させられます。

そこで、想定される競合を特定し、競合より優れた価値を顧客に提供するために、コアコンピタンスの中で一段レベルの高い能力（競争優位性）を業務モデルに仕込む必要があります。

要件3　利益が出るコスト構造をつくる

コアコンピタンスと競争優位性を確保したとしても、利益が出なければ事業が成り立ちません。

そこで、売上よりも設備費、物件費、人件費などのコストの合計が小さくなる効率的業務モデルを構築しなければなりません。

要件4　従業員の働くモチベーションを上げる

会社の論理で業務モデルを設計しても、実際に仕事をするのは従業員です。従業員が与えられた役割・タスクにモチベーションをもち、自律的に業務を改善する仕組みが必要となります。

経営戦略で内向きの戦略をどこまで設計するか？

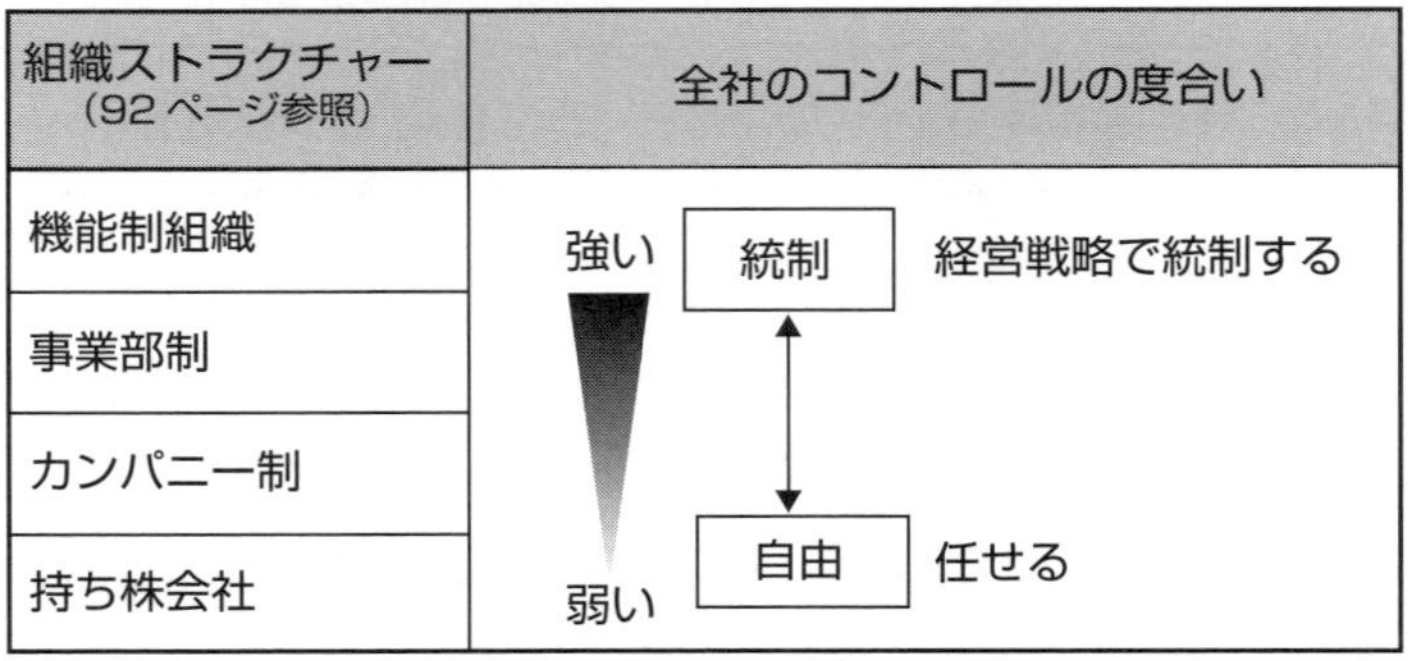

◎内向きの戦略の全体像

外向きの戦略を実現させるのは人。人が自律的に働く仕組みをつくる

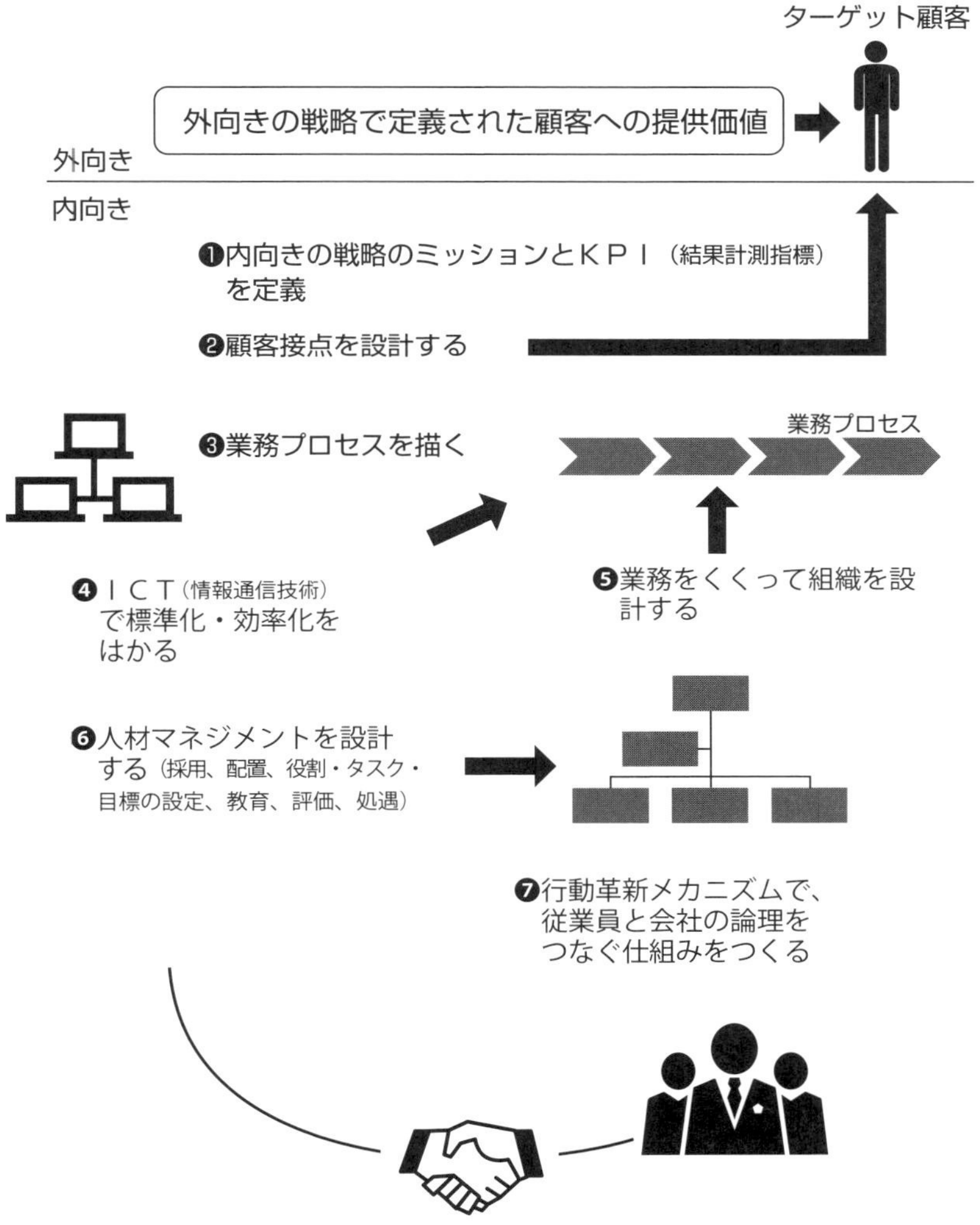

チェックポイント

✓ 事業のコアコンピタンスを確保できているか？
✓ 競争優位性は確保されているか？
✓ 利益が出る業務モデルの設計がなされているか？
✓ 従業員のモチベーションをつくる工夫がなされているか？

内向きの戦略の「7つのステップ」の詳細

7ステップの作業内容とアウトプット

内向きの戦略は、次の7つのステップで作成します。

ステップ1 ミッションとKPIを決める

外向きの戦略の提供価値をもとに、内向きの戦略のミッションと、そのミッションの達成度を計測する指標（業務KPI）を定めます。

ステップ2 顧客接点を考える

企業が生み出す価値は、顧客接点を通してのみ顧客に伝達されます。そこで、顧客の購買プロセスに関するニーズを把握して、顧客接点を用意します。顧客接点の構築と維持には費用がかかりますので、費用対効果を考え最適な組み合わせを設計します。

外向きの戦略の提供価値からミッションとKPIを定義する

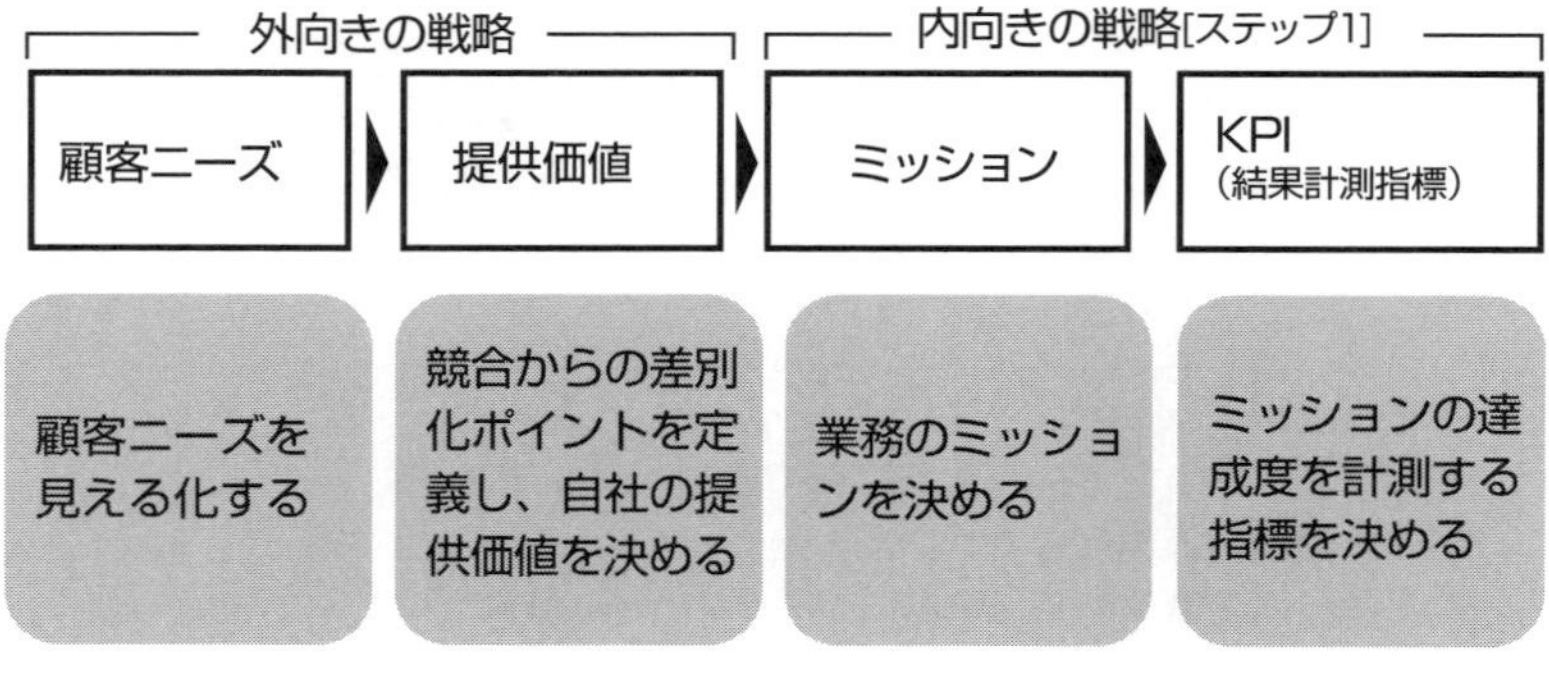

ステップ3　業務プロセスを描く

エンドユーザーを起点としてバリューチェーン全体の〝end-to-end（最初から最後まで）〟の業務プロセスを描写します。

その業務プロセスにおける自社の担当領域を設定して、業務プロセスを細分化し、主要プロセスの業務のミッションとKPIを定めます。そのKPIの目標値を最大化すべく業務の流れを設計します。

ステップ4　ICTの開発計画を作成する

業務プロセスにおいて、情報の電子化による業務効率の向上、情報処理の標準化・自動化による高度でばらつきのない情報の加工、情報の蓄積と検索性の向上、コミュニケーションの電子化による地理的制約の払拭・時間的制約の緩和などが見込める業務を特定します。費用対効果を考え、情報・通信システム開発計画を作成します。

ステップ5　組織を考える

（ICTで補強された）業務プロセスはそのままでは価値を生み出しません。人が介在し業務のPDCAを回す必要があります。業務プロセスと人を対応させ、人を管理するためのチームを編成します。

業務プロセスを描くときの注意点

❶業務プロセスは“end-to-end”でつくることが推奨される。しかし、素材メーカーのように風下の製品が多岐にわたる場合は、主要製品にフォーカスして“end-to-end”の業務プロセスを描く、あるいは省略することもある

❷コアプロセス（中核となるプロセス）とは、自社の担当業務の第一階層の大まかな細分化のこと。コアプロセスを定義して、第二階層、第三階層と階層化しながら細部を設計する

❸業務プロセスは、前提条件を外してゼロベースから描く。そのあとに前提条件を入れて、現実解から将来のあるべき姿に向けたロードマップをつくる

具体的には、組織ストラクチャー、組織スキル、人員構成、組織アーキテクトの4つをつくります。

ステップ6 人材マネジメントの仕組みをつくる

組織設計の次に、人を固有名詞で採用し、配置する必要があります。またそのあと、個人に対して、具体的に役割・タスク・目標を振り分け、育成し、評価し、処遇を決めなければなりません。この一連の仕組みを総称して人材マネジメントと呼んでいます。

ステップ7 行動革新メカニズムを設計する

人材マネジメントの仕組みをつくったとしても、会社が意図した通りに個人が動いてくれるわけではありません。行動革新メカニズムとは、内向きの戦略のステップ6（人材マネジメント）まで設計したものを従業員側から見たものであり、従業員がモチベーションを高くもち、自律的に仕事を改善する仕組みです（くわしくは第5章参照）。

用語解説 組織アーキテクトとは？

組織アーキテクトとは、組織の自由と統制のあり方の設計。全社レベルから各階層にわたり、組織の統制と自由の与え方を設計する。たとえば、同じ多店舗展開飲食業でも、マクドナルドは統制を強くし、スターバックスは店舗運営に大きな自由度を与えている。

統制が強い **マグドナルド** VS **スターバックス** 自由度が高い

◎7つのステップごとのアウトプット（成果物）

内向きの戦略は７ステップでつくる。各ステップごとにアウトプットを定め、個別事業の内向きの戦略を統合する

内向きの戦略 7ステップ	アウトプット（成果物）
ステップ1 内向きの戦略のミッションとＫＰＩ	❶内向きの戦略のミッション ❷業務ＫＰＩ(結果計測指標） 作業例　全社のものを事業部へブレークダウンする
ステップ2 顧客接点	顧客接点設計書（顧客接点と接点運営母体） 作業例　全社と事業部で作成して統合する
ステップ3 業務プロセス	❶業務プロセス図、❷業務ＫＰＩの割り当てと現状値と目標値、❸現状の課題と対策 作業例　事業部で作成し、全社で統合する
ステップ4 ＩＣＴ	❶システム化領域、❷基本構想と費用対効果 作業例　全社と事業部で作成し、統合する
ステップ5 組織 （組織ストラクチャー、組織スキル、人員構成、組織アーキテクト）	❶組織図・人員構成、❷組織分掌、❸組織単位のミッション・ＫＰＩ・業務内容など、❹組織スキル定義書、❺職務権限規程、❻その他規定 作業例　全社で作成し、必要に応じて事業部で細分化
ステップ6 人材マネジメント （採用、配置、役割・タスク、目標設定、教育、評価、処遇）	❶採用計画、❷人事制度、❸教育制度、❹全社・事業部・部署業績評価指標と報酬体系、❺その他の規定 作業例　全社、事業部、部署業績評価と人事評価をつなぐ本社主導で作成する
ステップ7 行動革新メカニズム	❶従業員のセグメンテーション、❷従業員のセグメント別対策、❸従業員の視点で導出されるステップ１から６のアウトプットの追加要件 作業例　本社主導で作成する

組織ストラクチャーを縦横両方向から設計する

"縦"で階層をつくり、"横"で業務をくくる

「縦方向の設計」で階層を考える

組織の縦方向の設計とは組織を何階層にするかということです。

組織の最小単位は、経営学ではスパン・オブ・コントロール(Span of control)といいます。1人のマネジャーが直接管理可能な部下の人数と業務範囲を意味します。密な管理・監督が必要な場合は4～6名、現場に権限委譲する場合は10名を超えることもあります。

このスパン・オブ・コントロールを超える人数が集まると、それらの組織を管理する上位マネジャーが1名必要となります。

そして、そのマネジャーがさらにスパン・オブ・コントロールを超えて集まるとそのマネジャーを管理する、さらなる上位マネジャーが必要となります。

スパン・オブ・コントロールが5人の例

■従業員 600 人の会社の縦方向の設計（ピラミッド型）

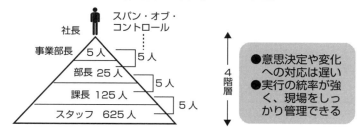

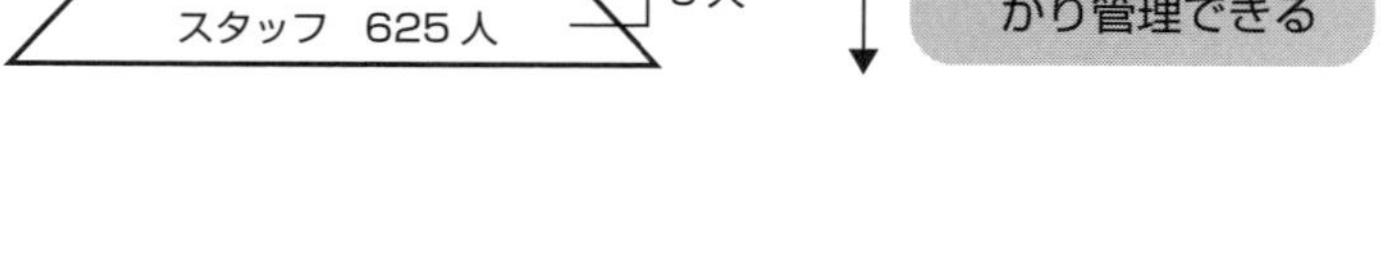

この階層が多いとピラミッド型、少ないとフラット型といわれます。ピラミッド型は密な管理ができますが、現場で起こった変化にスピーディに対応しづらい欠点があります。一方、フラット型は権限委譲がなされて一見よさそうですが、統率がむずかしくトップダウンのグリップが効きづらい欠点があります。

「横方向の設計」で業務をくくる

横方向の設計とは、業務のくくり方の設計です。

研究、開発、購買、生産、営業などの機能別にくくる職能制組織、個別事業単位で開発、生産、営業などの機能を中に入れる事業部制組織（事業部間で機能が重複する）、事業部の独立性をさらに高めたカンパニー制、持ち株会社などがあります。

また職能制組織と事業部制組織を組み合わせたマトリックス型組織なるものもあります。

横方向の設計は、縦方向の設計と同じく、事業環境の変化に合わせて、柔軟に変更することが重要です。

流動的組織形態をとる会社

伝統的な固定観念に縛られた組織設計を行わず、事業環境変化に

スパン・オブ・コントロールが8〜10人の例

■従業員 600 人の会社の縦方向の設計（フラット型）

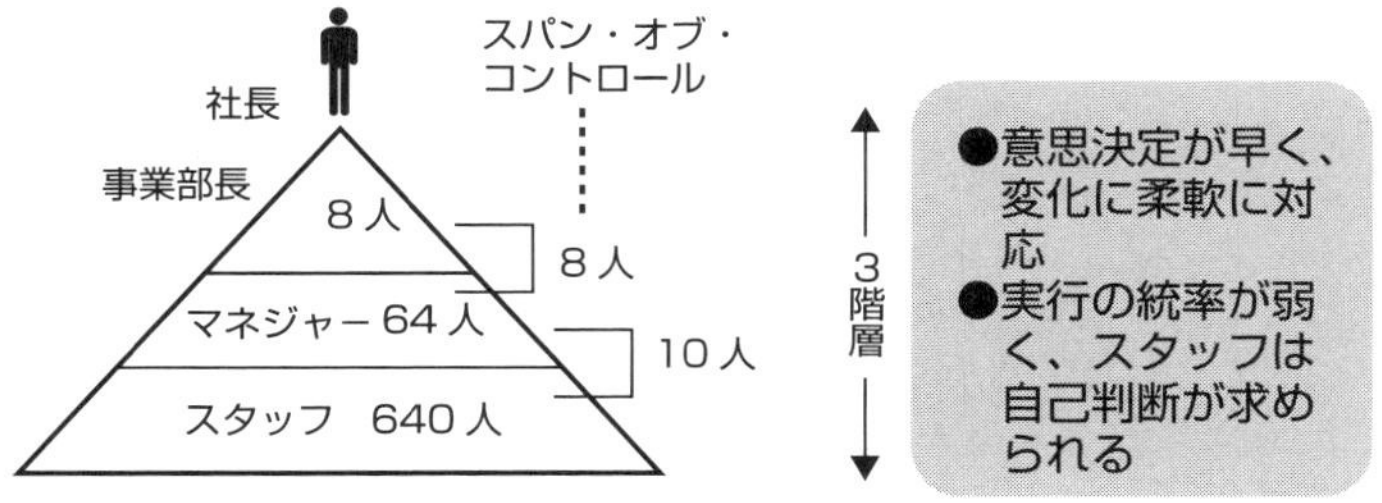

合わせて柔軟に組織を組み替えることができる〝流動的組織〟を実現している会社があります。いくつか紹介しましょう。

■グーグル

グーグルには、組織図が存在しません。タスクを整然と効率的に区切ることをせず、上司は部下に指示をしません。イントラ上にプロジェクトが表示され、一定の基準を満たしている社員は誰でも希望のプロジェクトに応募ができます。また就業時間の20％を個人の判断で自由に使うことができます。

■ミスミグループ

ミスミでは、少人数のチームが「創って、作って、売る」という機能をワンセットもち、「スモール・イズ・ビューティフル」という考えのもと、事業を推進します。人事異動は2年に1度の社員の自発的なチーム間異動の「がらがらポン」のみです（224ページ参照）。

■マッキンゼー・アンド・カンパニー

プロジェクトごとに、グローバル人材データベースから最適な人材をアサインします。流動的組織の欠点であるナレッジの散逸の対策として、ナレッジ・データベース（202ページ参照）を構築し、プロジェクトごとにLessons learned（会社に有用な学習したこと）としてナレッジを抽出することを義務化し、人事評価と連結しています。

◎組織ストラクチャーの設計のポイント

組織ストラクチャーは縦・横両方向で考える

	組織形態	内容・設計	メリット・デメリット
縦方向の設計 ↓	ピラミッド	スパン・オブ・コントロール（組織の最小単位）が小さく、階層が多い	○密な管理を行える ×意思決定、変化への対応が遅い
	フラット	スパン・オブ・コントロールが大きく、階層が少ない	○意思決定が早く、変化に柔軟に対応できる ×実行の統率が弱く、社員は自己判断が求められる
横方向の設計 →	職能制	人事、経理、総務、営業、購買、生産、Ｒ＆Ｄなどの機能別に組織をくくる	○それぞれの機能を専門的に深化できる ×全体最適のコントロールがむずかしい
	事業部制	事業単位で組織をくくり、開発、生産、営業などの機能が事業部間で重複する	○事業部で職能をくくるため、事業の統制が効き、迅速な意思決定が可能である ×機能の専門性が浅くなる ×規模の経済性が効かず、業務効率が下がるおそれがある
	カンパニー制	BS（資産・負債）を振り分け、ＰＬ（利益）責任を負わせ、疑似的な会社として経営させる	
	持ち株会社	カンパニー制をさらに進めて個社の集合体とする	
	マトリックス	職能制と事業部制をマトリックスとし、スタッフは２人のマネジャーに報告する	○職能の専門性の深化にプラスに働く ×レポートラインが不明瞭で全体最適の統制が効きにくい
両方向の設計	流動的組織	組織ストラクチャーを固定せず、目的に応じて柔軟にチームを編成する	○リーダーを発掘・養成でき、会社が活性化される。変化に柔軟に対応できる ×統制が弱く、組織の運営がむずかしい

組織スキルを定義しギャップへの対策を考える

コアコンピタンス、競争優位性を確保する内部・外部対策

組織スキルを定義する

組織スキル、ケイパビリティ、コアコンピタンス、競争優位性という用語は、世間一般では明確な定義がなく、同義語として使われることも多く見受けられますが、本書では、次のように定義していきます。

① 組織スキル（＝ケイパビリティ）

人、ツール、業務プロセスが結合することによって生み出される機能遂行能力のことです。

② コアコンピタンス

選択した事業ドメインにおける個別事業を推進するために必要な中核能力であり、組織スキルよりも狭い概念です。

組織スキル、コアコンピタンス、競争優位性の関係

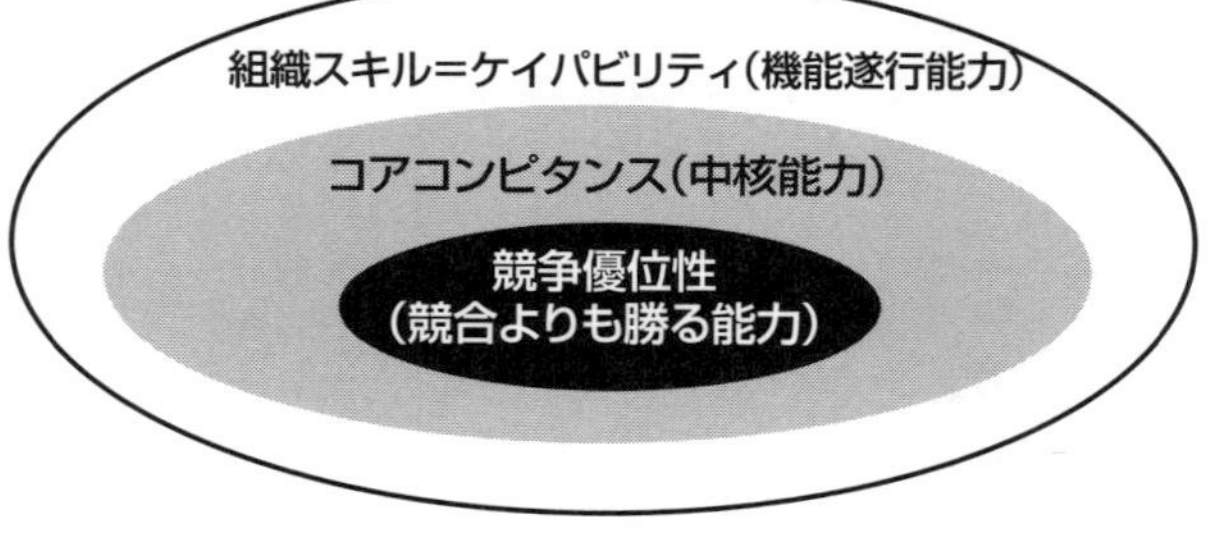

③　競争優位性

コアコンピタンスの中で、競合よりも持続的に勝ることを意図しているもののことです。

組織スキルはコアコンピタンスを含み、コアコンピタンスは競争優位性を含む関係です。

組織スキルの設計手順

経営戦略では、組織スキルの設計はコアコンピタンスと競争優位性にフォーカスします。組織スキルの設計の第1ステップは、外向きの戦略を実行するためのコアコンピタンスをビジネスシステム(自社の業務の流れ)に沿って書き出すことです。

次に、コアコンピタンスの中で、競合より勝るべきものを競争優位性として選定します。

現在および将来競合となる可能性がある企業に自社がどれだけ勝っているか、組織スキルの充足度を評価します。

その際に、自社と競合の技術、設備、人材などのコアコンピタンスの構成要素を書き出して点数で評価し、組織スキルの充足度を競合と比較すると、より分析の精度が上がります。

ビジネスシステムに沿って組織スキルを分析

自社のコアプロセスの流れ
(=ビジネスシステム)

	R&D	原材料調達	生産	物流	営業	管理
コアコンピタンス	…	…	…	…	…	…
競争優位性	✓	✓		✓		
充足度	●	◕	●	◐	○	◐

(注)色は充足度　　黒:充足　　白:未充足

不足組織スキルの対策を考える

組織スキルが不足している場合は、その不足を埋める対策として内部で育成するのか、外部から調達するかを検討します。外部から調達する場合は、キーパーソンの採用、特許使用権の購入、設備増強、不足組織スキルを補完できる会社のＭ＆Ａ、排他的業務提携、アウトソースなどの対策が考えられます。

外部からの調達はスピーディですが費用がかかり、かつ内部が拒絶反応を起こすことがあります。内部での育成は一般的に費用は少ないですが時間がかかります。費用対効果をよく考えることが必要です。

ここまで進めると、外向きの戦略で想定していた競争優位性を確保できない、あるいは対策に費用がかかりすぎる、対策の実現性が不透明などの理由から、外向きの戦略の修正を余儀なくされることもあります。

最悪なのは、戦略作成において、コアコンピタンス、競争優位性、利益が出る業務モデル、従業員のモチベーションの検討がなされておらず、組織スキルの裏づけがない、身勝手な経営戦略、事業戦略がそのまま放置されることです。よく見かけますので、読者の皆様はご注意ください。

組織スキルギャップを埋めるには

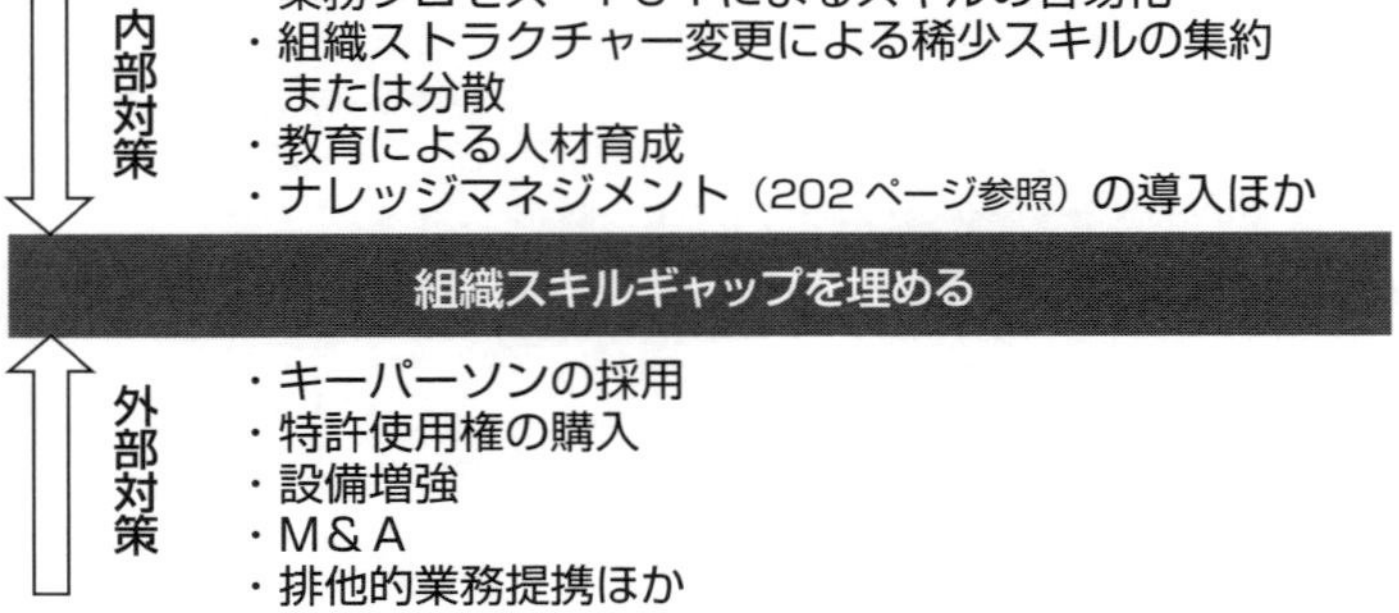
・業務プロセス・ＩＣＴによるスキルの容易化

◎組織スキルの設計方法

ビジネスシステムに沿ってコアコンピタンス、競争優位性を書き出し、
充足度をチェックし、ギャップを埋める対策を考える

「内向きの戦略」の作成ステップ

①業務ミッションとＫＰＩ
②顧客接点
③業務プロセス
④ＩＣＴ
⑤組織
　１．組織ストラクチャー
　２．組織スキル
　３．人員構成
　４．組織アーキテクト
⑥人材マネジメント
⑦行動革新メカニズム

ビジネスシステムに沿って
●コアコンピタンス、競争優位性を書き出し
●充足度をチェック →

ギャップを埋める
●内部対策
●外部対策
を立てる

採用から評価、処遇まで人材マネジメントの仕組みを設計する

人材マネジメントは経営戦略と一体で考える

経営陣が自ら人材マネジメントに関与する

外向きの戦略を実行するのは、〝人〟です。ゆえに誰を採用し、どこに配置し、どのような役割・タスクを与え、どのような目標を設定し、教育を行い、評価・処遇をするかの設計が、経営戦略の根幹となります。

しかし、人材マネジメントは経営戦略と別物とされがちです。それは、〝人材マネジメント　イコール　人事制度・教育制度〟、特殊な知識が必要な専門職領域であるという誤解が背後にあります。

人事部門が「経営戦略と人事・教育制度をどうつなぐのかわからない」「どんなよい制度も最後は人が人を評価するのでいい加減になってしまう」「給与原資が云々」「制度の継続性が云々」「労組が

戦略には実体なし、実体があるのは“人”だけ

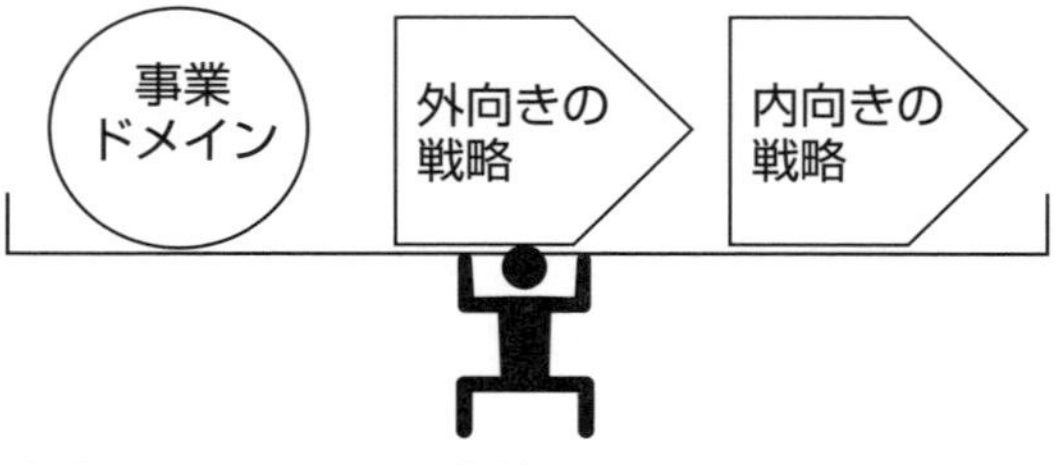

戦略に実体はありません。会社も戦略も虚像であり、実体があるのは“人”だけ。経営の対象は人だといえる

云々」と変えたくないオーラを出していることも要因と思います。

経営戦略と人材マネジメントは一体です。社長、経営陣が設計のリーダーシップをとらなければなりません。

採用 ―― 柔軟に採用形態を考える

外向きの戦略が変われば、組織スキルと必要人員数も変化します。現状とのマイナーなギャップに関しては、採用、異動、育成により対応できますが、大きなギャップは、外向きの戦略を修正するか、アウトソース、M&Aなどの外部対策を考えなければなりません。

また採用については、人の生き方が多様化しているため、新卒正規雇用にこだわらず、中途採用、契約社員・パートの活用など柔軟な設計が必要です。人と会社が個別にウイン・ウイン（win-win：双方がうまくいく）の契約をする採用姿勢が求められます。

配置 ―― 中央集権VS自由・競争

配置は、中央集権型計画配置と、職場に自由・競争市場を導入する方法の2パターンあります。

中央集権型計画配置は、外向きの戦略が変化せず、計画的ローテーションでじっくり人材を育成できる場合に有効です。一方、外

多様な働き方に対応した雇用形態をつくる

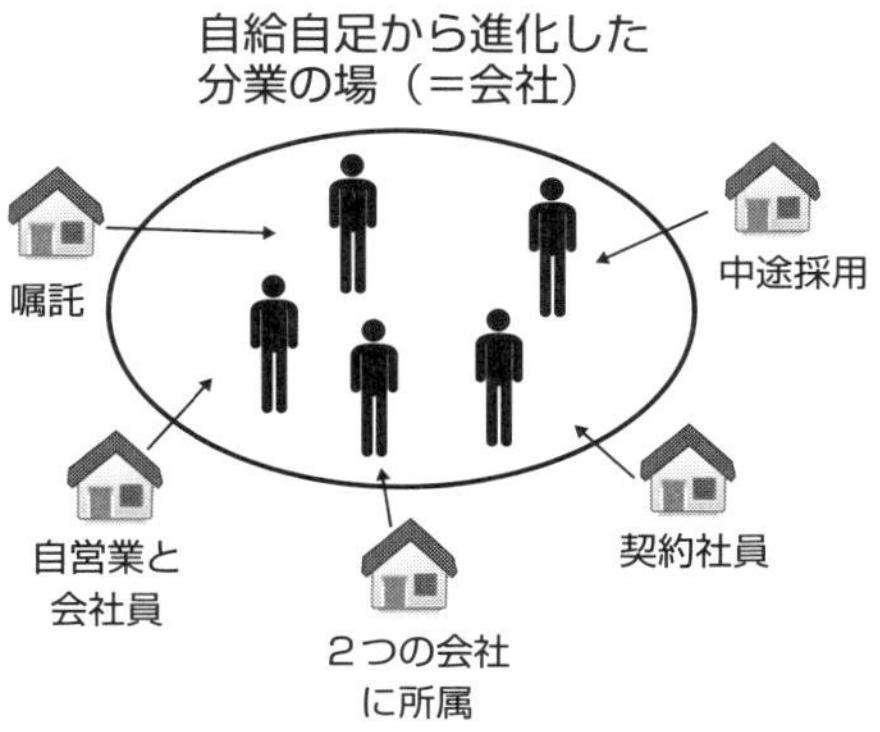

向きの戦略の変化が求められ、組織スキルの迅速な拡充が必要な場合は配置に自由・競争市場を導入します。その制度の例として、社内公募制、ＦＡ制などがあります。自由・競争市場を前提とした配置施策を導入する場合は組織をある程度、流動化する必要があります。

基本は中央集権型計画配置として、部分的に〝経済特区〟として社内公募制を導入する会社も見かけますが、〝経済特区〟のルールをしっかりと設計しないと、現体制に骨抜きにされてしまいます。

役割・タスク・目標設定 ― 経営戦略から個人へ落とし込む

個人の役割・タスク・目標は、経営戦略から事業戦略、部課の戦略へとブレークダウンされて決まります。

同時に組織スキルのブレークダウンにより、役割・タスクの遂行に必要なスキルを定義します。

また収支予想、業務ＫＰＩなどから、同じく組織、個人へとＫＰＩが落とし込まれ、目標が設定されます。目標は、役割・タスクの会社における重要度、難易度などを考慮して、従業員間のバランスをとります。経営戦略はその仕組みの設計を行います。

目標設定の対象を決める

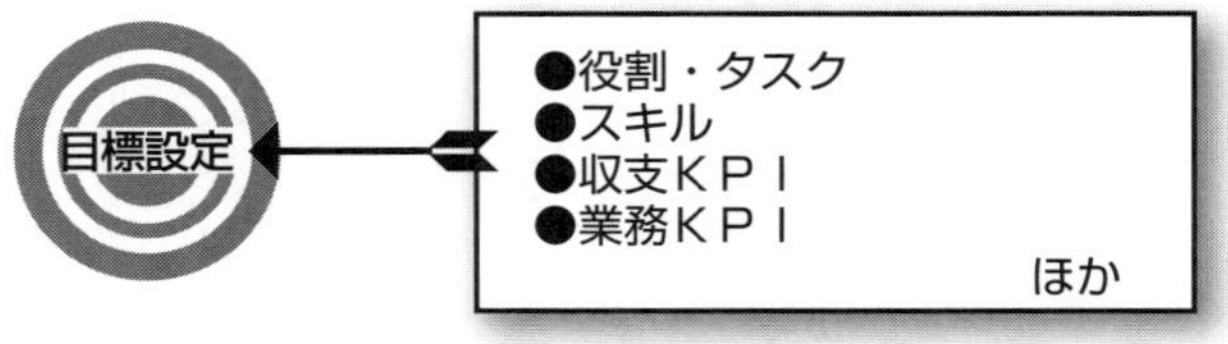

目標設定方法の一つに、ロバート・S・キャプランとデビッド・P・ノートンが提唱するバランススコアカードがある。バランススコアカードでは財務・顧客・業務プロセス・成長と学習の４つの視点から目標設定を行う

教育――コアコンピタンス・競争優位性を確保する

教育は、外向きの戦略の実現に必要なコアコンピタンス、競争優位性を確保することが目的です。

そのためには現状とあるべき姿の組織スキルギャップを正しく認識し、ＯＦＦ‐ＪＴ(研修)、ＯＪＴ(通常業務の中での研修)プログラムを設計しなければなりません。

エクセレントカンパニーは、みな自前で、自社固有の経営モデル、戦略・戦術・タスクのＰＤＣＡプロセス、課題解決テクニックを体系化し、人を育成しています。

評価――３つの観点から評価する

目標の達成度は、次の３つで計測します。

①成果は出たか

②成果が出なかったとしても、将来成果を生む能力(潜在能力と行動により実証された発揮能力)が備わっているか

③その能力を１００％発揮するモチベーションはあるか

役割・タスクと目標設定が明確で、かつ役割・タスクが成果ではかりやすい場合は、成果で評価することがお勧めです。そうでない場合は、能力、モチベーションと複合的な評価となります。

処遇 ―― 業績をフェアに分配する

評価結果にもとづき、昇格・降格、昇給・減給、賞与などの処遇を決定します。

生きるための最低限の金額が給与として保証されるのは当然のこととして、プラス分をどう配分するかが論点です。

成果で評価する条件が整っており、成果と利益のつながりが方程式であらわされるのであれば、「利益 × ○%」という〝プロフィット・シェアリング型〟賞与を検討します。

そうでない場合は、個人の能力が会社にとってどれだけ有用か、その能力はどれだけ希少か、外部から調達する場合の費用は？　などの観点で評価し、将来にわたる利益の合計から給与・賞与として従業員に分配できる総原資を定めて、役員・従業員間のバランスをとり分配します。

それが面倒なので、多くの会社は、等級制度を定め、アバウトに運用しているのが実態です。

評価、処遇と合わせ、どのような仕組みを導入するかは、経営戦略において重要な検討事項となります。

◎人材マネジメントの設計のポイント

採用、配置、役割・タスク・目標設定、教育、評価、処遇の仕組みを設計する

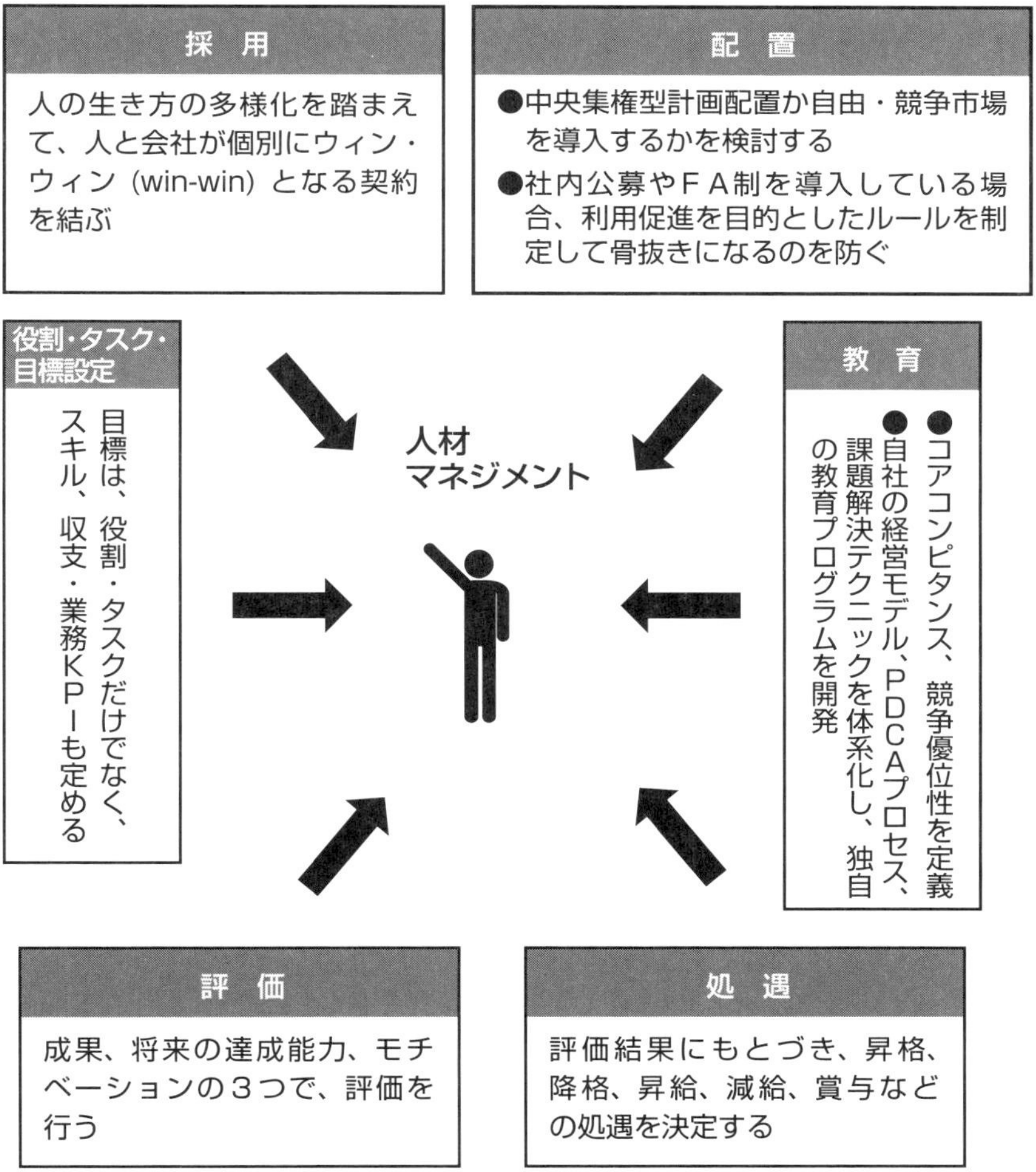
採　用
人の生き方の多様化を踏まえて、人と会社が個別にウィン・ウィン（win-win）となる契約を結ぶ
配　置
●中央集権型計画配置か自由・競争市場を導入するかを検討する
●社内公募やＦＡ制を導入している場合、利用促進を目的としたルールを制定して骨抜きになるのを防ぐ
役割・タスク・目標設定
目標は、役割・タスクだけでなく、スキル、収支・業務ＫＰＩも定める
人材マネジメント
教　育
●コアコンピタンス、競争優位性を定義
●自社の経営モデル、ＰＤＣＡプロセス、課題解決テクニックを体系化し、独自の教育プログラムを開発
評　価
成果、将来の達成能力、モチベーションの３つで、評価を行う
処　遇
評価結果にもとづき、昇格、降格、昇給、減給、賞与などの処遇を決定する

第 5 章

行動革新メカニズムをつくる

行動革新メカニズムは、会社の論理と従業員の論理をつなぐ内向きの戦略の7つ目の要素である。

従業員を「セグメンテーション」して対策を考える

リーダー、フォロワー、アパシータイプに分類

行動革新メカニズムの第一ステップは、従業員の仕事観・行動様式を理解することです。マーケティング戦略で使われる手法を応用して、従業員をセグメンテーションしてみましょう。

従業員のセグメンテーションで使う軸の選び方はいろいろありますが、ここでは会社のミッション、ビジョン、経営戦略への〝共感・コミットメント（当事者意識）の強さ〟と、指示がなくとも自分から動くタイプか、指示を受けて動くタイプかという〝行動様式〟の２軸を用います。

「リーダー」を発掘・育成する

リーダーは、会社の方向性に共感・コミットし、かつ指示がなく

従業員のセグメンテーション（グループ分け）

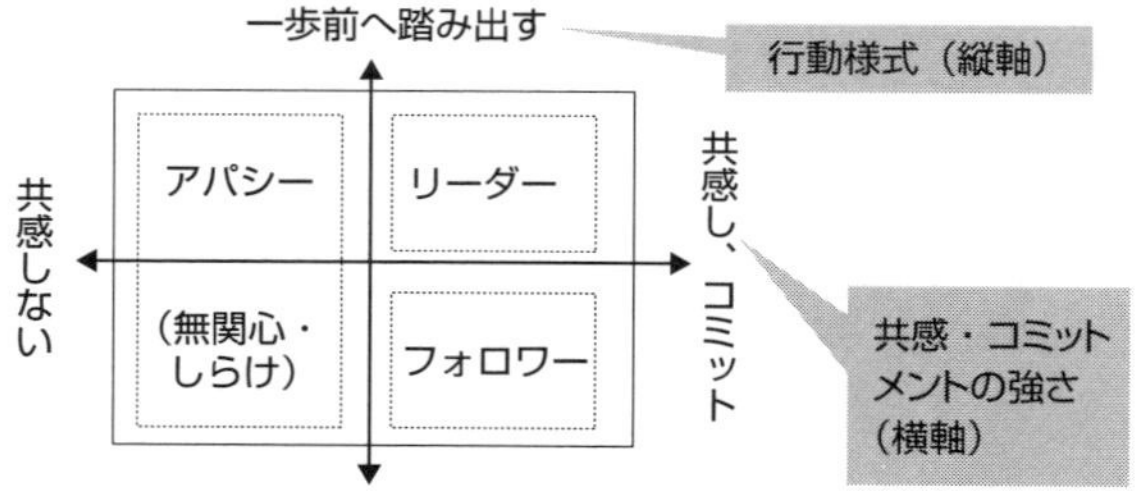

とも自分から一歩踏み出すタイプです。

やりたいことが明確であるか、明確でないとしても社会の役に立つことに燃えていて、会社のミッション、ビジョン、戦略を〝自分〟という一人称でとらえ、内発的モチベーションにより、指示がなくとも前進します。

既存産業の一般的企業においては、リーダーの構成比率は低く、また年々減少する傾向にありますので、スキルの高低を問わず、企業変革において重用すべき人たちです。

リーダーには、事業の推進をリードする役割・タスクを与え、また失敗を恐れず一歩前に踏み出す変革の風土づくりの役割を担ってもらいます。後者は前者と区分して、チェンジリーダー、チェンジエージェントと呼ぶ場合もあります。

「フォロワー」を配置する

フォロワーは、会社の方向性に共感し、かつ行動様式は指示を受けて動くタイプです。

フォロワーは、指示が必要であり、またワークライフバランスを重視します。所与の枠組みの中では真面目に仕事をしますが、苦労の大きさに制限をかける傾向があります。リーダーとの関係でいえ

一般的企業の従業員のセグメント構成比

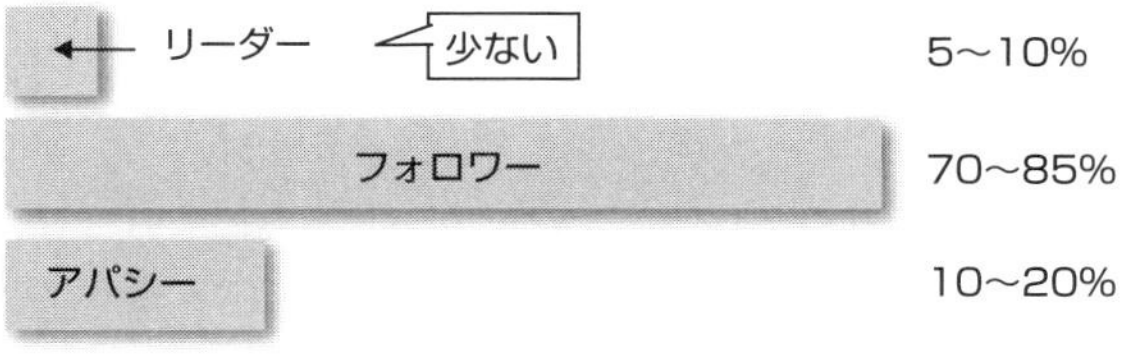

既存産業の一般企業の場合、従業員のセグメント構成比は上のようになっている

ば、フォロワーはリーダーの背中を見て安心し、安心が前進の勇気となります。力強く前進するリーダーを組織に有効に配置することが重要です。

会社にとってフォロワーの存在は悪ではなく、リーダーを助ける役割として一定量必要です。フォロワーでスキルが高い人は、マネジャーとして、ほかのフォロワーのＰＤＣＡを管理する役割を与えます。

「アパシー」は社外へ

アパシーは、会社の方向性に共感・コミットできない人です。行動様式の軸を問いません。英語のスペルはApathy、「無関心」「冷淡」「しらけ」という意味です。

厄介なのは、スキルが高いアパシーです。会社が新たな方向性に向けて変革を進めようとしている最中、それに賛同・協力せず、周囲に負の影響を与え変革のブレーキになります。この影響を排除するために、会社は多大の労力を使わなければなりません。

アパシーは、より自分の仕事観と適合した社外の職場を探すべきであり、会社もそれを応援すべきです。「できる人だから」と引き止めることは、本人と会社の双方にとってよいことではありません。

◎従業員のセグメンテーション

リーダー、フォロワー、アパシーに分けて対策を考える

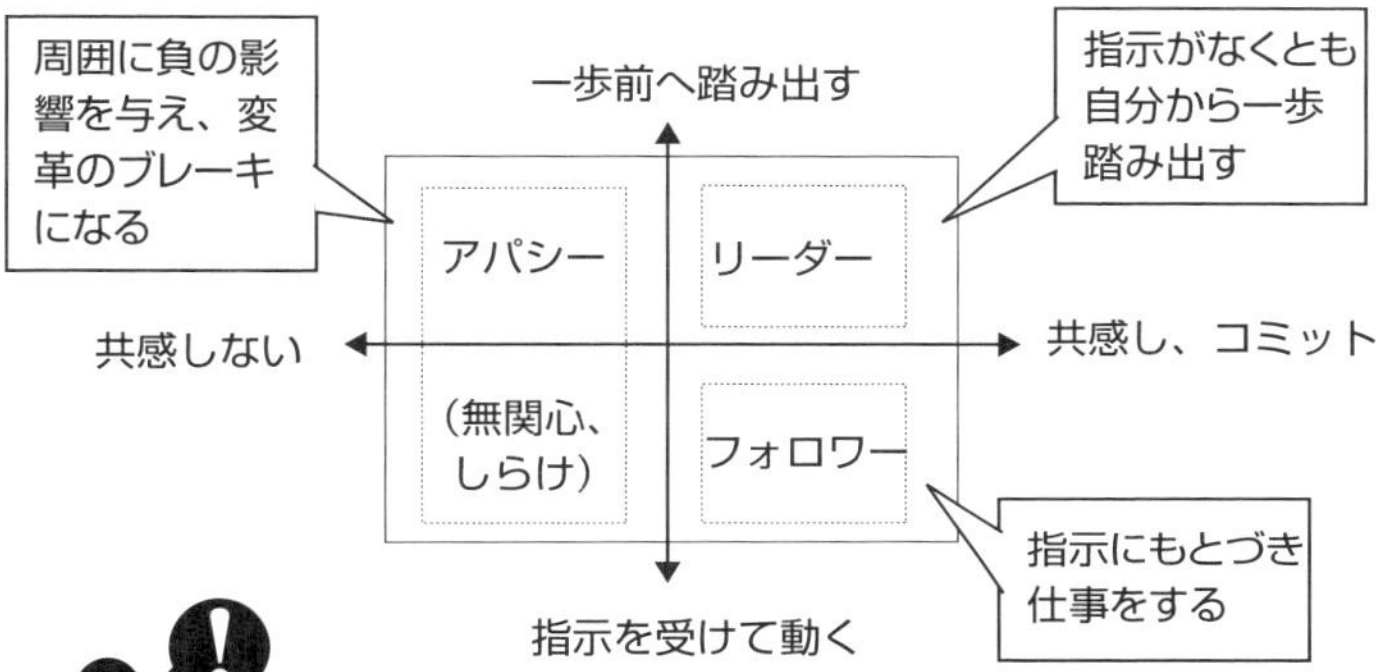

リーダー

●新しい製品・サービスの開発、新しい仕組みづくり、新しい事業を起こしたいという欲求をもつ
●価値観によって方向づけられ、社会的大義のために身を投じる
●何事にも打ち勝つということを目指し、障害の克服・不可能な問題の解決に挑みたいと考える

フォロワー

●仕事とプライベートを調和させたいと思い、自分の時間の都合に合った働き方を求める
●安全確実で、将来が予測でき、ゆったりとした気持ちで生活が保障されていることを望む
●終身雇用、退職制度が整っている企業を選ぶ

アパシー

●組織への帰属意識が低く、利己的
●自分の能力を過信し、仕事を選び、自分のペースを優先させる

（注）エドガー・H・シャインの『キャリアアンカー』を参考にして著者が加工

従業員の行動改革を促す仕掛けをつくる

従業員の「あるべき行動」を引き出す4つのレバーへ働きかける

従業員の行動は、役割・タスク、行動の判断基準、スキル、モチベーションという4つのレバー（因子）で促されます。

「役割・タスク」を明確にする

個人が一生懸命頑張っても、努力のベクトルが異なれば、チームの前進力になりません。また役割・タスクが不明瞭になっていると、従業員のモチベーションにも影響を与えます。

そこで、外向きの戦略を、会社、事業部、部・課、個人とブレークダウンし、個人の役割・タスク・目標を明確にします。

逆に、個人から、課・部、事業部、会社と、役割・タスク・目標を遡ることができるように、体系化と見える化を行ってください。

行動を引き出す４つのレバー

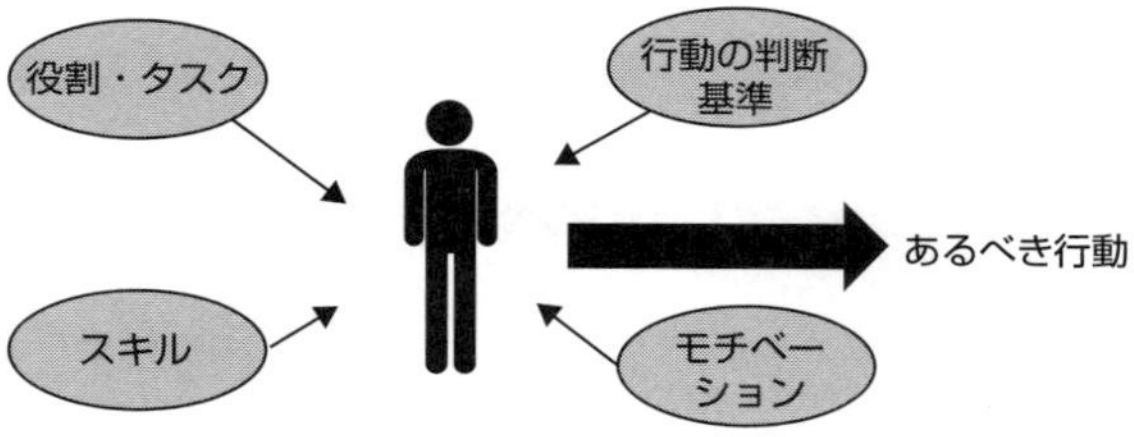

「行動の判断基準」をつくる

職場は、一挙一動までを指示することができません。自ずと個人に自由度が与えられます。その自由度の中で、各自があるべき行動を判断できるように、行動の善し悪しの判断基準を示す必要があります。役割・タスクがＷｈａｔ（何を）だとすると、行動の判断基準はＨｏｗ（どのように）の位置づけとなります。

この行動の判断基準も、役割・タスクと同様に会社から、事業部、部・課、個人へと合理的にブレークダウンされます。ただし会社全体の行動の判断基準自体が変わるわけではなく、Ｗｈａｔの詳細化に対応して行動の判断基準が具体化されることとなります。

個々人がその行動の判断基準にもとづき、自らに課せられた役割・タスクを実行することにより、会社全体の行動の質が確保され、外向きの戦略の差別化された提供価値が実現され、そのストック（経年の積み上がり）として会社のブランドが醸成されることとなります。

「スキル」の充足をはかる

個人の役割・タスクに対する目標を達成するには、スキルの充足が必要です。現有スキルを考慮に入れた適材適所の配置、スキル向上のための教育をしっかり設計・実施しましょう。

役割・タスクと行動の判断基準のマトリックス（例示）

	HOW / WHAT	行動の判断基準：チャレンジ	チェンジ	スピード	工夫	顧客志向		行動計画
タスク	情報収集				(★)		▶	…
	資料作成		★		★		▶	…
	営業	★			★	★	▶	…
	日報作成		★	★			▶	…
	行動計画作成		★		★	★	▶	…

情報収集を工夫する

またマニュアル整備やナレッジマネジメントの仕組みの導入はスキルに〝下駄を履かせる〟ことができ、重要施策の一つとなります。

「モチベーション」を向上させる

従業員のセグメントごとにモチベーション向上の有効施策が異なります。リーダーは会社を利用して社会的大義を果たそうとする人なので、会社の方向性と自身のやりたいことが合っている限り、内発的モチベーションが維持されています。

一方、フォロワーは、与えられた仕事を真面目にこなす人なので、自分がやりたい役割・タスクであるか、役割・タスクの内容と目標は明確か、評価・処遇は周りと比べて不公平でないか、自分の能力を引き上げてくれる教育プログラムがあるか、上司は尊敬できるかなど、外部要因により左右されます。そのため、内向きの戦略の詳細化、マネジャーの能力開発などが必要な対策となります。

アパシーは、会社の方向性に共感しない人でありモチベーションは高くありません。ただしアパシーと、リーダー、フォロワーの線引きは明確ではないため、中間層の人材に対しては覚醒を期待して、「社会においてどんな貢献をしたいのか」「それは今の会社で実現可能か」を考えさせる場を提供します。

フォロワーのモチベーションマネジメント

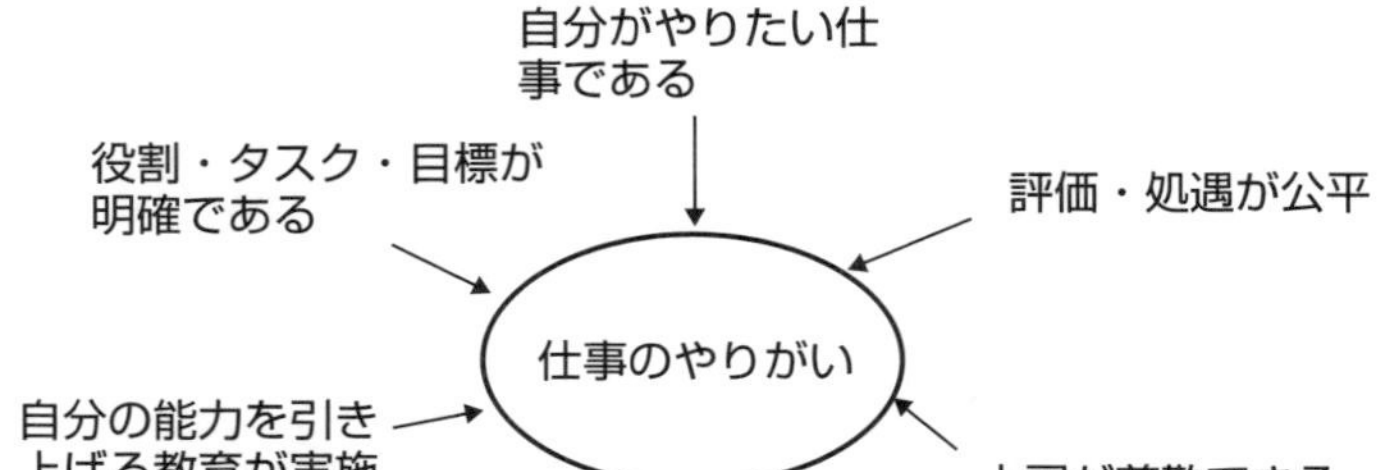

フォロワーの要求に際限なく対応せずリーダーを増やす施策を実施する

◎従業員のあるべき行動を引き出す４つのレバー

役割・タスク、行動の判断基準、スキル、モチベーションの４つのレバーで従業員のあるべき行動を引き出す

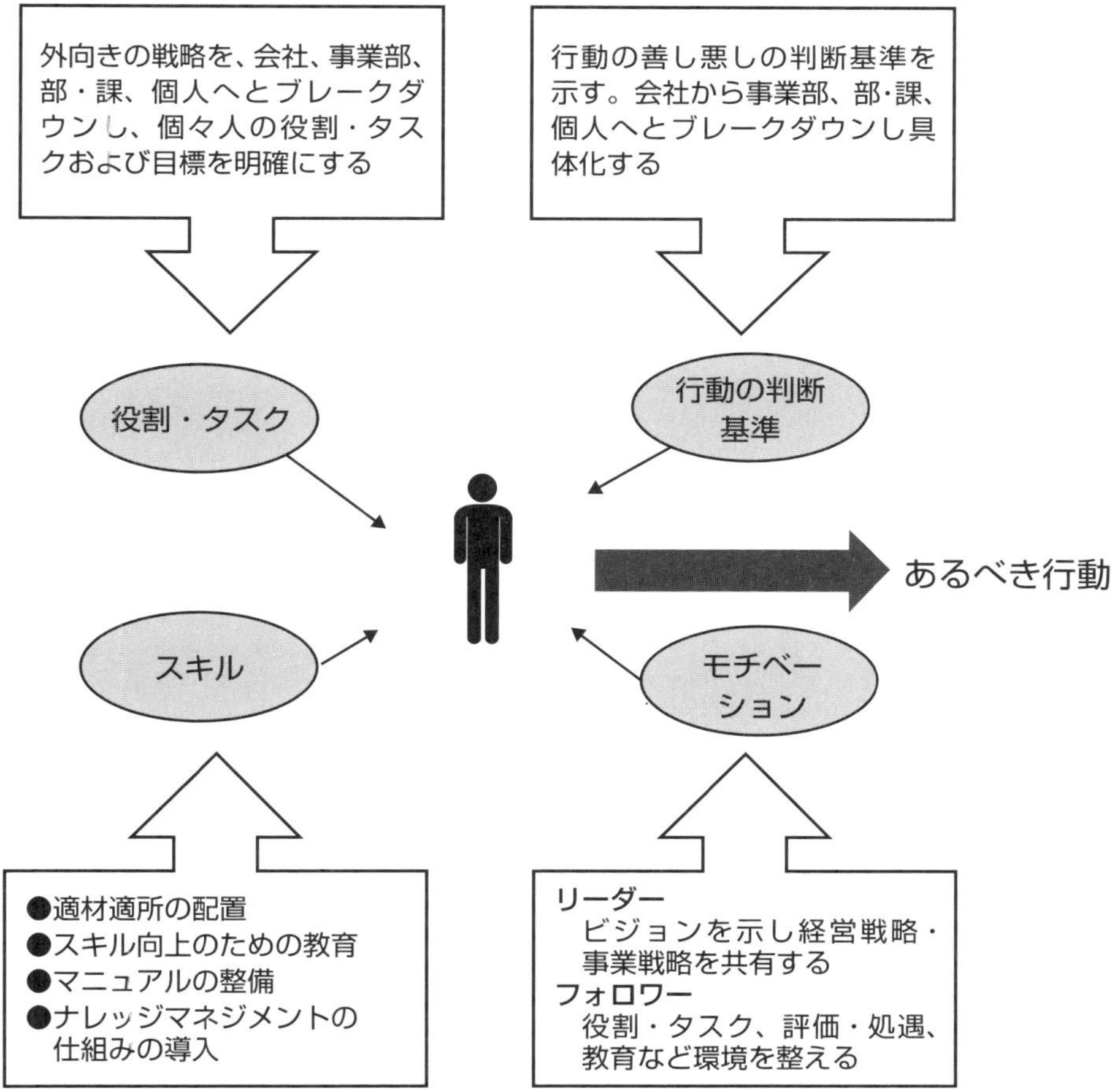

16%のリーダーを確保すると変革が起動する

「イノベーター理論」は企業変革にも使える

イノベーター理論を従業員に応用する

イノベーター理論は、スタンフォード大学の社会学者であったエベレット・M・ロジャースが1962年に、新製品や新サービスの市場浸透に関して提唱したものです。

顧客をイノベーター（Innovators：革新者：市場の2.5%を構成）、アーリーアダプター（Early Adopters：初期採用者：市場の13.5%を構成）、アーリーマジョリティ（Early Majority：前期追随者：市場の34%を構成）、レイトマジョリティ（Late Majority：後期追随者：市場の34%を構成）、ラガード（Laggards：遅滞者：市場の16%を構成）の5つのセグメントに分けます。

ある新製品や新サービスを上市（市場に出す）した場合、まずイノベーターを獲得し、次にアーリーアダプターを獲得し、そしてアー

イノベーター理論とは？

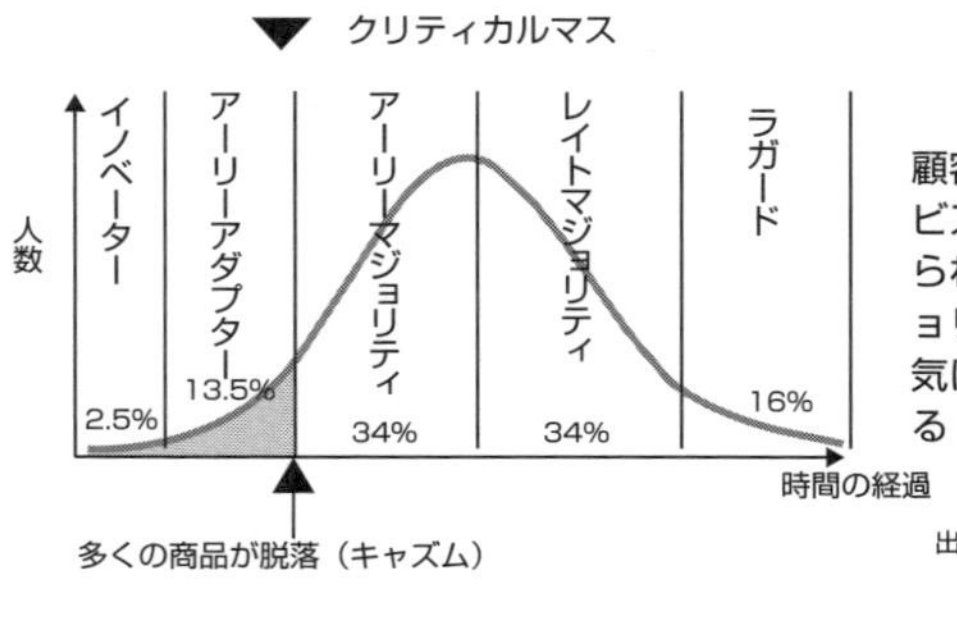

顧客のタイプと新商品・サービスの市場浸透との関係をあらわしている。アーリーマジョリティを獲得できると、一気に新商品・サービスが広がる

出所：ロジャース『イノベーション普及学』

リーマジョリティ・セグメントに入ると、新製品・サービスは一気に市場に普及することを示しました。そのポイントをクリティカルマスと言います。

アーリーアダプターとアーリーマジョリティの間には大きなギャップが存在し、そのギャップをキャズム（Chasm：深い裂け目）と称します。そのギャップを超えなくては、新製品やサービスは市場に登場しても、成熟期を迎えることなく導入期や成長期といった段階で市場から消えていくことになります。

企業変革に必要なのは16％のリーダー

イノベーター理論における顧客を従業員に置き換え、新製品・サービスの購買を新たな戦略へのコミット（当事者としての行動変革の約束）することに置き換えると、企業変革には2・5％の本物の強いリーダーと、それに次ぐ13・5％のリーダー、合計16％のリーダーが必要ということになります。

自社にリーダーが何％存在するのかを正確につかむことは容易ではありません。従来の年功や職能を用いた人事評価結果はリーダーか否かを判断するものとして使えません。誤差はあるにしても、工夫したアンケート調査を行い、従業員に自己評価してもらいます。

用語解説

クリティカルマス（Critical Mass）とは？

直訳すると臨界質量で、ある商品やサービスが、爆発的に普及するために最小限必要とされる市場普及率であったり、効率的な生産を行うための最小生産ロットを表す用語

アンケートの質問項目は、会社のミッション、ビジョン、経営戦略への共感・コミットメントの強さと、指示がなくとも自分が一歩踏み出すタイプか、誰かから指示を受けて動くタイプかとなります。既存産業の一般的企業のリーダーの構成率は5～10％です。年次でその構成比の変化を把握し、経営指標として、リーダー確保施策のPDCAを回します。

職位に関係なくリーダーを発掘する

下欄の図は某大企業において、アンケート調査でリーダーの絶対量と所在を調べた結果です。

職位が上がるほど自己診断によるリーダーの構成比率は増えますが、課長で10％、部長で18％しかリーダーが存在しません。

年功序列で昇格をさせてきたこと、人材マネジメントが、リーダーではなく、マネジャーを求め、育成してきたことが背景にあると思われます。

経営戦略にもとづき企業変革を行う際に、既存の管理職は当てになりません。職位に関係なくリーダーを発掘し、役割・タスクを与え、組織のモービライズ(変革の風土づくり)を推進させることが重要な施策です。

某大手企業におけるリーダーの分布

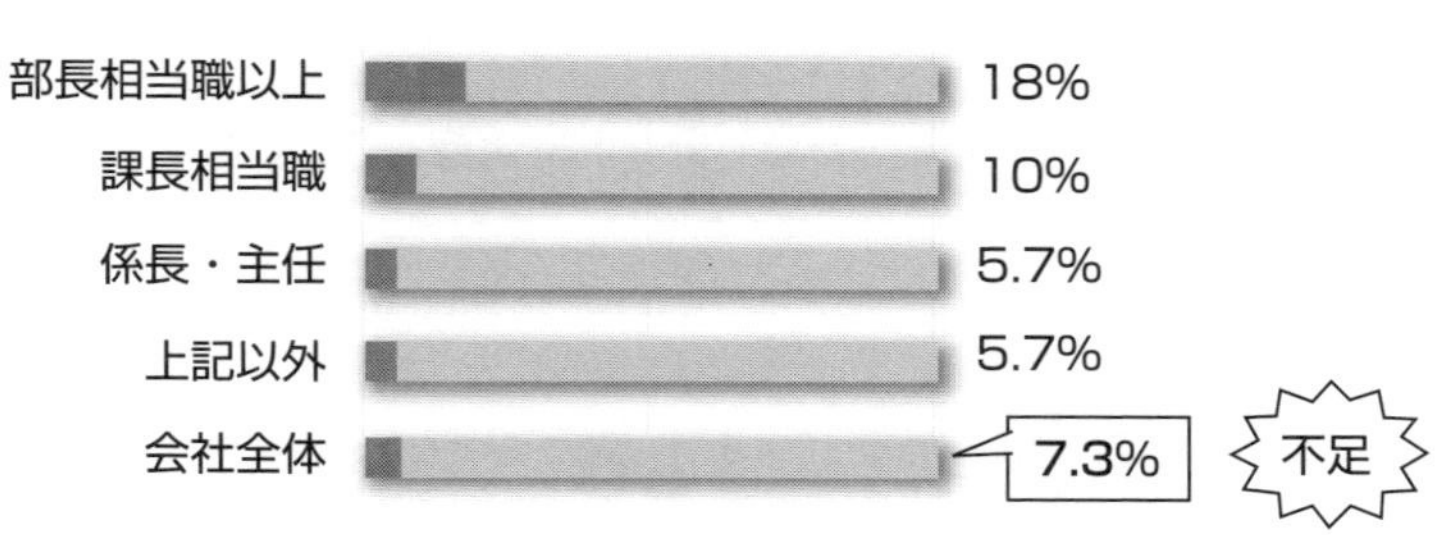

(注) 調査におけるリーダーの定義
将来進みたい方向や働くことの意欲・価値観に対する意識レベルが高く、仕事の見直しや改善に積極的で自分の判断や考えで主体的に仕事を進めている人

◎イノベーター理論を企業変革に応用する

16%のリーダーが企業変革を推し進める

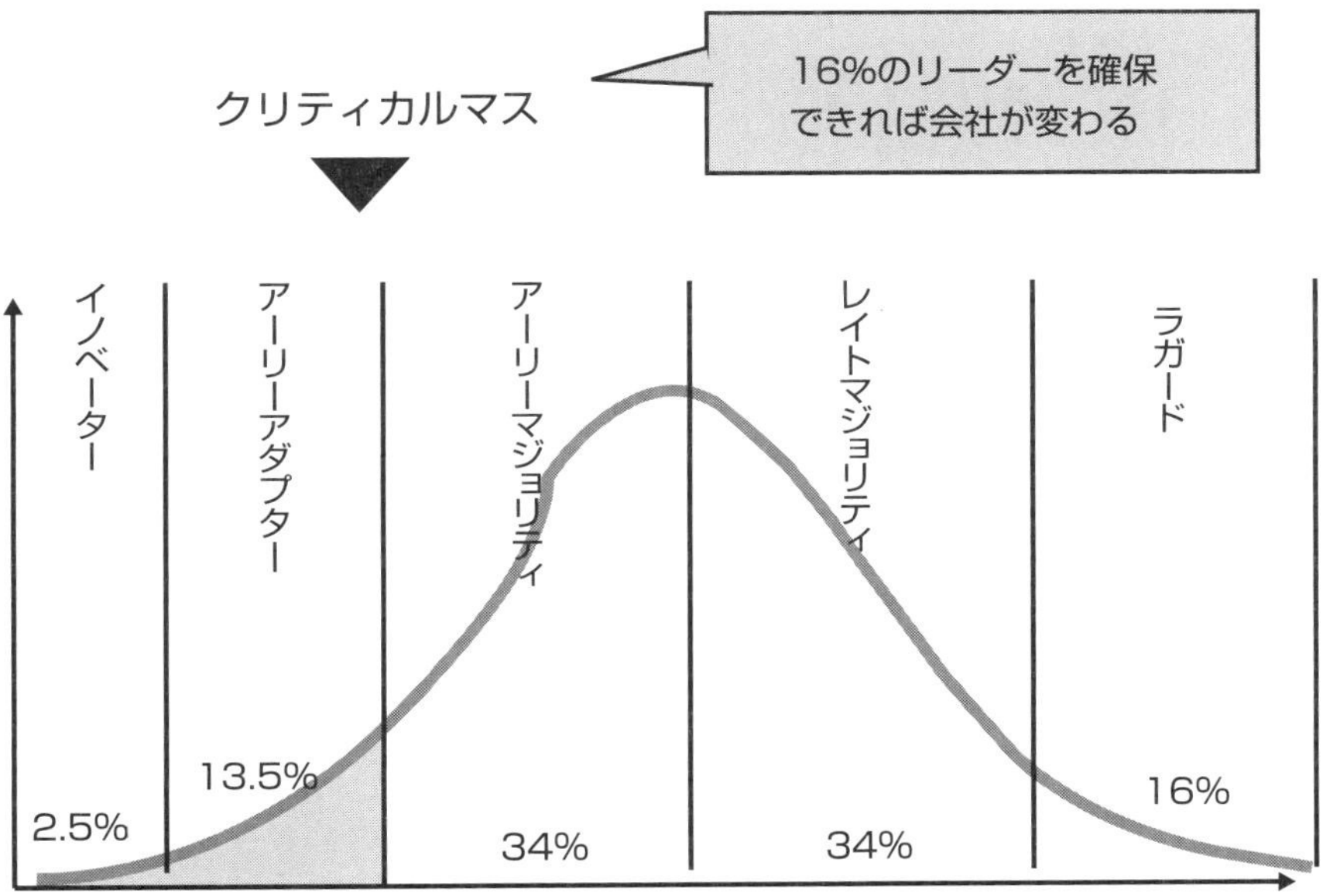

イノベーター（革新者）	**本物の強いリーダー** 社会的大義から会社の進むべき方向性を常に考えている
アーリーアダプター（前期追随者）	**リーダー** 会社の方向性に共感・コミットし自ら一歩踏み出す
アーリーマジョリティ（初期採用者）	**フォロワー（指示を受けて動くタイプ）** リーダーにいち早く従い、行動を考える
レイトマジョリティ（後期追随者）	**フォロワー** リーダーにほかのフォロワーが従っているのを見て自分も動く
ラガード（遅滞者）	**アパシー（しらけ、無関心なタイプ）** 斜に構えて動かない、あるいは周りが会社の方針に従う様を見てますます反対を強める

リーダーを確保するための方策を設計する

リーダーの採用、教育、覚醒を行う

日本はリーダーが年々減っている

日本では、「生きがいを仕事外で見つける」ことを理想とし、自由・競争主義の結果としての格差を嫌い、社会主義的平等を美徳とし、フォロワー、アパシーが増殖しています。日本、韓国、中国、アメリカの高校生の意識調査の結果を見ると、日本の高校生は「がつがつ働きたくない」「目立つのはいや」と、リーダーシップを嫌い、のんびりと暮らす幸せを求める人が突出して多い状況です。

リーダーはCSVで惹きつける

フォロワー、アパシーを増産する社会的背景もあり、若手リーダー候補の採用はむずかしいのが実情です。リーダーの資質をもっ

リーダーが不足している社会的背景

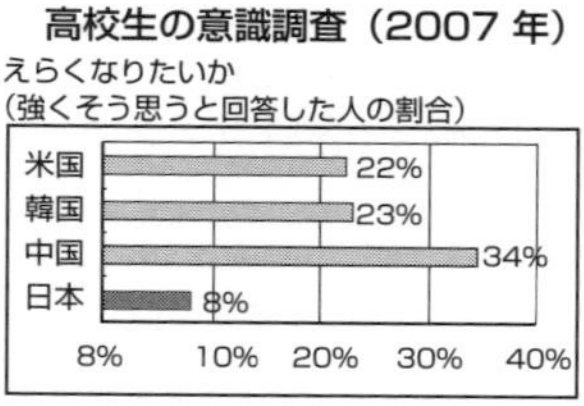

今、20 歳代後半

出所）日本青少年研究所「高校生の意欲に関する調査」をもとに作成

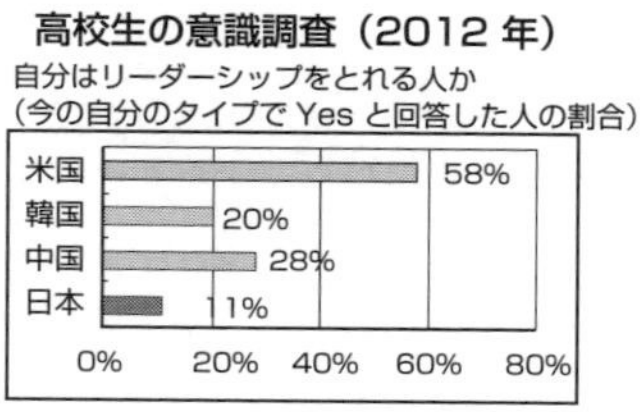

今、20 歳代前半

出所）日本青少年研究所「高校生の生活意欲と留学に関する調査」をもとに作成

た若手人材は、会社の売上や利益にあまり興味をもちません。社会貢献、他人のために何かしてあげたい、絆、新しいビジネスモデルや技術開発をするチャレンジなどに興味を示す傾向にあります。

一方、フォロワー的な人材は、会社の規模が大きく利益が安定して、定年まで勤めることができる安定的な職場を探しています。

そこで、リーダー確保のためには、会社の規模や安定性よりも、CSV指標に着目した新規事業の創出、新しいビジネスモデルや技術開発へのチャレンジを前面に出して発信すべきです。

即戦力リーダーの外部からの招へいも検討すべき施策です。「自分の〝村〟を守る」という企業の私利私欲の信条を取り下げ、社会的大義を果たせる新たな人材をどんどん受け入れましょう。その対象としては、社長も除外されるものではありません。

若手リーダーの育成方法

社会人の人格は、新卒の場合、通常入社して3年前後で形成されます。名刺の渡し方、挨拶の仕方、パソコンの使い方、業務知識などの基礎スキルの教育も重要ですが、それにも増して、会社とは何をするところなのかを教えることが重要です。

与えられた仕事を淡々とこなして真面目に働くフォロワーの人格

フォロワーが多い社会的背景

高校生の意識調査（2007 年）

のんびり暮らしたい
（とてもそう思うと回答した人の割合）

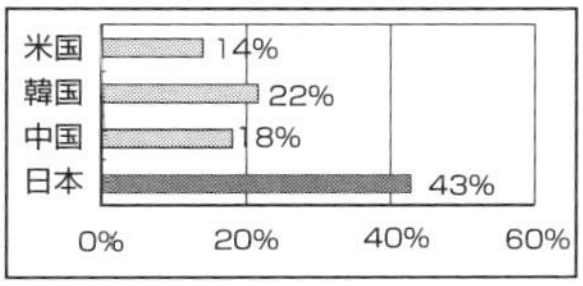

今、20 歳代後半

出所）日本青少年研究所「高校生の意欲に関する調査」をもとに作成

高校生の意識調査（2012 年）

決まりに従いルールをよく守る人
（なりたい自分のタイプで Yes と回答した人の割合）

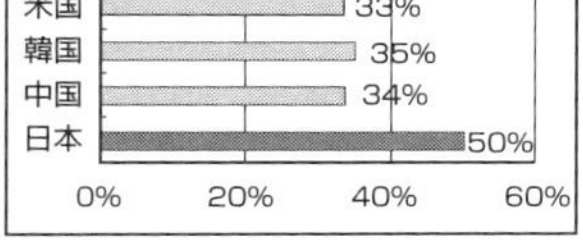

今、20 歳代前半

出所）日本青少年研究所「高校生の生活意欲と留学に関する調査」をもとに作成

を形成するのではなく、会社は、個人の社会的大義を果たすための手段であり、実体がないことを認識させ、失敗を恐れず他者に先んじてチャレンジするリーダーの人格を形成すべきです。

リーダー予備軍を覚醒させる

リーダー、フォロワー、アパシーの区分は明確な線があるわけではなく中間層が存在し、かつ流動的です。フォロワー、アパシーに潜在するリーダー予備軍を覚醒させることも、リーダー確保の施策の一つとなります。

また、ＣＳＶ指標に着目した新規事業の創出や、新しいビジネスモデルや技術開発へのチャレンジを前面に出した経営戦略をつくり、効果的なコミュニケーションにより〝ワクワク感〟をもってもらいます。そして、現場主導のクイックヒッツ（Quick hits：短期に成果が出る施策の実行）により変化に対する自信を与えます。

同時に、個人の自発的行動が会社を動かす連鎖の仕組み（ボトムアップとトップダウンの動きをつなぐ）を導入し、個人が主体的に動き、チャレンジする企業風土を醸成します。

リーダー予備軍を覚醒させよう

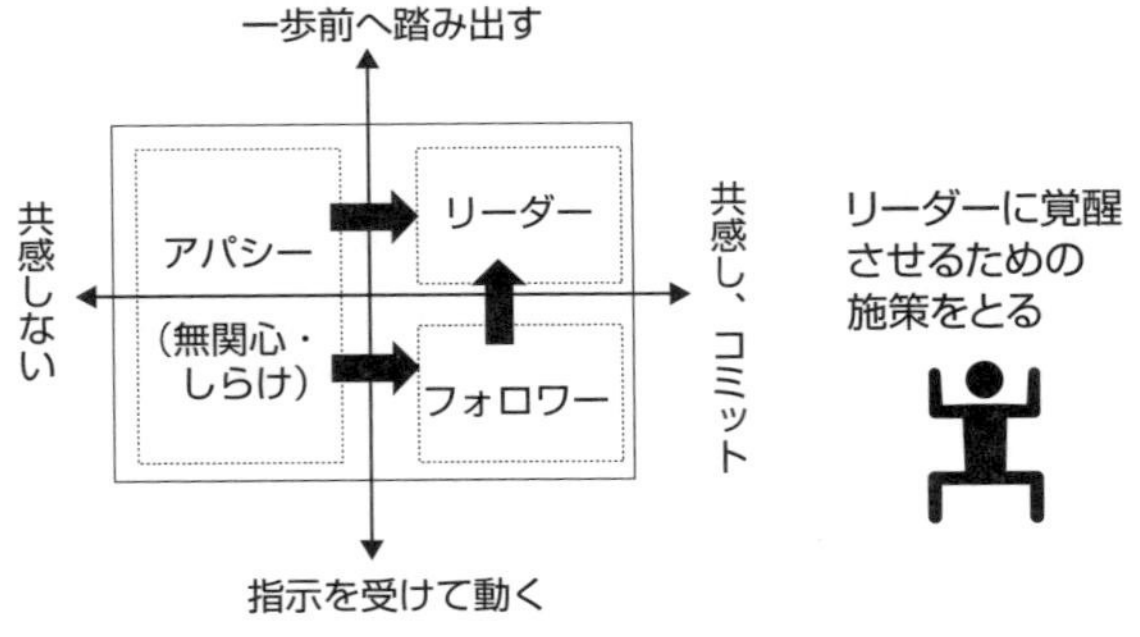

◎リーダーを確保するための方法

リーダーを発掘し、採用し、教育し、覚醒させる

1.職位に関係なくリーダーを発掘する

- ●リーダーに経営戦略・事業戦略から役割・タスクを割り振る
- ●役割・タスクを割り振らない人材は、組織のモービライズ（変革の風土づくり）を行うチェンジリーダーを担当させる

2.リーダーを外部から採用し、教育する

●即戦力・若手の採用

ターゲット・オーディエンスに、ＣＳＶに着目した新規事業、新しいビジネスモデル、技術開発へのチャレンジを前面に押し出した経営計画を発信する

●若手の教育

失敗を恐れず、誰よりも先にチャレンジするリーダーの人格を形成するための研修を実施する

3.リーダー予備軍を覚醒させる

- ●現場主導のクイックヒッツにより、変化に自信を与える
- ●個人の自発的行動が会社を動かす連鎖の仕組みを導入する
- ●個人が主体的に動き、チャレンジする企業風土を醸成する

第 6 章

ロードマップをつくる

戦略は静的ではなく動的である。
ビジネスモデルの変化を時系列に描く。

ロードマップでビジネスモデルを時系列に描写する

あるべき姿にどう到達し、そこからどう発展させるか

あるべき姿は変化する

戦略策定においては、よく「あるべき姿を描く」という言葉が使われます。しかし、それは将来のどこか一時点の戦略のビジネスモデルの描写にすぎません。

本来、戦略とは、あるべき姿まで「どのように到達するのか」、到達したあとに、「どのように発展するのか」というビジネスモデルの時系列の描写、つまりロードマップを描く必要があります。

ロードマップの作成方法

ロードマップは、前提となる外部環境の時系列の変化と、それに適合したビジネスモデルの変化を描くことが求められます。

ロードマップの作成方法

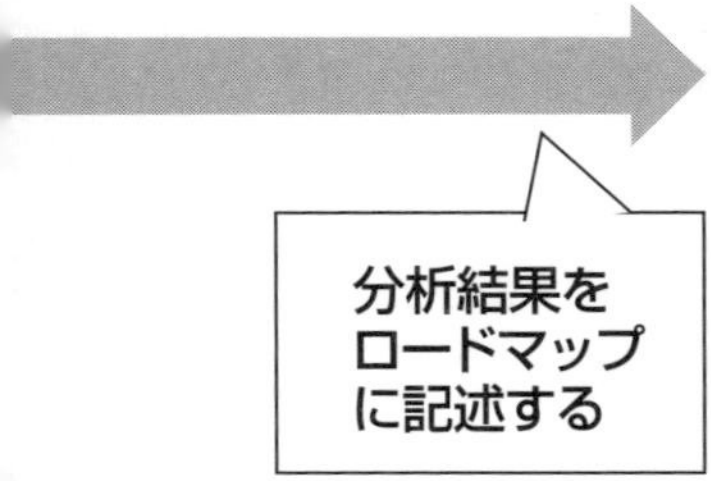

		2017	2018	…
外部環境	規制			
	競合			
	顧客			
	供給者			
	代替財			
自社のビジネスモデル	外向きの戦略			
	内向きの戦略			

収支	収入			
	支出			
	収入ー支出			
	累積キャッシュ			

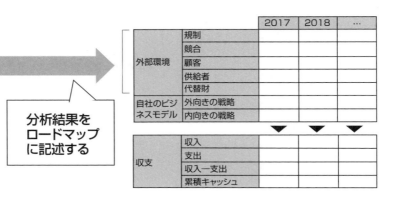

その描写には通常表計算ソフトなどのツールを用います。シートの縦方向に外部環境、外向きの戦略、内向きの戦略、その結果としての収支などをとり、横方向には、２０１７年、２０１８年……、とタイムフレーム（戦略の対象期間）をとって記述します。

外部環境については、５フォース分析などのフレームワークを用いて、規制、競合、供給者、顧客、代替財の動向など、自社にとって重要な変化を記述します。次に、その変化に対応させ、外向きの戦略、内向きの戦略を記述していきます。最後に、外部環境と自社の戦略の作用の結果としての収支予想（売上、利益など）を記述します。

ロードマップの最終形式を考える

ただし、この表計算ソフトのシートの作業結果は中間成果物です。ターゲット・オーディエンス（経営計画の発信対象者）と目的に従って、要点をガントチャート、フローチャート、トランスフォーメーションマップなどの形式に落とし込み、最終アウトプットとします。

① ガントチャート

ガントチャートは、プロジェクト管理や生産管理などの進捗管理ツールとしてよく使われる表です。横軸に時間をとり、縦軸に作業を描きます。たとえば、縦軸は戦略の実行準備、パイロット事業立

5フォース分析(Five Forces)

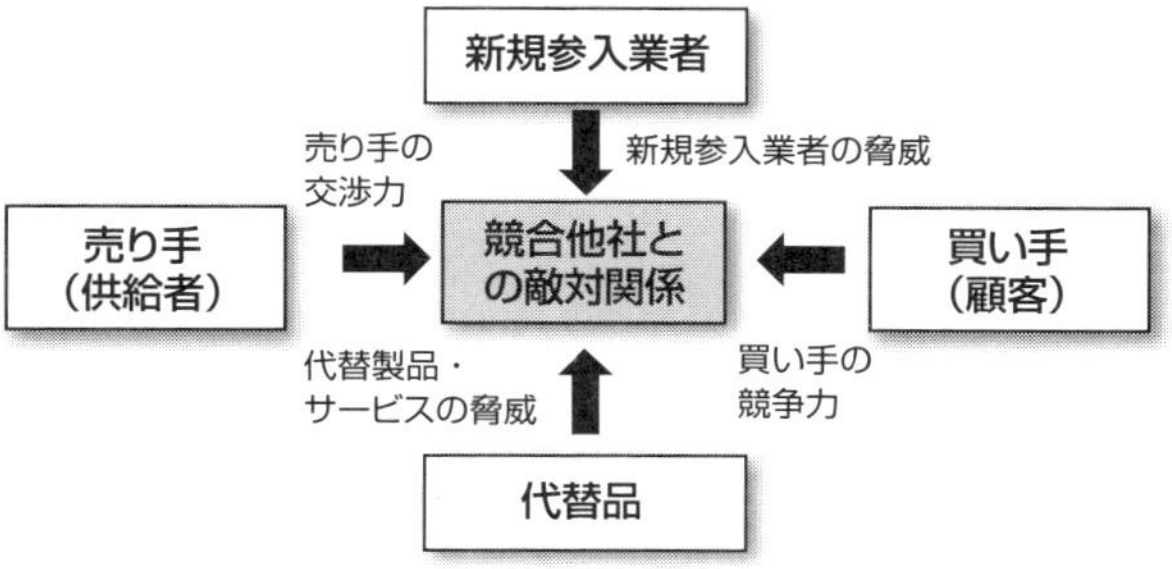

出所：マイケル・E・ポーター『競争の戦略』

ち上げ、本格展開などの作業を記述します。

② フローチャート

フローチャートは、A戦略で顧客を獲得したら、その顧客基盤を活用して新たな商品・サービスを販売するB戦略へ移行するなど、個別戦略の展開順序、業務の流れなどをあらわします。

③ トランスフォーメーションマップ

トランスフォーメーションマップは、横軸に時間をとり、縦軸にビジネスモデルの構成要素を配列し、時系列に変化を描くものです。

論理的考察と多面的な検討が必要

ビジネスモデルの変化の描写には論理的考察と多面的な検討が必要です。外部環境や内部環境の変化への対応、事業のライフサイクルへの対応、新規事業におけるフェーズを切った（スケールダウンした段階的）立ち上げ、競争優位性の積み上げ、弱者の戦い方、企業変革の論理的順序など、多面的に検討する必要があります。

あるべき姿の描写は容易ですが、環境をダイナミックに変えると格段に難度が上がります。次節でそのヒントを提供します。

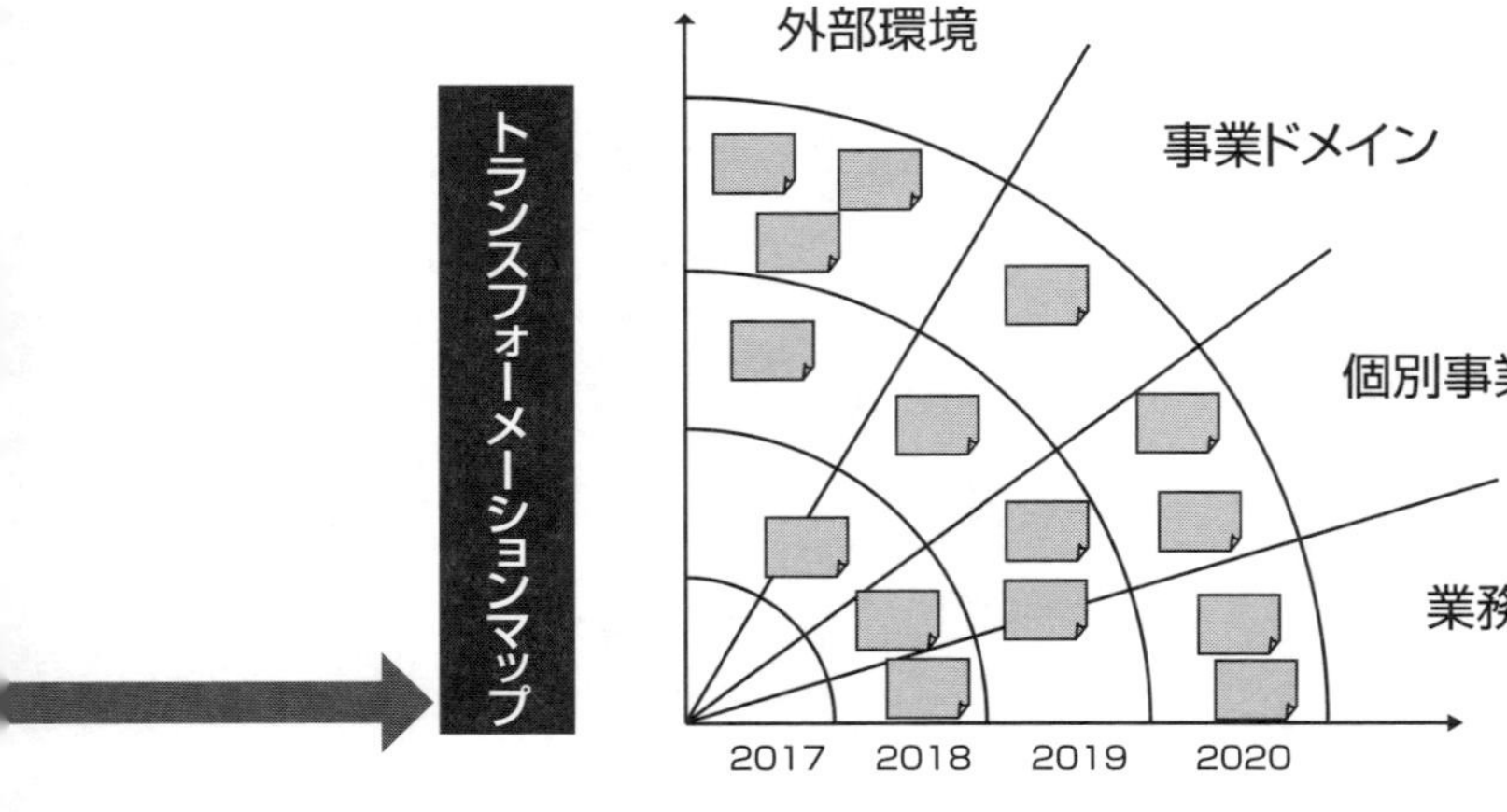

◎ロードマップ作成の流れ

ビジネスモデルの変化を時系列であらわす

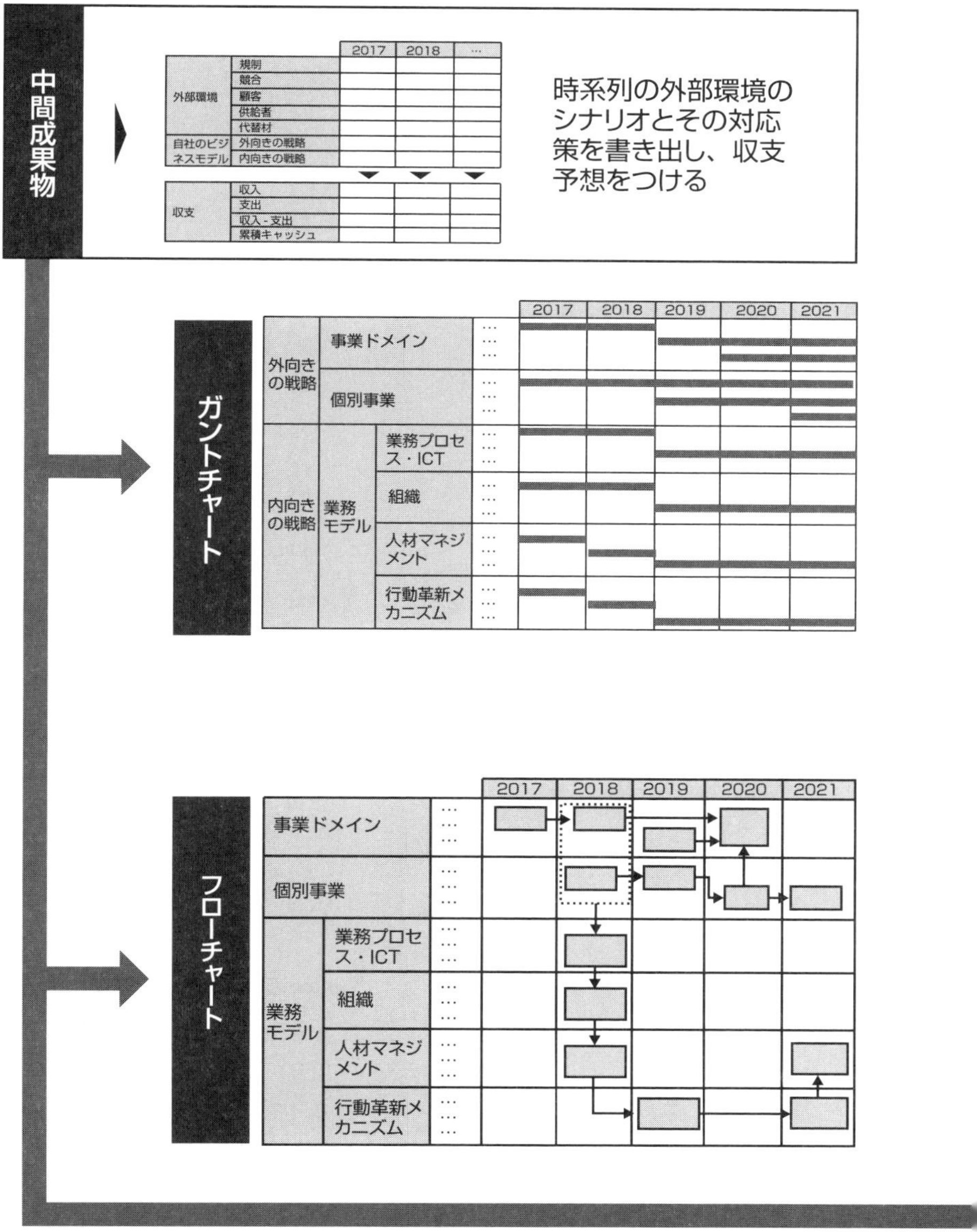

ロードマップの作成で使える「5つのヒント」

論理的な考察と多面的な検討が必須

ロードマップの作成で有効な5つの考え方を紹介します。

フェーズド・アプローチ(Phased approach)

新規事業の立ち上げ時に、リスクを減らすために、まずは小さく立ち上げて、状況を確認してから追加投資を行うことをフェーズド・アプローチといいます。テストマーケティングもフェーズド・アプローチの一つです。

フェーズド・アプローチは一見合理的に見えますが、小さな成功が競合の目を覚まさせ、一気に逆転されることもあります。〝小さく刻む〟べきか、〝一気に攻めるべきか〟慎重に検討します。

ランチェスター戦略

ランチェスター戦略は弱者の戦い方に多くの示唆を与えます。

フェーズド・アプローチで刻む

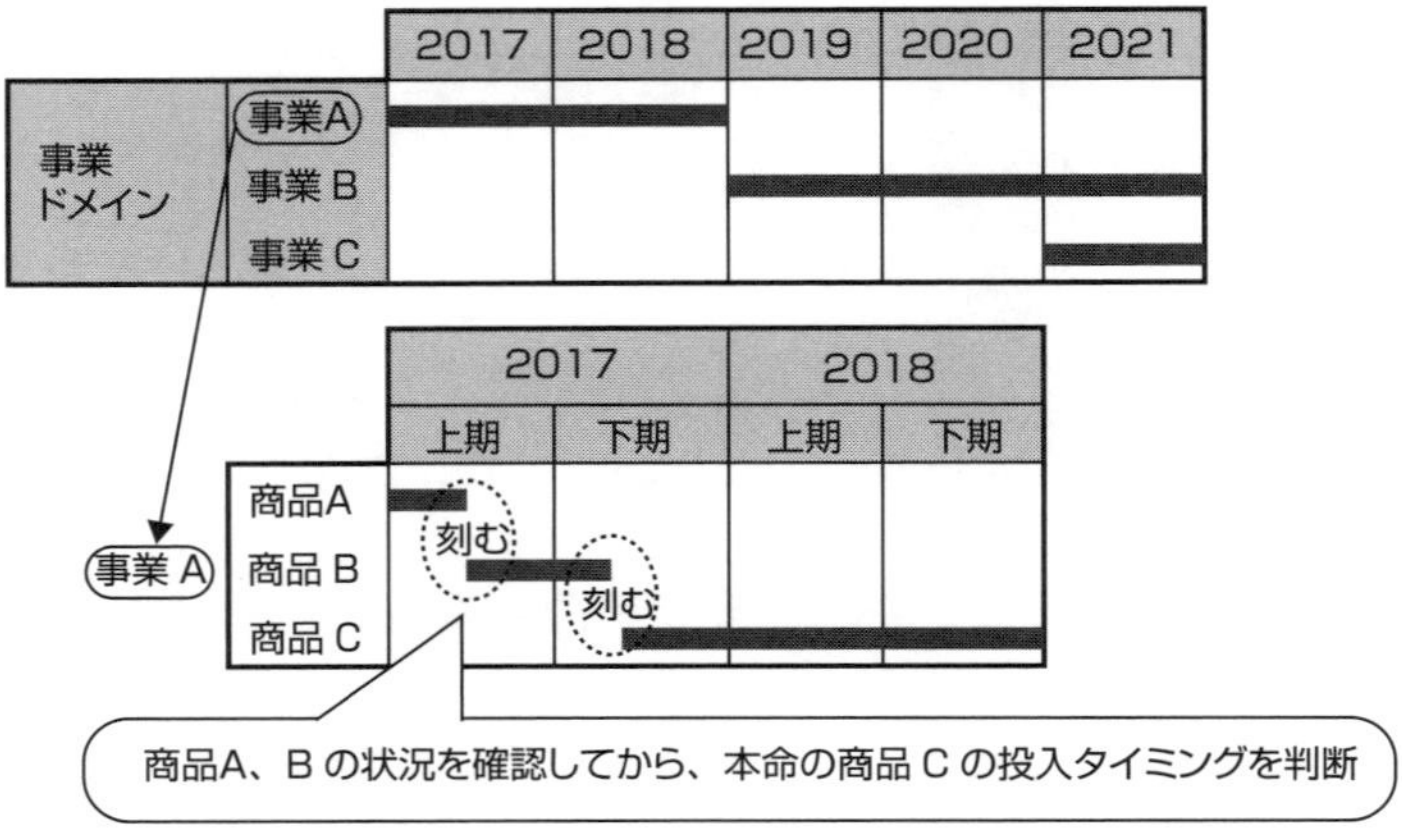

どこかの事業ドメインに集中して、差別化して、そこでナンバーワンになり、そこから次へと拡大する戦略です。敵より性能のよい武器をもち、狭い戦場で、一対一で戦い、接近戦を行い、力を一点に集中させることです。

最初に突破すべき事業領域がどこなのか、慎重に検討します。

競争優位性の積み上げ

魅力的な事業ドメインの発見は容易ですが、往々にして自社に強みがなくあきらめてしまう、あるいは競争優位性構築の見込みがないまま、無謀な見切り発車をする事例を多く見かけます。

ポイントは、提携やM&Aなどで他社の力を借りる、一見無関係なほかの事業を立ち上げ、その事業で培う強みを足がかりに、ターゲット事業ドメインに踏み込むなど、直線的ではない、斜めや、横の進み方を検討し、最終的に必要な競争優位性を確保することです。

PPM(Product Portfolio Management)

第2章の外向きの戦略で解説したように、通常(ブルーオーシャン事業を除き)事業は問題児事象で生まれ、順調にいけば、スター、金のなる木、負け犬と進み一生を終えます。タイムフレームが長い戦略は、

競争優位性を積み上げる

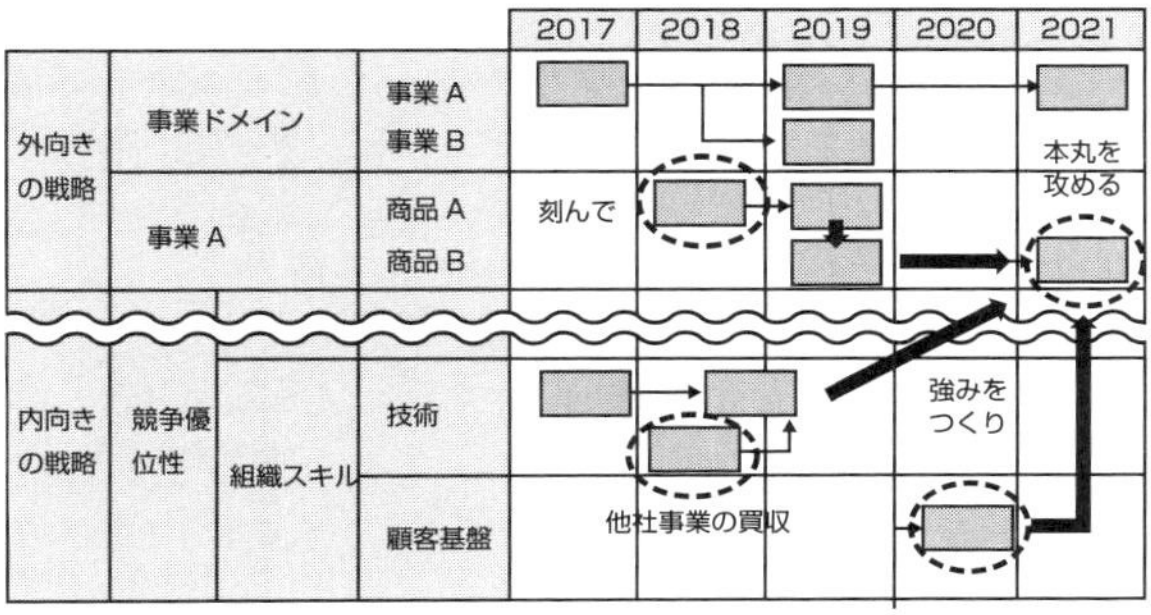

ロードマップ作成時にこの変化を考察する必要があります。ＰＰＭの変化は投資戦略、資金調達計画に影響を与えます。場合によっては、Ｍ＆Ａや、早めに事業を売却し、新規事業立ち上げの資金をつくる検討もしなければなりません。

４Ｒ

ジェミニ・コンサルティングで用いられていた企業変革の考え方です。企業変革のために手をつけるべき領域を、企業方針の確立・徹底(Reframing)、事業の非合理性の排除(Restructuring)、事業成長の始動・加速(Revitalization)、組織・人の活性化(Renewal)の４つのＲに分け、手をつける順番をロードマップにします。

たとえば、カルロス・ゴーン氏が日産自動車を変革した際は、新たなビジョンを打ち出し(Reframing)、事業の統廃合と業務の見直しで資金をつくり(Restructuring)、クロスファンクショナルチームを編成し、新車開発に投資し(Revitalization)、職位を超えてリーダーを発掘しリーダー育成に多大な投資を行いました(Renewal)。

４つのＲへの取り組み順序と戦略的投資配分が企業変革の成功の鍵となります。

ジェミニ・コンサルティングの4R

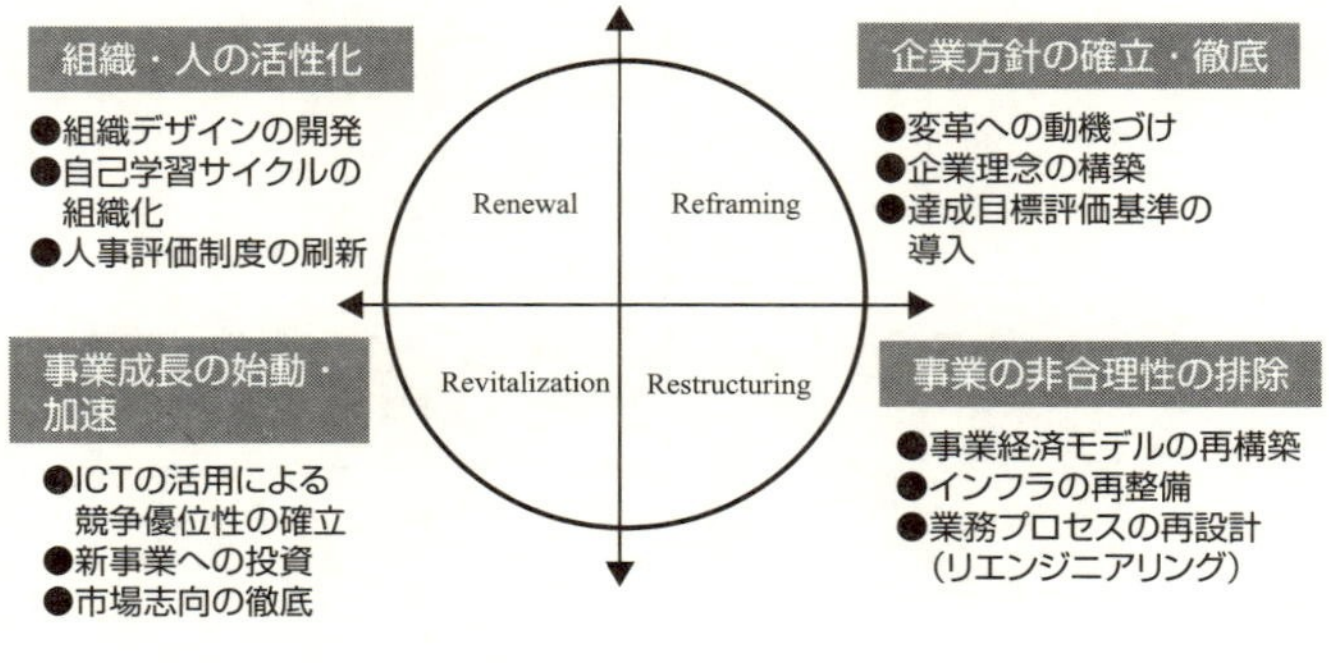

出典：ジェミニ・コンサルティング資料をもとに作成

◎ロードマップ作成のヒント

論理的な考察と多面的な検討が必要

ランチェスター戦略

（弱者、強者の戦い方）

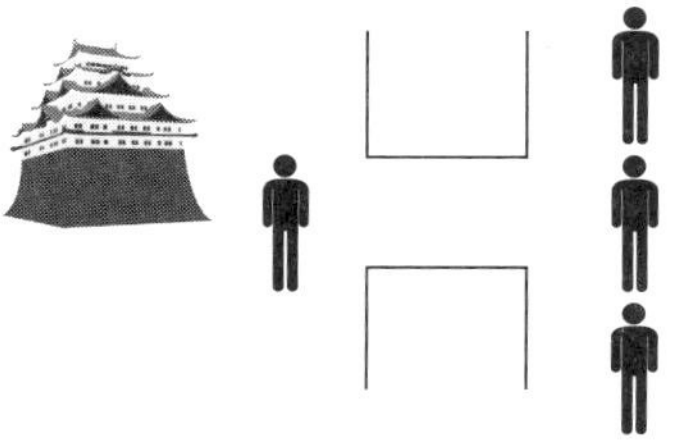

フェーズド・アプローチ

（刻む）

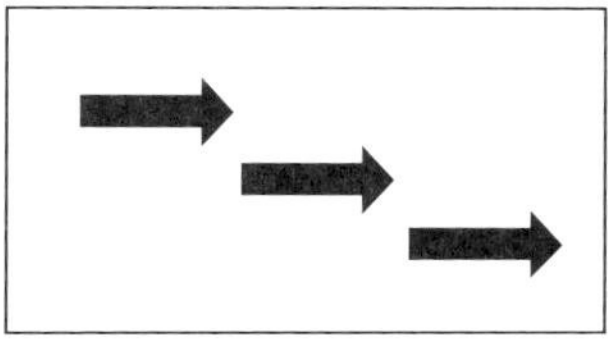

競争優位性の積み上げ

（刻んで、強みをつくって、本丸へ）

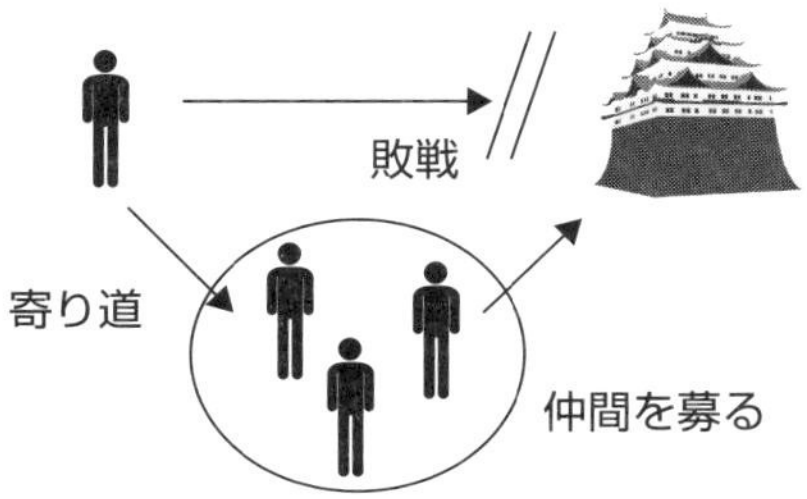

PPM

（事業のライフサイクル）

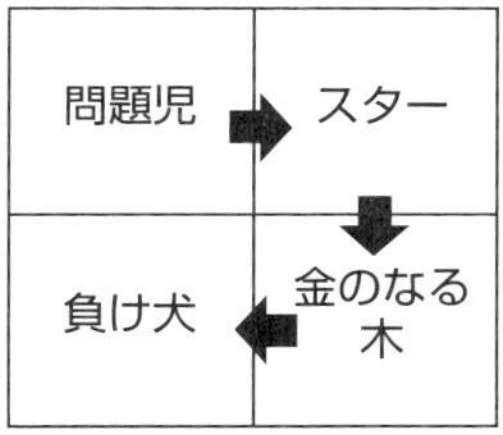

4R

（変革の手順）

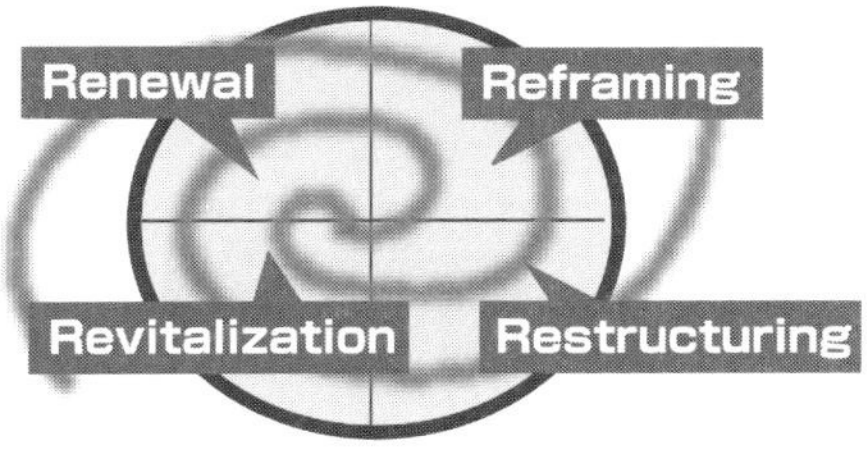

コンティンジェンシープランを作成して変化に備える

事業環境シナリオの不確実性に対応する

コンティンジェンシープランとは?

コンティンジェンシー（Contingency）とは、偶然性、偶発性、不確実性という意味です。

経営戦略の前提とした事業環境はその通りにはなりません。そこで、事業環境シナリオの変化に対応して、自社の戦略をどう変化させるかを示した計画が必要となります。その計画をコンティンジェンシープランといいます。

コンティンジェンシープランを作成するときによく用いられる手法は、次の2つです。

① シナリオプランニング
② ディシジョンツリーとリアルオプション

シナリオプランニングで最適戦略を考える

シナリオプランニングとは、事業環境の変化を複数のシナリオであらわし、それぞれのシナリオに対応した戦略をつくり、最後にそれら戦略を統合し1つにまとめる手法です。

まず、事業環境のシナリオをつくります。外部環境の不確実性、戦略の実行リスクのうち、特に戦略に大きな影響を与える因子を複数選定し、その因子ごとに水準を定めます。

たとえば、規制緩和を1つの因子とすると、3年以内に特定の規制緩和が行われる場合と見送りの場合の2つの水準を定めます。また為替を別の因子として、3年以内に100円／ドルよりも高くなる、低くなる、の2つの水準を定めるなどです。この因子別水準を組み合わせて（下欄では2×2の4つのケース）、事業環境シナリオを作成します。

次に、それぞれの事業環境シナリオが発生した場合の最適な戦略を考え、シナリオの発生確率も加味して、個別戦略を最適な戦略へ統合します。

ディシジョンツリーとリアルオプションを使う

経営戦略は単一である必要はありません。たとえば、特定の事業

シナリオプランニングの例

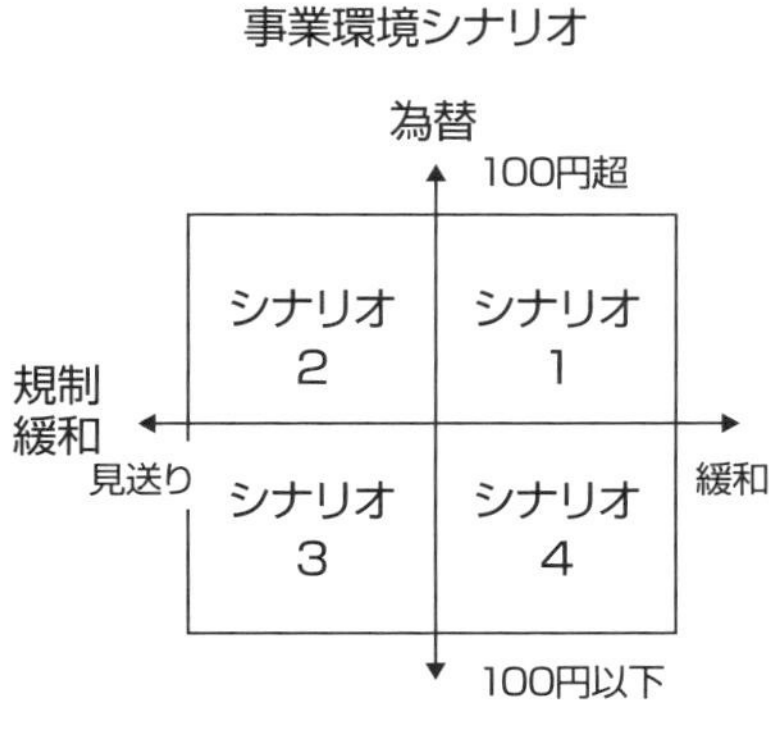

事業シナリオごとに戦略を作成する

事業環境	戦略
シナリオ1（50%）	A
シナリオ2（30%）	B
シナリオ3（15%）	C
シナリオ4（15%）	D

（　）はシナリオの発生確率

統合して戦略ロードマップを作成

環境因子の水準がAなら戦略は現状維持で、Bになったら戦略をこう変えるというものであっても結構です。

その表現方法として使われるのがディシジョンツリーです。

たとえば、特定の事業環境因子の水準がAの場合とBの場合で、枝が二股に分かれる樹形図を描きます。さらにAからA1、A2、A3などに分岐していきます。それぞれの分岐の発生確率とシナリオが発生した場合の対応策を樹形図に記しておきます。幹から末端の枝までの流れが事業環境シナリオとなります。

そのシナリオごとに対応策を記すことにより、樹形図全体が戦略を描写したものになります。さらに、それぞれの事業環境シナリオと対策ごとに収支予想を作成して、シナリオの発生確率を乗じて、合計し、ディシジョンツリー総体としての収益性、事業価値を算出します。

リアルオプションとは、戦略をテストマーケティングや、小規模設備投資などで〝刻み〟、事業価値を増加させる手法です。

刻んで事業を推進したあと、反応を見て追加投資を行うロードマップをディシジョンツリーで描きます。〝刻む〟ことにより、ダウンサイドリスク(損失を受ける可能性)を減少できるため、一か八かよりも事業価値を上げることが可能となります。

ディシジョンツリーで戦略を表わす

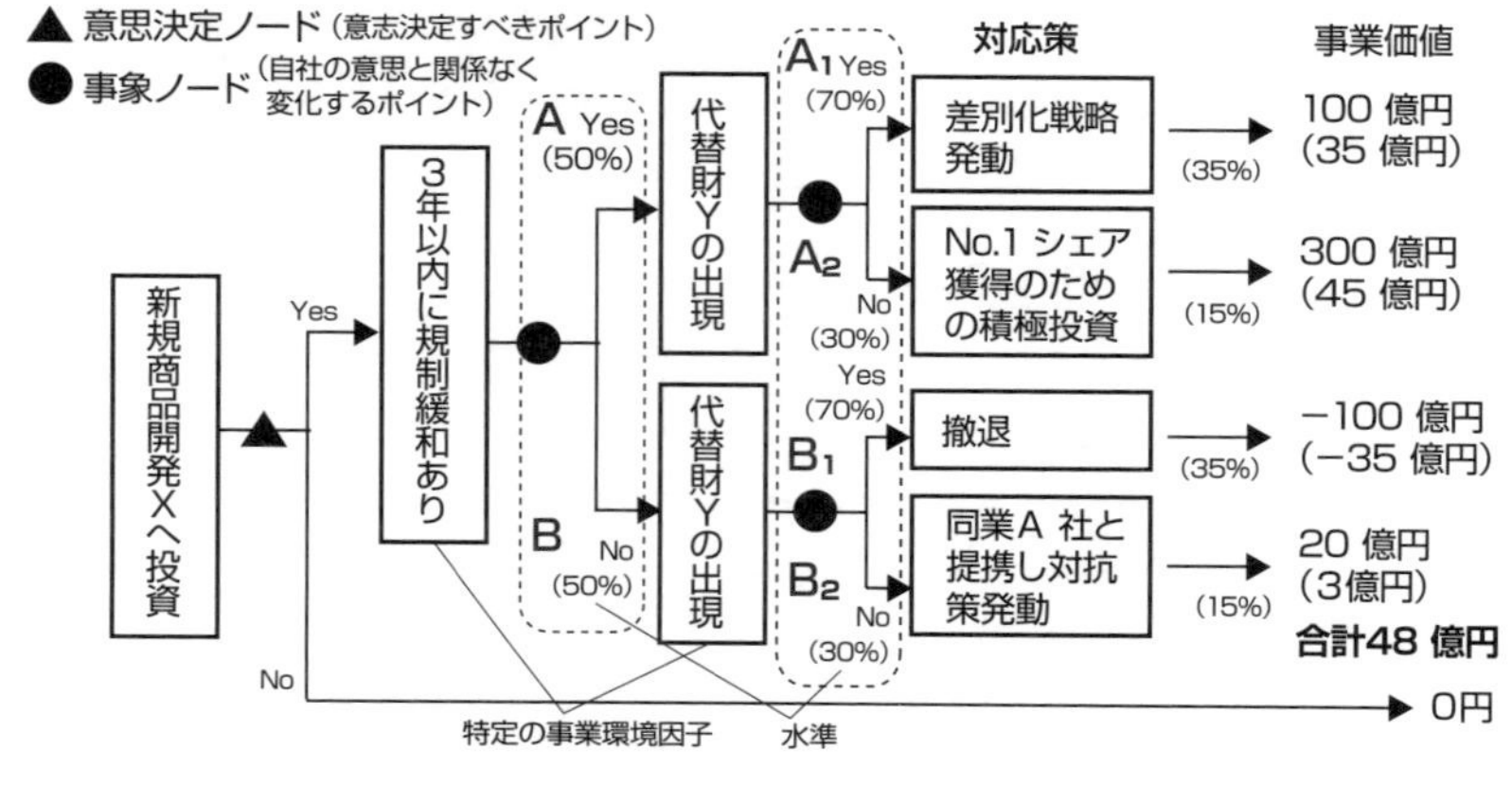

◎コンティンジェンシープランをつくる

事業環境シナリオの不確実性に対応するために、コンティンジェンシープランを作成しておく

ロードマップ

		2017	2018	2019	2020	2021
外部環境	規制					
	競合					
	顧客					
	供給者					
	代替材					
自社のビジネスモデル	外向きの戦略					
	内向きの戦略					

収支	収入					
	支出					
	収入－支出					
	累積キャッシュ					

ロードマップの通りにならない（＝不確実）

当然、収支予想も不確実

作成

コンティンジェンシープラン

1．シナリオプランニング

複数の事業環境シナリオを作成し、対応する個別戦略をつくり、最後に統合する

2．ディシジョンツリーとリアルオプション

事業環境の不確実性を「事象ノード」、意思決定オプションを「意思決定ノード」を用いて、樹形図で戦略の変化を描写。戦略を“刻む”ことによる事業価値の増加機会（リアルオプション機会）を探る

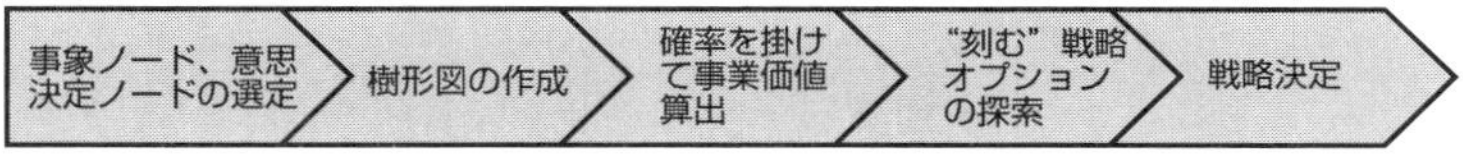

☞シナリオプランニング、ディシジョンツリーとリアルオプションは難度が高い戦略策定方法なので、「戦略は環境変化への対応策も考えておくべき」ということだけ頭に入れておいてください。

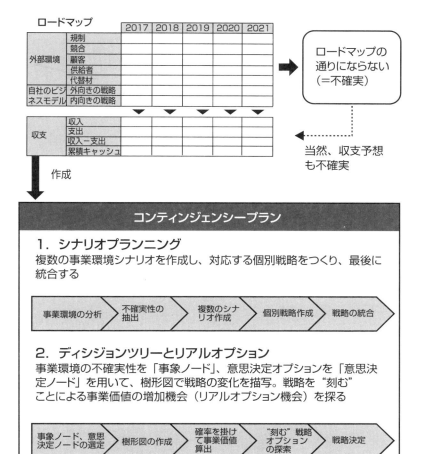

某サプリメントメーカーのロードマップ作成例

ロードマップのつくり方を事例で学習する

あるべき姿にどのように到達するか

某サプリメントメーカーが、タイムフレームが3〜5年の中期経営戦略を作成しようとしています。この会社の強みは錠剤型の美容サプリメントです。

当該事業は、現状かろうじて〝スター〟ですが、早晩、金のなる木、あるいは一気に負け犬に転落する様相を呈しています。

そこで、新規事業として、メタボリックシンドロームとその予備軍をターゲットとして、カロリー吸収を抑制する錠剤型サプリメントと、脂肪燃焼の促進効果がある健康飲料の製造・販売事業の検討に着手しました。

新規事業は、さらにＢｔｏＣ（Business to Consumer：消費者向け事業）と、

現状の課題

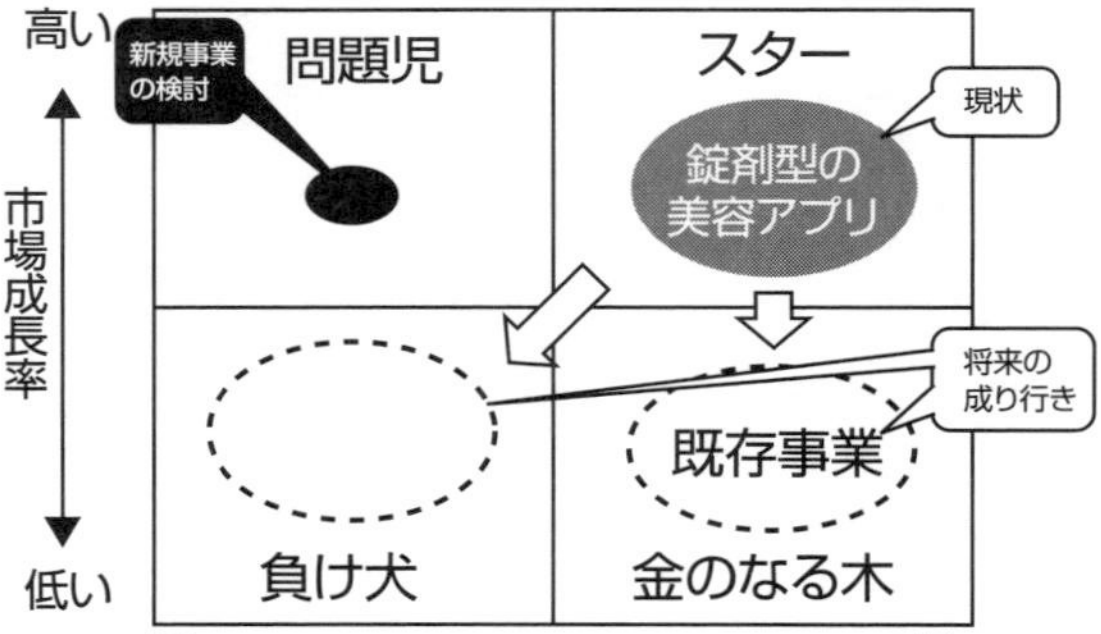

ＢｔｏＢｔｏＥ（Business to Business to Employee：会社の従業員向け事業）の市場に分けて検討することにしました。

ＢｔｏＣはこれまでの美容サプリの通販のノウハウがあるので、現状の外向きの戦略を焼き直すことにしました。

ＢｔｏＢｔｏＥは、このメーカーにとっては、新たな市場です。ターゲット企業とその企業の職域開拓のための営業方法を決める必要があります。チャネルは、医薬品の社内販売ルートに乗せるか、社内設置の自販機に割り込むか、売店、ネスカフェアンバサダー方式など多くの選択肢があります。

これら多数の戦略オプションの中から１つに絞り込むか、複数オプションを一気に実施するのかについて議論を重ね、ＢｔｏＢｔｏＥはフェーズド・アプローチ（１３０ページ）で〝刻み〟、ランチェスター戦略の弱者の戦い方（１３１ページ）で、自社と取引がある企業の職域に集中してビジネスモデルを徹底的に磨くことにしました。

あるべき姿からどのように発展するか

あるべき姿からの展開は、アンゾフの成長ベクトル（54ページ参照）を用いて、「既存顧客基盤を活用した新たな健康サービス」と「既存商品を活用した新たなチャネル開拓による職域の横展開」の２つの戦

新規事業の「戦略オプション」を考える

	ターゲット顧客	マーケティングミックス 商品	マーケティングミックス チャネル	業務モデル
B to C 消費者向け事業	メタボとその予備軍	・錠剤型サプリメント ・健康飲料	通販	既存の通販業務モデル
B to B to E 会社の従業員向け事業			・医薬品社内販売ルート ・自販機 ・売店 ・ネスカフェアンバサダー方式	自社営業マン、商品補充

略オプションを考えました。

新たな健康サービスについては、メタボ改善サプリメント事業のブランドを強みとして、当該職域から、健診データ、サプリ・飲料摂取実績、そのほかの健康関連データを収集し、個人別の健康プランをＷｅｂで提供する健康ＣＰＤ(Check, Plan, Do)サービスに発展させる予定です。

コンティンジェンシープランの作成

ＢｔｏＣは既存の強みが活用できますので、作成した戦略の確度はそれなりに高くなります。

しかし、ＢｔｏＢｔｏＥは、商品の生産技術はあるものの、新たな市場への参入になるため、思い通りにいかない場合のコンティンジェンシープランを、ディシジョンツリーで作成することにしました。

今から１・５年後を意思決定のタイミングとしてＢｔｏＢｔｏＥから撤退するか否か決定し、事業継続の場合はさらに１・５年後にＷｅｂシステムの機能拡張を行い積極的な横展開を行なうか否かを決定することにしました。

アンゾフの成長ベクトルで「展開オプション」を考える

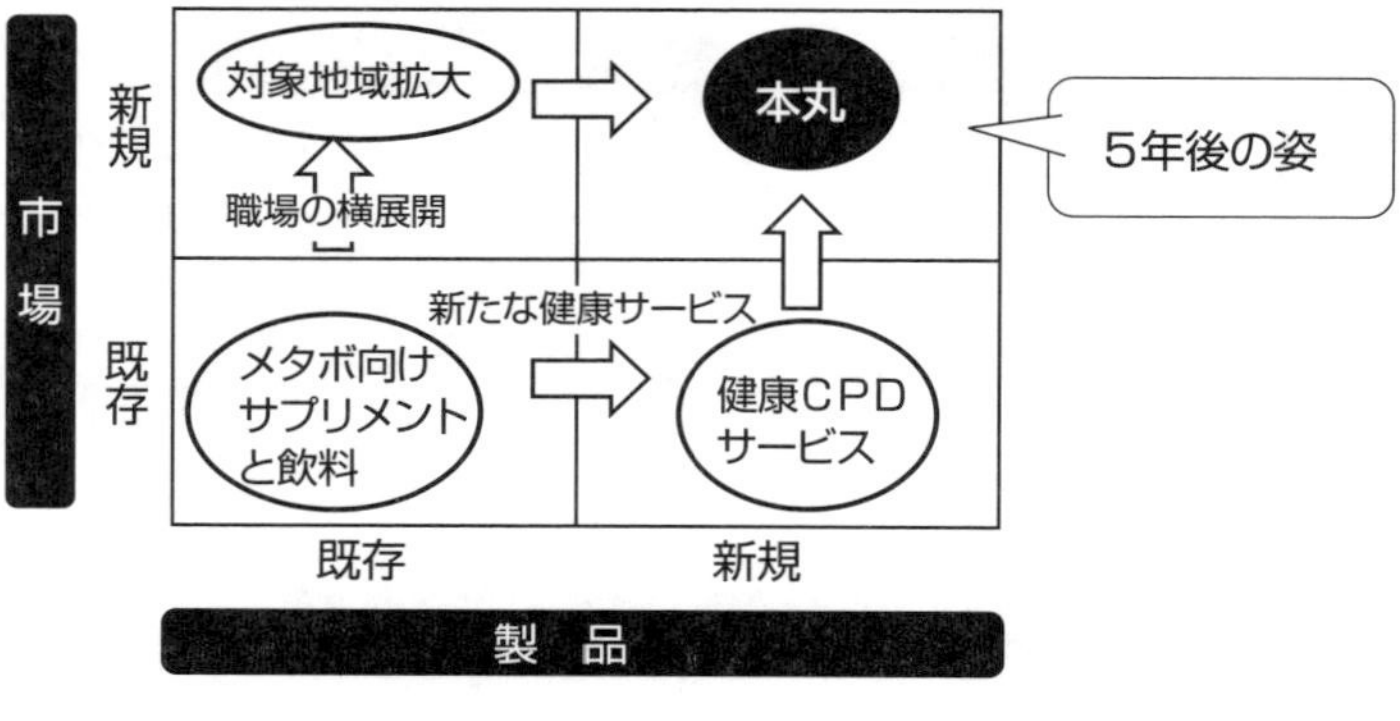

◎某サプリメントメーカーのロードマップ作成事例

論理的考察と多面的設計がポイント

使用した考え方　フェーズド・アプローチ　ランチェスター戦略　アンゾフの成長ベクトル

ロードマップ

ロードマップ	2017	2018	2019	2020	2021
外部環境					
自社のビジネスモデル／既存事業					
自社のビジネスモデル／新規事業／B to C					
自社のビジネスモデル／新規事業／B to B to E／外向きの戦略／ターゲット顧客	自社職域			＋他社職域	
自社のビジネスモデル／新規事業／B to B to E／外向きの戦略／商品	サプリメント	＋飲料		＋健康CPDサービス	
自社のビジネスモデル／新規事業／B to B to E／外向きの戦略／チャネル	・売店 ・医療品社内ルート	＋ ・自販機 ・アンバサダー			
自社のビジネスモデル／新規事業／B to B to E／内向きの戦略	・推進室設置			・事業部設置	

収支（億円）	2017	2018	2019	2020	2021
収入	0.2	1.0	2.0	10	50
支出	2	0.2	0.4	20	10
収入−支出	−1.8	0.8	1.6	−10	40
累積キャッシュ	−1.8	−1.0	0.6	−9.4	30.6

コンティンジェンシープラン

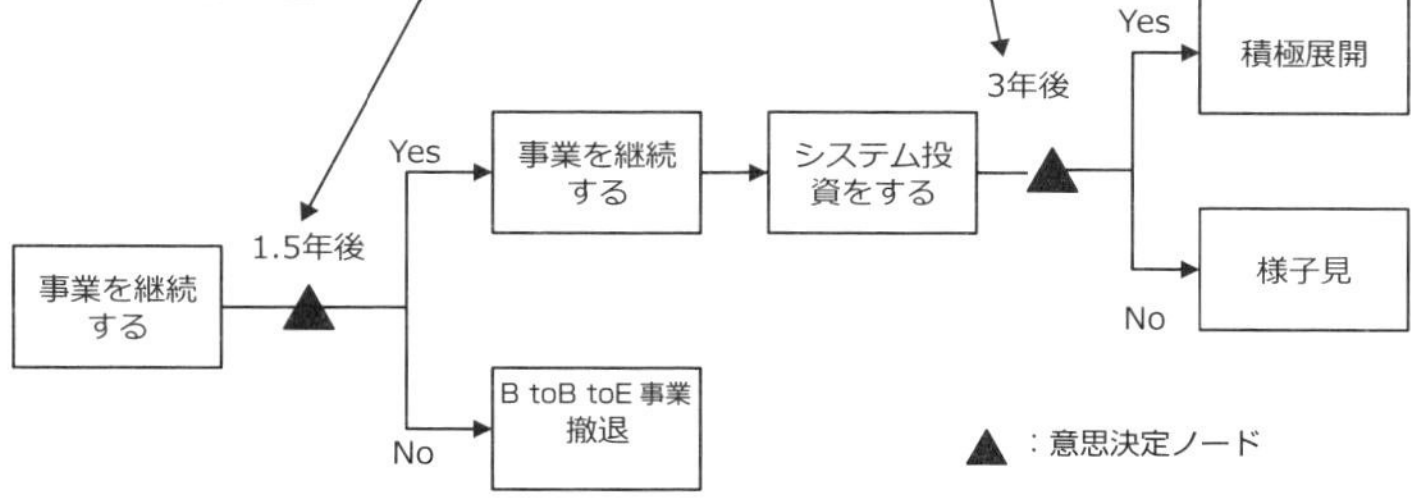

☞ここまで精緻に考えなくて結構です。
環境変化への対応策を自分なりに考えてみましょう。

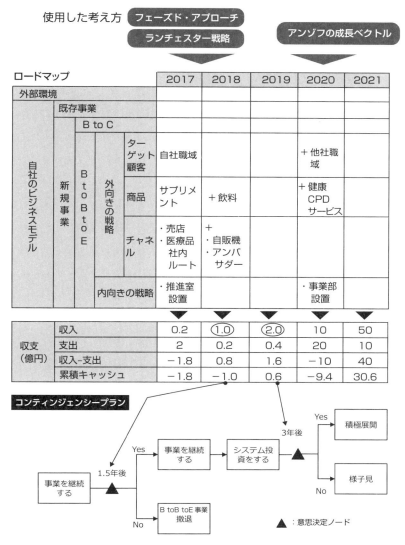

第 7 章

収支予想をつくる

外向きの戦略と内向きの戦略のロードマップを踏まえて、
収支予想と、資金調達計画を作成する

「収支予想」の基本を理解する

収支予想は将来のキャッシュを割り引いて合計する

外向きの戦略と内向きの戦略とそのロードマップを作成したら、次に経営戦略の社会インパクトを予想します。

戦略XとY、どちらを選ぶべきか

下欄の図は、小規模な自動車製造メーカーA社の利益予想です。

自動車業界では、ガソリン車に代わり、電気自動車、水素エネルギー車の開発が進み、自動運転も現実のものとなりつつあります。

A社は、この事業環境を踏まえて、よりターゲットを明確にした、特徴あるガソリン車の開発・製造を行う戦略Xと、自動運転・電気自動車に事業ドメインをシフトする戦略Yを策定しました。

戦略Xは、事業開始から2年間は赤字ですが赤字幅が小さく、3

自動車メーカーA社の利益予想（損益計算書ベース）

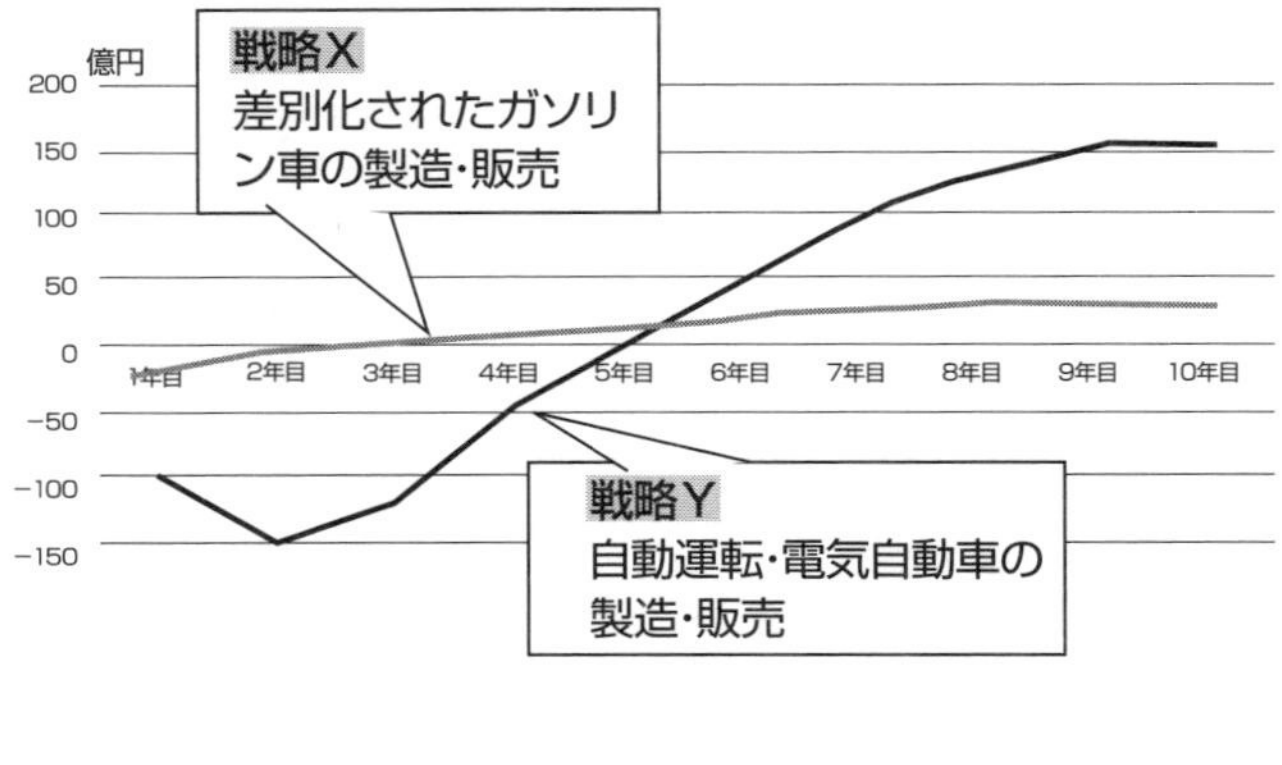

年目に単年度黒字となり、その後は安定して利益を稼げます。戦略Yは事業開始から4年間は赤字で、5年目に単年度黒字となり、その後急速に利益が増えます。

さて、どちらの戦略を選択すべきでしょうか？

利益ではなく、キャッシュで考える

損益計算作成のルールでは、設備投資に多額の現金を支払っても、その一部しか費用に計上されません。また現金が回収されていなくとも、売上になってしまいます。さらに損益計算作成のルールは各国で異なります。

そこで、収支予想はキャッシュフローを必須として、損益計算書、貸借対照表は必要に応じて作成します。

DCF法で将来のキャッシュを割り引いて合計する

将来のキャッシュを合計する手法として、DCF(Discounted Cash Flow)法が一般的に用いられています。

DCF法では、戦略XとYの税引き後純利益の予想を、株主・債権者へリターン(配当金、金利など)を支払う前の、税引き後キャッシュ(フリーキャッシュフロー)の予想に修正します。

そして、各年度のフリーキャッシュフローを株主・債権者がそれぞれ求めるリターン率の加重平均値(割引率)で割って、各年度を合計しNPV(Net Present Value：正味現在価値)として戦略XとYを評価する指標とします。

割引率は有利子負債の金利は経費となり節税効果がありますので、その分金利を減じて計算します。また複利で計算することになりますので、将来のフリーキャッシュは大きく減じられます。

累積の事業価値では、戦略Yに軍配

戦略Xと戦略Yのどちらの戦略が優れているかは、次ページ図のようになります。

10年累積の事業価値は戦略Xが79億円、戦略Yが9億円ですが、それ以降の事業価値を足すと戦略Yが逆転し、戦略Yに軍配が上がります。

ただし10年以上先はフリーキャッシュフローの不確実性が増すために、10年より先はカウントしないなど、各社独自のルールを定めることが多いのが実情です。

フリーキャッシュフローの会計利益指標

フリーキャッシュフローを割り引いて合算する指標は、ＤＣＦ法のほかＥＶＡ(経済付加価値)、ＡＰＶ法（借入のキャッシュフローを別に計算して引く）などがある。ＤＣＦ法では、フリーキャッシュフローの合計期間を決める必要がある。

事業価値や企業価値を算出する場合は永久、事業戦略を評価する場合は 10 年程度が一般的。事業戦略の評価は、10 年を超えると事業環境が変化し、戦略が陳腐化して利益がゼロとなるという考え方に基づく。

また、エクセルなどの表計算ソフトには、ＤＣＦ法を自動で計算するＮＰＶ関数がある。

◎自動車メーカーA社の、2つの戦略をDCF法で比べてみる

戦略X ➡ 差別化されたガソリン自動車の製造・販売

戦略Y ➡ 自動運転、電気自動車の製造・販売

	フリーキャッシュフロー X戦略	フリーキャッシュフロー Y戦略	割引係数（複利計算）	NPV X戦略	NPV Y戦略
1年目	-20	-100	1.05	-19	-95
2年目	-5	-150	1.1025	-5	-136
3年目	0	-120	1.15763	0	-104
4年目	5	-50	1.21551	4	-41
5年目	10	0	1.27628	8	0
6年目	20	50	1.3401	15	37
7年目	25	100	1.4071	18	71
8年目	30	130	1.47746	20	88
9年目	30	150	1.55133	19	97
10年目	30	150	1.62889	18	92
合計	125	160	割引率5％	79	9
			10年目以降※（残存価値）	368	1,842
			事業価値	447	1,851

＊成長率「0」で残存価値を算出

仮に損益計算書の利益＝フリーキャッシュフローとして、年度末に一度にキャッシュが動くと仮定すると、10年累積のNPVは戦略Xが79億円、戦略Yが9億円。それ以降の残存価値を足すと、戦略Yが逆転する

DCF法による算出法

企業価値＝個別事業価値の合計

事業価値 ＝(ある事業から得られるフリーキャッシュフローの現在価値)

$$= \frac{\text{投資1年後のキャッシュフロー}(CF_1)}{\text{投資1年後の割引率}(1+r)} + \frac{CF_2}{(1+r)^2} + \frac{CF_3}{(1+r)^3} + \cdots\cdots \left[\sum_{n\text{-}a}^{n} \frac{CF_n}{(1+r)^n}\right]$$

—(ある事業に要する投資額の現在価値)

CF_n：n年度のキャッシュフロー　r：割引率（有利子負債と株主資本の加重平均で計算したリターン率。有利子負債の金利は経費となり減税効果があるので、その金利を減じて計算する）

☞経理や財務のプロでない方は、単純にフリーキャッシュフローを合計すればよいでしょう。金利が低い間は判断を大きく誤ることはないと思います。または営業利益の合計での比較や、投資を回収するペイバック期間なども「当たらずとも遠からず」です。気楽に行きましょう。

収支KPIモデルで戦略と収支予想をつなぐ

戦略のファクト（裏づけ）と対応させる

収支を合わせる〝悪業〟

「前年度比売上10％アップ、コスト5％ダウンを達成しろ」と、経営トップから号令が出て、それを〝神の声〟として収支予想をつくる光景をよく見かけます。目標の設定は悪いことではありませんが、それに合わせた収支予想の作成は意味がないだけでなく、課題を見えなくしてしまいます。そこで、収支KPIモデルによって戦略と収支予想をつなぎ、収支の実績を戦略へフィードバックし、必要に応じて戦略を修正するPDCAサイクルを回します。

「収支KPIモデル」をつくる

収支KPIモデルとは会計利益をKPI（結果計測指標）に分解し、

用語解説

戦略のファクト(Fact)とは？

戦略はCRFでまとめる。CRFとは、Conclusion（結論）、Reason（理由）、ファクト（裏づけ）の頭文字をとったもの。

事業戦略、経営戦略における Conclusion とは、外向きの戦略と内向きの戦略のこと。

Reason は、Conclusion に対する Why（なぜ？）。大きな未充足ニーズがあり、競争優位性が構築可能であることがWhy になる。類似事業がないブルーオーシャン戦略では、利益が出るのかも Why に入れる。

Fact は、Reason の裏づけであり、証拠となる定量的な分析結果と、Why の合理性を示す定性的な分析結果の２種類がある。

四則演算の方程式であらわしたものです。

たとえば、次のような収支KPIモデルを作成します。

■フリーキャッシュフロー＝（収入－支出）×（1－実効税率*）

■収入＝市場全体の顧客数×自社のシェア×製品単価

■支出＝（顧客1人獲得販促費＋製品原価＋顧客1人当たり一般管理費）×獲得顧客数＋固定費＋運転資本の増減＋設備投資

などのKPIにブレークダウンします。

収支KPIモデルとファクトを対応させる

次に、収支KPIモデルを戦略のファクトと対応させせます。

各KPIと対応するファクトの例示は次の通りです。

① 市場全体の顧客数

政府が公表する統計データなどを用いて、現在から将来にわたるターゲット顧客数を予想します。

② 自社のシェア

マーケティングミックス（商品・サービス、価格、チャネル、プロモーション（広告・販促））を設計し、顧客アンケート調査を実施します。そして、「確実に購入する」と回答した人の割合を自社のシェアとします。

＊実効税率とは、法人の実質的な所得税負担率であり、法人税、住民税および事業税の所得に対する税率を合計したもの。

③　製品単価

アンケート調査等で最適価格を推定します。

④　顧客1人獲得販促費

外向きの戦略のチャネル、プロモーションと、内向きの戦略の顧客接点および営業の業務プロセスから顧客を1人獲得するためにかかる販促費（顧客1人獲得販促費）を計算します。

⑤　製造原価

あるべき業務フローを描き、工数、人件費単価、ICT（情報通信技術）コスト、原材料費と原単位（1単価の製品を生産するのに必要な原材料の量）、経費、歩留まり、スクラップ単価などのKPIを算出し、製品1個当たりの製造原価に組み上げます。

⑥　顧客1人当たり一般管理費

内向きの戦略から一般管理費を計算します。変動費と固定費に分け、変動費は、コストドライバー（従業員数、商品カテゴリー数、オフィス面積など、コストが何により変動するかの〝何〟を指す）を明確にします。

想定した売上と、コストの積み上げを突合して十分な利益が出ない場合は、外向きの戦略、内向きの戦略を変更し、再度、コンセプトテストを実施するサイクルを回します。

用語解説

製品単価を決める高度テクニック

製品単価を決める高度テクニックにＰＳＭ分析がある。ＰＳＭとは、Price Sensitivity Measurement の頭文字をとったもので、ある製品やサービスについて、次の４つの質問をし、やや難解な計算をすることで「理想価格」を導き出す。

- 質問１　いくらから高いと感じ始めるか？
- 質問２　いくらから安いと感じ始めるか？
- 質問３　いくらから高すぎて買えないと感じ始めるか？
- 質問４　いくらから安すぎて品質に問題があるのではないかと感じ始めるか？

◎戦略と収支予想をつなぐＫＰＩモデル

収支 KPI モデルにより戦略と収支予想をつなぎ、結果を戦略へフィードバックする PDCA サイクルを回す

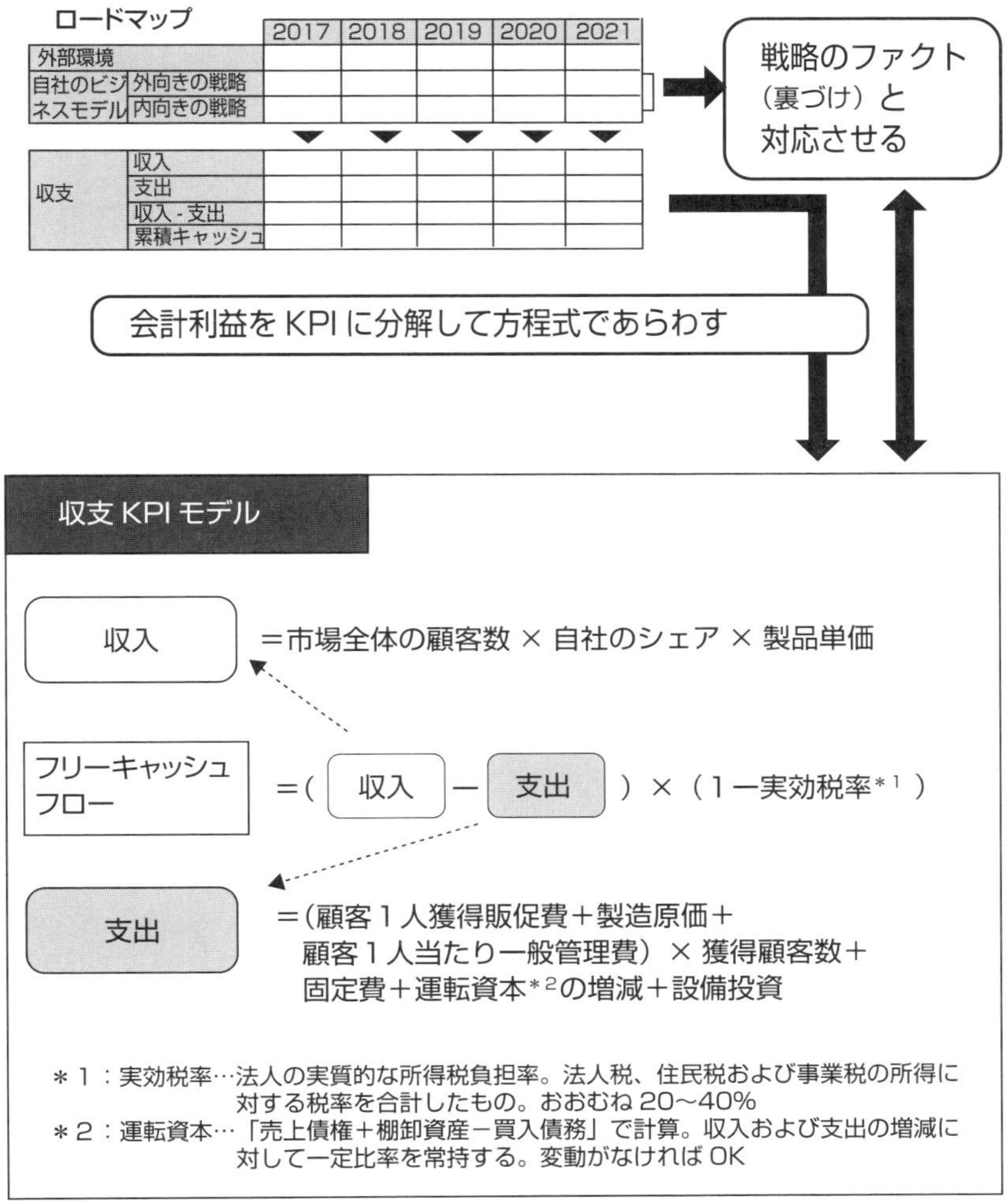

☞難しく考えないで「収入と支出を戦略のファクトとつないでみましょう」ということ。正解はないので自分流でどうぞ。

事業部別の収支予想を合算して「全社の収支予想」をつくる

安全性、収益性、企業価値分析で最終チェック

事業部別収支予想を作成する

収支KPIモデルができたら、収支予想を作成します。

戦略のロードマップに描かれる外向きの戦略、内向きの戦略の経年変化に対応して、収支KPIモデルのKPI値を変えていきます。その値を、収支KPIモデルの方程式を埋め込んだ表計算ソフトなどの収支予想シートに入れて、時系列の収支予想を作成します。収支予想は、収支KPIモデルと事業戦略と共に、事業部から本部に提出させます。

本部は、収支予想が正しいか否かはもちろん、収支予想と事業戦略の整合性をチェックし、問題がある場合には、事業部に指摘して、修正したものを再提出させます。

全社の収支予想をつくる

事業部の収支予想は、スタッフ部門の収支予想と合算して全社の収支予想に組み上げます。収支KPIモデルのKPI項目と一部のKPIの値については、予め本部から各部署に指示を出します。たとえば、本部費用やオフィス費用の部署別負担割合、役職別人件費単価、DCF法で事業価値を算出する場合は、フリーキャッシュフローの割引率、海外取引がある場合は想定為替レートなどです。

そして、組み上げられた全社の収支予想は、次の観点からチェックして、資金調達計画の作成、事業ポートフォリオの見直し、事業別投資額の修正などを行います。

安全性、収益性、企業価値をチェック

組み上がった収支予想は、次の3方向からチェックを行います。

① 安全性のチェック

●インタレスト・カバレッジ・レシオ
＝（営業利益＋受取利息・受取配当金）÷支払利息

●流動比率＝流動資産÷流動負債

●デット・エクイティ・レシオ＝有利子負債÷自己資本

安全性をチェックするための財務指標

インタレスト・カバレッジ・レシオ ＝ 営業利益＋受取利息・受取配当金 / 支払利息

▶借入金などの利息の支払い能力をはかる指標。高いほどよい

流動比率 ＝ 流動資産 / 流動負債

▶企業の短期的な支払い能力をはかる指標。高いほどよい

デッド・エクイティ・レシオ ＝ 有利子負債 / 自己資本

▶企業の資金源泉のうち自己資本に対する負債の割合。
借入金利の節税効果を考慮に入れた最適割合を目指す

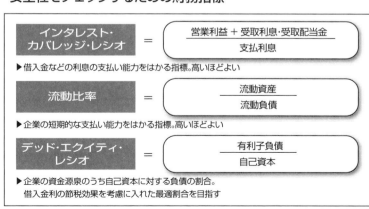

② 収益性のチェック

●**売上高営業利益率**＝営業利益÷売上高

●**ROA**（Return On Assets）＝利益÷総資産

☆利益は経常利益、金利支払前経常利益、当期純利益など

●**ROE**（Return On Equity）＝当期純利益÷自己資本

③ 企業価値分析

DCF法をもとに算出される事業価値を合計し、企業価値を算出します。企業価値から負債を引くと株主価値（株主に帰属する企業価値）になり、発行済み株式数で割り返すと理論株価（理論的に計算した本来あるべき株価）となります。

上場している会社は、時価総額とDCF法による株主価値、株価と理論株価を比較し、マーケットの評価と実態のギャップの原因を分析し、戦略へフィードバックします。

●**企業価値**＝個別事業価値の合計＝株主価値＋金融債権者価値

●**実勢株価乖離《かいり》率**＝実勢株価÷理論株価

☆理論株価＝株主価値÷発行済み株式数

●**PER**（Price Earnings Ratio）＝実勢株価÷1株当たり利益

☆1株当たり利益＝税引き後の利益÷発行済株式数

収益性をチェックするための財務指標

売上高営業利益率 ＝ 営業利益 / 売上高

▶企業の本業における収益力を見る指標。高いほどよい

ROA（総資産利益率）＝ 利益 / 総資産

▶総資産がどの程度効率的に使われているかを見る指標。高いほどよい

ROE（株主資本利益率）＝ 当期純利益 / 自己資本

▶株主資本がどの程度効率的に使われているかを見る指標。高いほどよい

◎収支予想のつくり方

事業部、スタッフ部門は収支ＫＰＩモデルを用い収支予想を作成し、本部に提出する。本部はそれをもとに全社収支予想をつくり、安全性、収益性をチェックし、企業価値分析を行う

収支 KPI モデル

収入 KPI

市場全体の顧客数	
自社のシェア	
製品単価	

支出 KPI

顧客１人獲得販促費	
製造原価	
顧客１人当たり一般管理費	
獲得顧客数	
固定費	
運転資本の増減	
設備投資	

収支予想

	2017	2018	2019	…
収　入				
支　出				
収入－支出				
フリーキャッシュフロー				
割引後フリーキャッシュフロー				

NPV（正味現在価値）	

↓

事業部収支予想　／　スタッフ部門収支予想

↓ 合算

全社収支予想

↓ チェック

①安全性
- ■インタレスト・カバレッジ・レシオ
- ■流動比率
- ■デット・エクイティ・レシオ

②収益性
- ■売上高営業利益率
- ■ＲＯＡ
- ■ＲＯＥ

③企業価値分析
- ■企業価値
- ■実勢株価乖離率
- ■ＰＥＲ

☞経理や財務のプロでない方はあまり関係ないかもしれません。営業の方は取引先や競合他社の財務分析に使ってみてください。

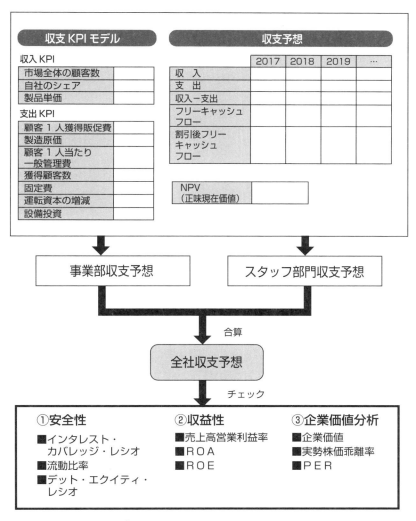

収支予想は当たらない。必ず「感度分析」を行う

ケース作成とブレークイーブン分析の解説

収支の変化をシミュレーションする

収支KPIモデルのKPIの振れ幅により、収支がどう変化するかをシミュレーションすることを感度分析といいます。

感度分析は、一般的に、期待ケース、楽観ケース、悲観ケースの3ケースを想定し、収支予想を3通り作成することが多いようです。

ただし、注意しなければならないのが、楽観とは何で、悲観とは何か、ケースの前提を明確にすることです。たとえば、KPIがよい方向に振れる確率と悪い方向に振れる確率を、「上振れ、下振れ各34%」とするなど、楽観ケース、悲観ケースで使用するKPI値の振れ幅の大きさを決めなければなりません。

その際、想像しやすいKPI例で、「上振れ、下振れ各34%」とはど

感度分析は楽観、期待、悲観の3 ケースで行う

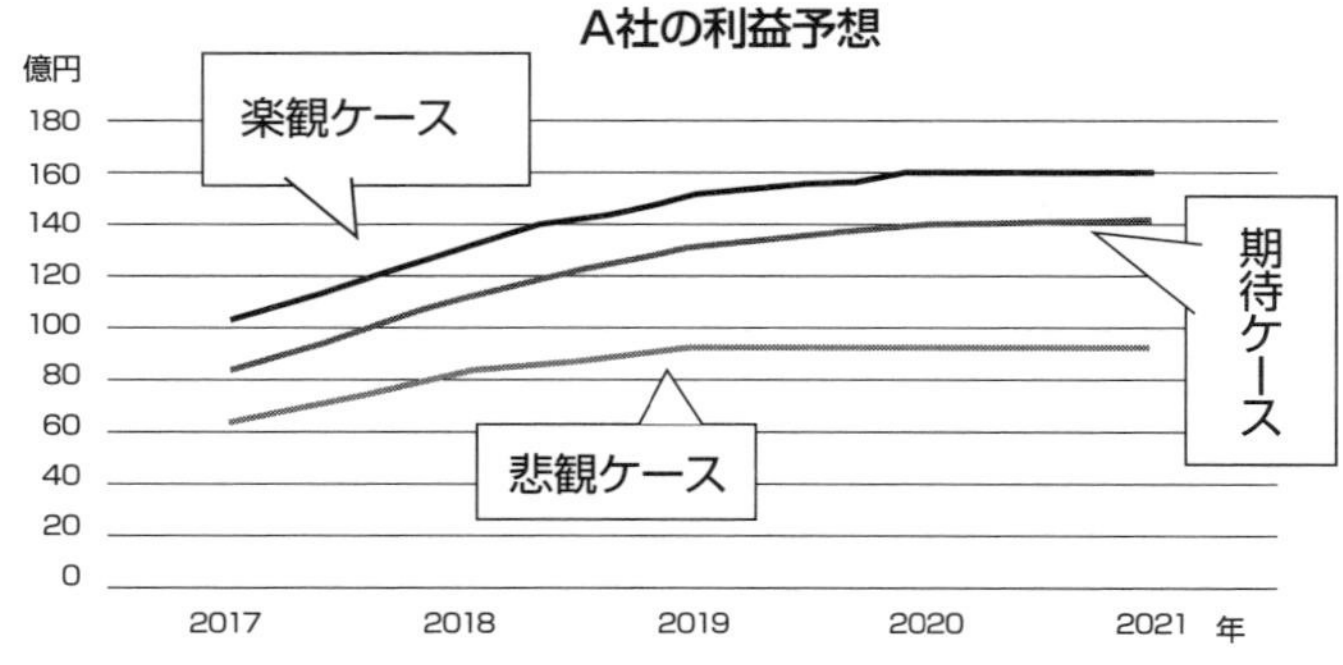

のレベルなのか確認したうえで、各ＫＰＩの楽観ケース、悲観ケースの設定を行います。また１人で行うよりも、関係部署、場合によっては外部を含め、デルファイ法（下欄参照）などを用いて設定します。

また各部署から関連するＫＰＩの期待ケース、楽観ケース、悲観ケースのＫＰＩ値を提示させ、その値にコミットしてもらうこともあります。

そのＫＰＩ値を部署評価、人事評価制度の評価に使うと、担当部署は、保守的なＫＰＩ値を提示するので、本部からたたき台としてＫＰＩ値を提示し、何度かやり取りを行う方法をお勧めします。

ＫＰＩ間の相関をチェックする

あるＫＰＩは別のＫＰＩと独立しているのか、それとも相関しているのか？　相関しているとすると、それは正の相関なのか、負の相関なのかを見きわめる必要があります。

独立している場合は、すべてのＫＰＩが楽観ケースに振れる、あるいは逆に、悲観ケースに振れる確率は少ないはずです。そこで、ＫＰＩがたとえば上振れ34％、下振れ34％を想定する場合は、すべてのＫＰＩを楽観ケース、悲観ケースの値にしてはなりません。

用語解説　デルファイ法とは？

デルファイ法とは、集団の意見や知見を集約し、統一的な見解を得る手法の1つ。下のステップ１～３までを何度か繰り返すことにより、ある程度収束した組織的な見解を得ることを目指す方法。

ステップ１　対象のテーマや設問について参加者に個別に回答してもらう

ステップ２　得られた結果をフィードバックしてほかの参加者の回答結果と自分の回答を比較検討してもらう

ステップ３　再度同じテーマについて回答してもらう

主要なKPIを1つずつ選定し、利益への影響(利益の振れ幅)を示します。あるいは、主要なKPIを複数選定し、セットとして楽観ケース、悲観ケースをつくる方法もあります。

また、表計算ソフトのシートの各セルの数字に確率分布を設定し、各セル同士の相関係数も定義できるモンテカルロシミュレーションソフトを使用する場合もあります。

ブレークイーブン(損益分岐点)分析をする

個別の事業戦略について、主要KPIがどれだけ下振れしたら、その戦略をNo goとするか、あるいは逆に、どれだけ上振れしたら戦略がGoとなるかの分析を行うことを、ブレークイーブン(損益分岐点)分析といいます。

たとえば、3年で単年度黒字にするためには、3年間の合計販売数量はいくつ以上であるべきか、5年で累積損失一掃のためには合計販売数量はいくつ以上であるべきか、あるいは、想定した固定費、限界利益単価(=販売単価−変動費単価)で利益を出すためには、月間何個の販売が必要であるかなどのシミュレーションを行います。

そして、その実現確率から、戦略のGo、No goを判断します。

ブレークイーブン分析で戦略のGo、No go を決める

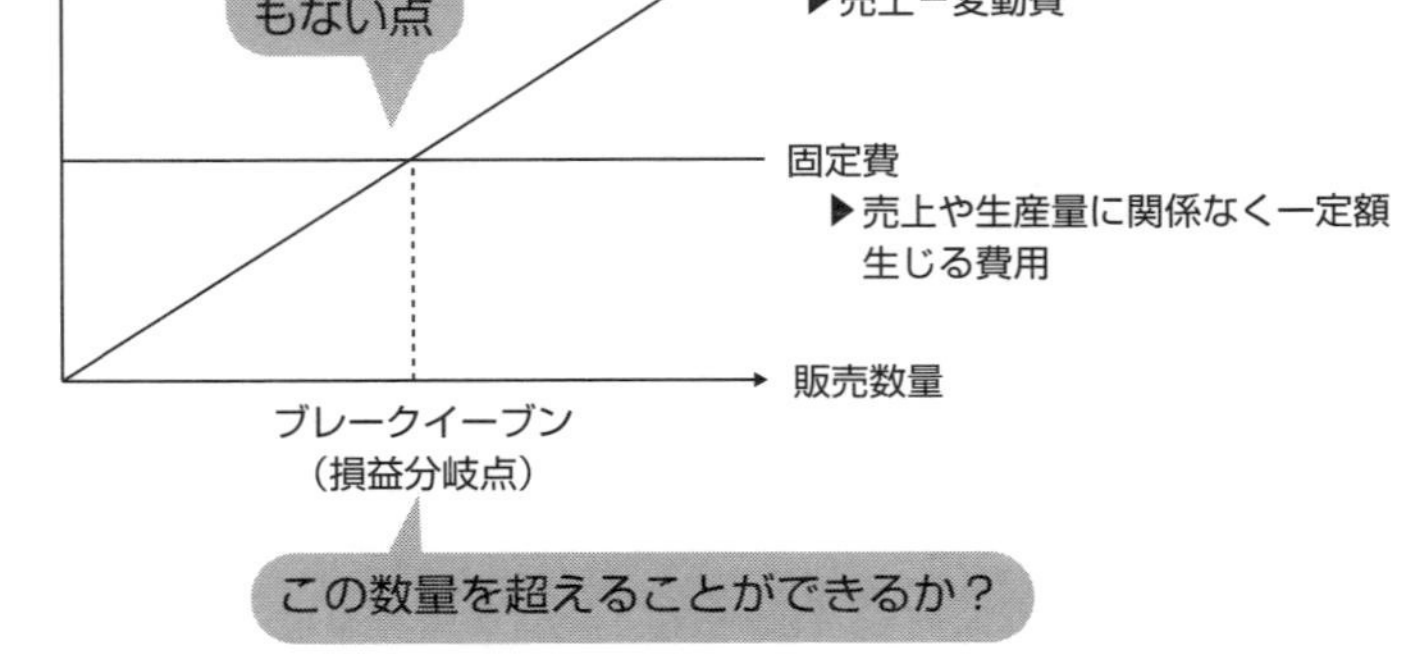

◎収支の変化をシミュレーションする

収支予想は当たらない。必ず感度分析を行う

不確実性がある

収支予想

ロードマップ

		2017	2018	2019	2020	2021
外部環境						
自社のビジネスモデル	外向きの戦略					
	内向きの戦略					

収支	収入					
	支出					
	収入 - 支出					
	累積キャッシュ					

感度分析

楽観・期待・悲観の3ケースを作成して分析

収入 KPI

	2017	2018	2019	2020	2021
市場全体の顧客数					
自社のシェア					
製品単価					

支出 KPI

顧客1人獲得販促費					
製造原価					
顧客1人当たり一般管理費					
獲得顧客数					
固定費					
運転資本の増減					
設備投資					

楽観ケース

期待ケース

悲観ケース

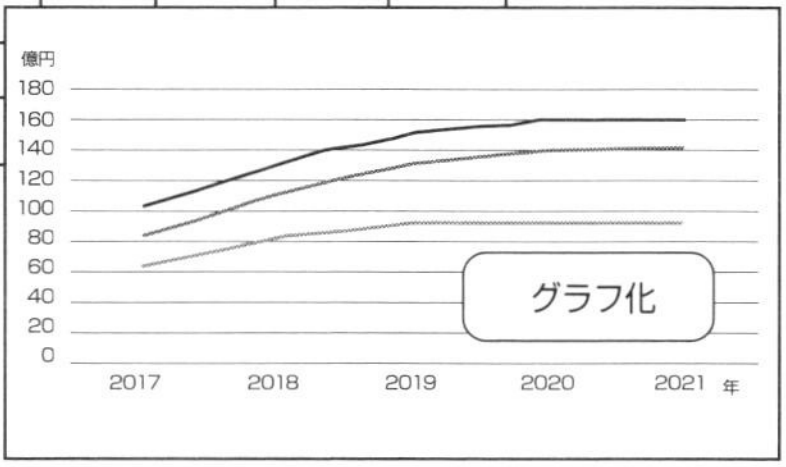

ブレークイーブン分析

個別の戦略について、Go か No go かを決めるための分析

☞感度分析とは収支予想の振れ幅の描写です。収支予想の際は感度分析を忘れずに！

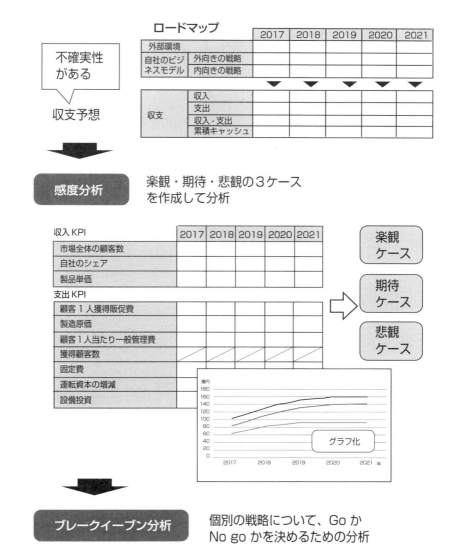

キャッシュフローを予測して「資金調達計画」を立てる

誰から、どの方法で、いつ、いくら調達するか

資金調達計画とは、必要資金を、誰から、どのような方法で、いつ、いくらで、調達するか、計画を立てることです。

資金調達計画を立てるためにはキャッシュフローを予想しなければなりません。キャッシュが不足してしまうと会社は倒産ですから、ある一定水準のキャッシュを保有しておくことが必要です。

悲観ケースに耐えうるキャッシュを準備

その水準とは、たとえば営業利益に受取利息・受取配当金を足した事業利益を借入金の利息で割ったインタレスト・カバレッジ・レシオが3倍以上とか、流動資産を流動負債で割った流動比率が2倍以上などです。収支予想は当てになりませんので、下振れする悲観ケースにも耐えるキャッシュを準備しておく必要があります。

キャッシュフロー予測から資金調達計画を立てる

		2017	2018	2019	2020	…
収入		100	100	100	100	…
支出		150	150	50	50	…
収入－支出		－50	－50	50	50	…
キャッシュ	期首	50	0	－50	0	…
	期末	0	－50	0	50	…

資金調達計画		80	20	0	0	…
キャッシュ	期首	50	80	50	100	…
	期末	80	50	100	150	…

資金不足が予測されるので、それに対応できる資金調達計画を立てる

資金調達手段を考える

資金調達手段は、借入と株主からの出資に大別されます。借入は、さらに銀行からの借入、社債の発行による企業や個人からの借入に分かれます。そのほか、資産の売却、リース、クラウドファンディング（不特定多数の人から通常インターネットを通じて出資や資金を募る）もあわせて検討します。借入は、負債であるため、返済義務があります。

株主からの出資に対しては配当で報います。配当は義務ではありませんが、株主は会社の経営に関する権利をもちます。期待にそむく経営を行った場合は取締役が解任されることになります。

また借入の支払い金利は経費として計上できますので、節税効果があります。一方、株主への配当は税引き後利益から充てられるので、経費とはならず、節税効果はありません。配当は借入金利を支払った税引き後利益が出ないと支払われないので、当然借入金利よりも高いリターンを要求することになります。

これらの留意点を踏まえて、適切な資金調達計画を立てます。

資本政策を考える

株主からの出資を受ける際に、注意すべき点は出資比率です。

株主の出資比率が3分の1以上あれば、株主に特別決議拒否権が

資金調達手段は？

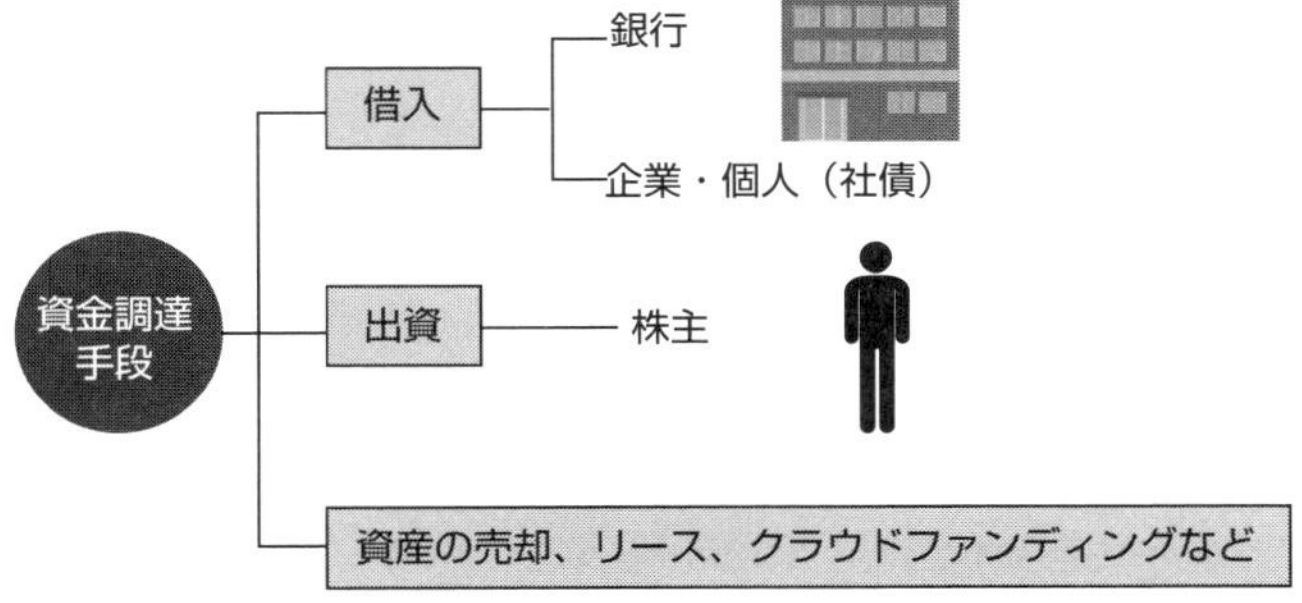

与えられるので、株主は会社経営の重要事項に関与できます。

出資比率が２分の１以上あれば、さらに取締役・監査役・会計監査人の選任権と会計計算書類の承認権限が与えられ、事実上会社を支配することができます。

出資比率が３分の２を超えると、取締役の解任、定款の変更、営業譲渡・譲受・解散・合併などの会社の処分が自由にでき、法律上のすべての権限が付与されます。

こうした点を検討したうえで、資本政策を考えます。

次に、誰に出資してもらうかですが、顧客、取引銀行、信頼のおける役員など、会社の方針に賛同してもらえる株主、長期に株を保有してくれる株主を選ぶとよいです。

いくらで買ってもらうかは、ＤＣＦ法により計算される株主価値を発行株式数で割った理論株価で買ってもらうのが公平です。

ただし、ＤＣＦ法のベースとなるキャッシュフローの予想の振れ幅が大きい場合は、純資産をベースにしたり、類似業種を参考にしたり、ＰＥＲの倍率で計算したりします。また相手があることですから、相対《あいたい》での交渉で決まることとなります。

出資比率と株主の権利に気をつける

出資比率	株主の権利
3分の1以上	特別決議拒否権が与えられる。 経営陣が、経営の重要事項を勝手に決め、暴走することを防ぐことが可能
2分の1以上	取締役、監査役、会計監査人の選任権と会計計算書類の承認権限が与えられる。 事実上、会社を支配することが可能
3分の2以上	取締役の解任、定款の変更、営業譲渡・譲受、解散・合併などの会社の処分が自由にできる。 法律上のすべての権限が付与される

◎資金調達計画を立てる

誰から、どのような方法で、いつ、いくら調達するかを設計する

ロードマップ

		2017	2018	2019	2020	2021
外部環境	規制	…	…	…	…	…
	競合	…	…	…	…	…
	顧客	…	…	…	…	…
	サプライヤー	…	…	…	…	…
	代替財	…	…	…	…	…
自社のビジネスモデル	外向きの戦略	…	…	…	…	…
	内向きの戦略	…	…	…	…	…
収支	収入	100	110	115	120	125
	支出	150	130	100	100	100
	収入ー支出	-50	-20	15	20	25
	累積キャッシュフロー	-50	-70	-55	-35	-10
資金調達計画	銀行から借入	50	-8	-8	-8	-8
	社債発行	20	0	0	0	-21
	出資の受け入れ	0	30	0	0	0
	その他	0	0	0	0	0
	合計	70	22	-8	-8	-29
期末手元資金		40	42	49	61	57

資金調達の手段		メリットとデメリット
借入	銀行	＋　節税効果あり ー　返済義務あり
	企業・個人（社債）	同上
出資		＋　返済義務なし ー　出資比率に応じた権利の付与 ー　節税効果なし
その他（資産の売却、リース、クラウドファンディングなど）		（資産売却の場合） ＋　返済義務なし ー　売却益に対する課税 ー　買い叩かれるおそれ

☞経営の基礎知識として資金調達のメリット・デメリットを理解しておきましょう。

収支予想の新たな潮流を知っておく

会計利益指標の限界とCSV指標の出現

会計利益指標の限界

「会社の使命は株主の利益の最大化にある」

経営学では当たり前の常識として教えられてきました。

しかし、株主のために会計利益を上げることが、本当に社会を幸せにしているのか？　会計利益以外の、あるべき会社の業績評価指標、戦略の社会的インパクトの計測指標があるのではないか？

クエスチョンマークが頭の中にいくつも浮かびます。

「企業」は社会の幸せをつくる分業の一形態

その答えを見つけるべく、古《いにしえ》の時代にタイムスリップして「企業」という概念ができるまでの流れを追ってみましょう。

家を建てる、狩りに行く、魚を捕りに行く、お米をつくり、野菜をつくり、水を汲みに行く、綿をつむいで衣服をつくり、子どもの世話をする、これらを世帯ごとに自給自足で行うことは可能です。

しかし我々の祖先は、世帯が集まり、分業をすることによって、より少ない苦労で、より多くの幸せが得られることを発見しました。

その後、貨幣、市場などの仕組みが発明され、高度な分業が可能となり、社会にはさらに多くの幸せがもたらされました。

つまり、企業とは、「ほかの分業チームよりも大きな幸せを、より少ない苦労で提供すべく戦略を立て、実行すること」を目的とした社会の分業形態の一つにすぎません。

CSV（社会的価値の創造）で企業を評価する

最近注目されている企業戦略に、CSV（Creating Shared Value：社会的価値の創造）というものがあります。ハーバード大学のマイケル・ポーター教授が提唱しているコンセプトで、企業は経済的価値を創造しながら、社会的ニーズに対応することで、社会的価値も創造すべきであるというものです。では、ここで先ほどの「より大きな幸せを、より少ない苦労で」を算数的に表現してみましょう。

「（幸せを受ける人の数 × 幸せの大きさ）／（幸せをつくる工数

企業とは人為的な分業のルールである

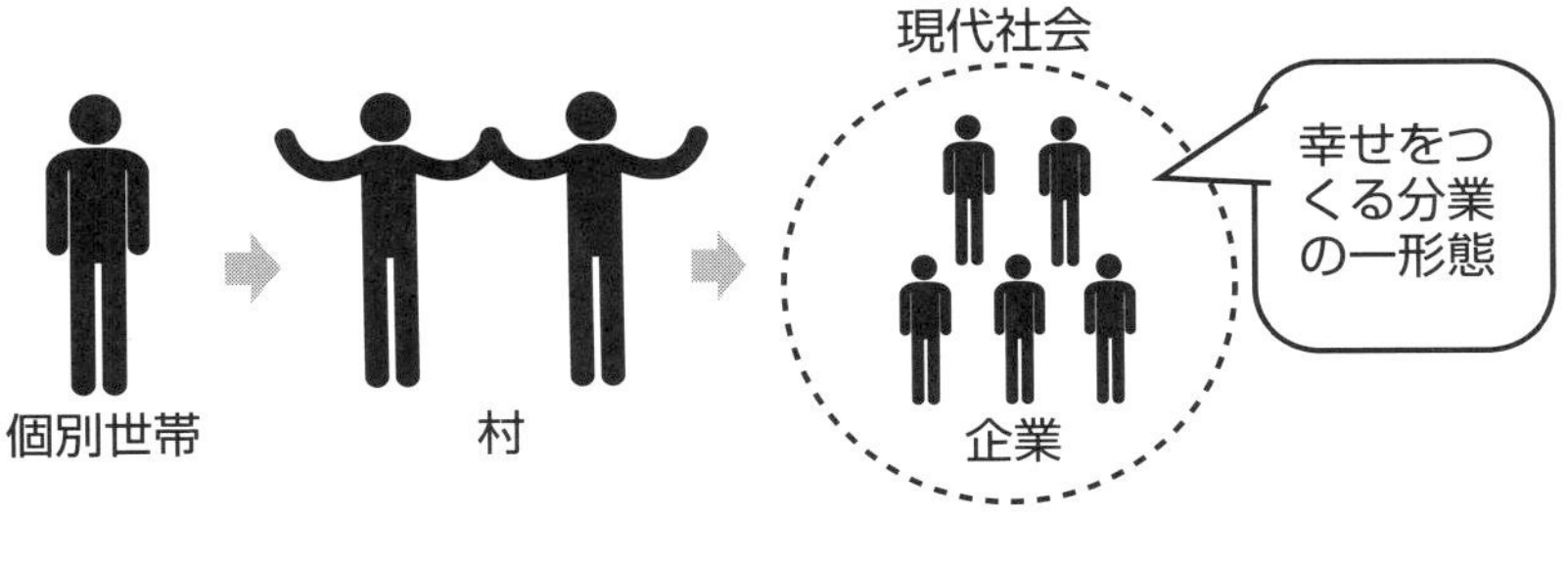

×苦労の大きさ)」。これが、戦略の社会的インパクトをはかる指標となります。本書では、その指標をCSV指標といいます。

企業評価の基礎をなす会計ルールは、いまや様々な矛盾を露呈しています。企業が会計利益のみを絶対指標として崇拝すると、人の生死や教育、安心・安全などの最低限保障されるべき価値よりも、株主の利益や裕福な人の快楽や利便性の価値を追求する間違った選択を行います。企業は、このルールの矛盾を理解し、原点に戻り、社会の幸せを創造することが求められます。

会計利益指標とCSV指標を使い分ける

CSV指標は戦略を評価する重要な指標でありながら、未だ社会共通の指標ではありません。

そのために、個別戦略をまずCSV指標で評価して、CSV指標が1よりも小さい戦略はいくら会計利益が出ても取り組まない、同じ大きさの会計利益指標であればCSV指標が大きな戦略を選択するなど社内のルールを決めることです。

また会計利益が小さいがCSV指標が大きな戦略に取り組むためには、経営計画であらかじめ株主の承認をとっておくことをお勧めします。

社会的な幸せに注目するCSV指標

$$\text{CSV指標} = \frac{\text{幸せを受ける人の数} \times \text{幸せの大きさ}}{\text{幸せをつくる工数}^{*} \times \text{苦労の大きさ}}$$

⬅ できるだけ大きくなるように目指す

＊バリューチェーン全体の工数

注）CSV 指標は著者のオリジナルの考え方です

◎ＣＳＶ指標の使い方

できれば戦略オプションを会計利益指標とＣＳＶ指標の両方で評価する

会計利益指標と CSV 指標

会計利益指標	毎年のフリーキャッシュフローをその年の割引率で割り引いて合計する
ＣＳＶ指標	（幸せを受ける人の数 × 幸せの大きさ）÷ （幸せをつくる工数 × 苦労の大きさ） ※定常時のビジネスケースで評価する

戦略オプションの評価方法

戦略オプションの比較結果	戦略オプションの優先度
会計利益指標、CSV 指標共に大きい	高優先戦略オプションとして取り組む
会計利益指標は大きいが、CSV 指標が小さい	CSV 指標が１未満か幸せが非常に小さいと想定される場合は、優先度は低い
会計利益指標は小さいが、CSV 指標は大きい	３つの対策を考え戦略の Go、No go（やらない）を決定する １．現状の株主に資金提供をお願いせずクラウドファンディングで資金調達を行う ２．CSV 指標と会計利益指標の使い方を経営計画に入れ、あらかじめ株主の承認をとる ３．会計利益指標、CSV 指標の２つを提示し取締役の判断を仰ぐ
会計利益指標、CSV 指標共に小さい	No go（やらない）

☞著者オリジナルのコンセプトですが、今後普及が進むと思いますので、頭の片隅に入れておいてください。

第 8 章

経営戦略から経営計画をつくる

経営戦略に、ステートメント体系、PDCAマネジメント、PDCAサポートシステムを加えて、経営計画をつくる。

経営計画の目的と枠組みを理解する

経営計画の目的はステークホルダーの行動を変えること

経営計画の目的とマスタープランの構成

経営計画の目的は、ステークホルダーの行動変化です。まず、経営戦略に、従業員のあるべき行動を誘発する仕組みを加えて、経営計画のマスタープランを作成します。

経営計画のマスタープランは、①経営戦略、経営のOS（オペレーションシステム）となる②ステートメント体系と、③PDCAマネジメント、経営の基本アプリとなる④PDCAサポートシステムから構成されます。

① 経営戦略

経営戦略は、全社の事業ドメイン、外向きの戦略・内向きの戦略からなるビジネスモデルとロードマップ、収支予想から構成されます。また、未充足ニーズの存在と競争優位性構築の可能性が確認されていることが要件です。

マスタープランには、経営戦略とそのベースとなる個別事業戦略、マーケティング戦略、機能別戦略も綴《と》じ込みます。

② ステートメント体系

ステートメント体系は、「経営戦略」に加えて、その上位に位置する会社の「ミッション」、経営戦略が実現した姿をあらわす「ビジョン」、提供価値を翻訳した「ブランドコンセプト」、従業員の行動の判断基準となる「行動指針」をまとめたものです。

③ PDCAマネジメント

PDCAマネジメントは、「経営戦略」に加えて、そのPDCAを回すための仕組みです。PDCAサイクルを回すためにKPI体系、PDCAそれぞれを、誰が・いつ・何をすべきかを示した業務フロー、帳票類などを設計します。

④ PDCAサポートシステム

PDCAサポートシステムは、PDCAマネジメントをサポートするための仕組みです。

変革の風土をつくる「チェンジエージェント制度」、会社の論理と個人の論理をつなぐ「マイ・クレド」、PDCAと連結された「人事

経営計画のマスタープランの構成要素

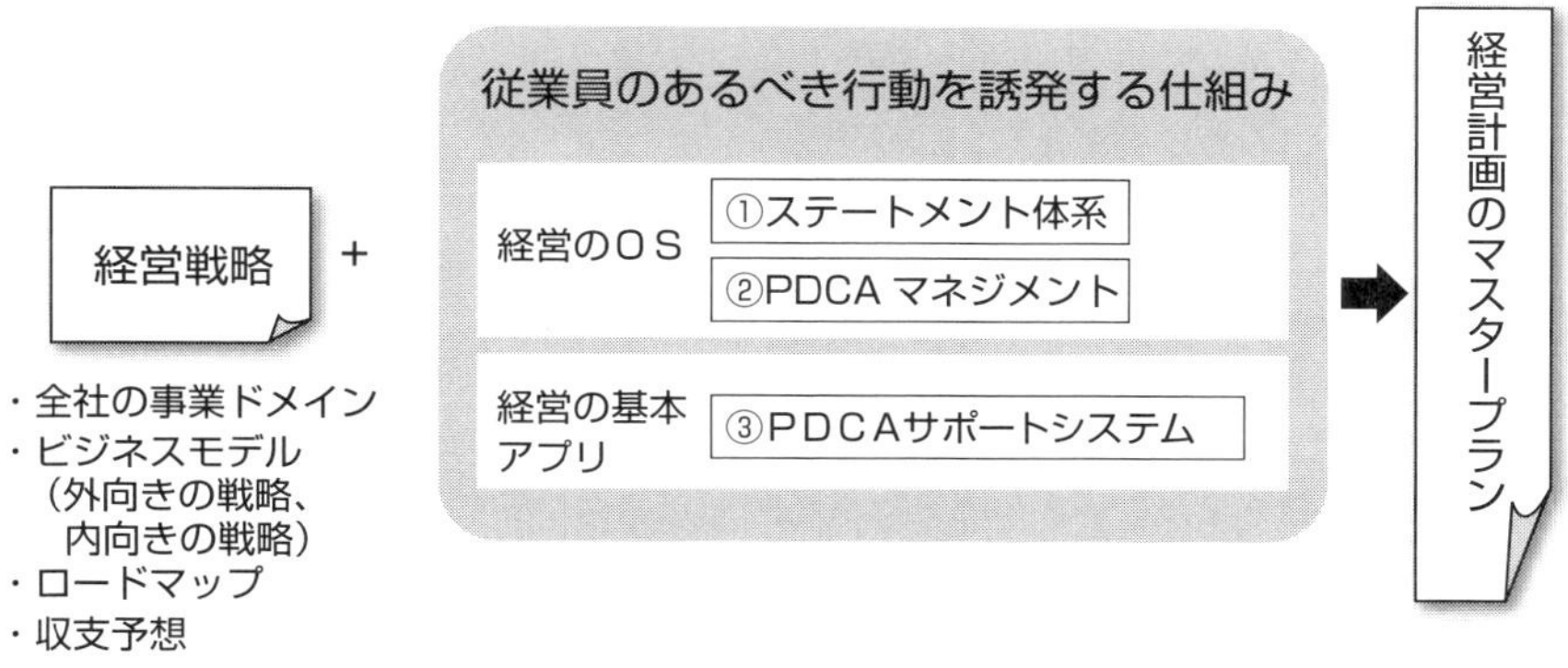

制度」、自社固有の経営論を全従業員に教える「教育制度」、PDCAから生まれるナレッジを組織知化して競争優位性を創る「ナレッジマネジメント」などから構成されますが、これらの要素に限定されません。

PDCAサポートシステムは、本来、経営戦略の内向きの戦略に含まれるものです。しかし、PDCAマネジメントの設計によって、新たな観点が得られますので、作成した内向きの戦略との差分を別掲としてまとめるか、内向きの戦略に付加します。

マスタープランをカスタマイズする

マスタープランを作成したあと、ターゲット・オーディエンス(経営計画の発信先)別の経営計画の目的を踏まえ、経営計画の発信のTPO(Time, Place and Occasion: 時間、場所、状況)、利用するメディア、メッセージ、発信の予算などを含むコミュニケーション戦略(208ページ参照)を作成します。

次に、コミュニケーション戦略に従い、マスタープランをターゲット・オーディエンス別にカスタマイズします。

戦略と人の行動変化のギャップ

戦略と人の行動変化には大きなギャップがある。世間一般では、戦略、戦術、実行計画という順に詳細化し、人の行動変化につなげようとしている。しかし、戦略、戦術、実行計画はそれぞれ独立しており、つながっているのを見たことがない。

人の行動パターンは無限であり、戦略と人の行動をつなげるためには、人の行動を“科学”する必要がある。

そこで、“内海式”経営論では従業員をセグメンテーションし汎用的行動モデルを考え、戦略と人の行動をつないでいく。

◎経営計画の基本的な枠組み

経営戦略にステートメント体系、PDCA マネジメント、PDCA サポートシステムを加えて経営計画をつくる

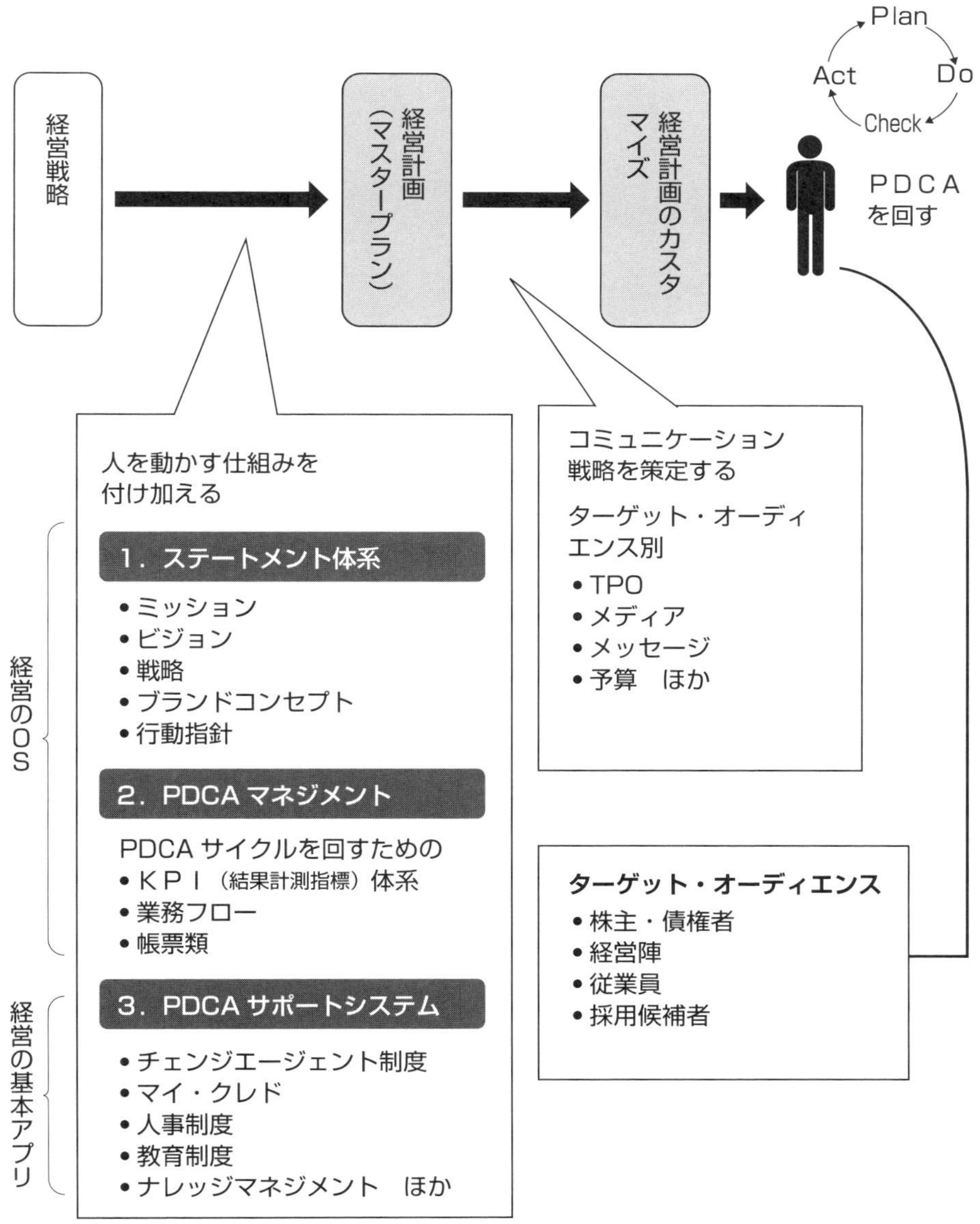

「ステートメント体系」を5つの構成要素で整理する

“心に刺さる”メッセージを抽出する

ステートメント体系は、ミッション、ビジョン、戦略、ブランド、行動指針の５つの要素から構成されます。

戦略は、会社、事業部、各部門の将来の方向性を解説する分厚い書類となります。そのため、ターゲット・オーディエンスが、行動する際にその分厚い書類を振り返ることは稀です。

そこで、日常の行動を律する、“心に刺さる”短い言葉、つまりステートメントが必要になります。ステートメントは、闇雲《やみくも》につくるのではなく、合理的体系でまとめなければなりません。

「ミッション」で会社の存在意義を示す

ミッションは、社会における会社の存在意義をあらわすものです。

事例　味の素グループのミッションとビジョン

ミッション

「私たちは地球的な視野にたち、“食”と“健康”、そして、明日のよりよい生活に貢献します」とグループの事業ドメインを定義している。

ビジョン

「先端バイオ・ファイン技術が先導する、確かなグローバル・スペシャリティ食品企業グループを目指します」と事業ドメインにおいて、特定技術を武器に、“グローバル”“スペシャリティ”“食品”と目指す姿を絞り込み明確にしている。

出典：同社ホームページ（2016 年）より

事業ドメインと提供価値など、大枠の外向きの戦略を描写します。経営戦略よりタイムフレーム（戦略の対象期間）が長く、経営戦略を縛る上位概念です。

「ビジョン」で将来の姿を描写

ビジョンは、経営戦略が実現されたときの会社の姿を描写したものです。売上規模、利益率、シェア、CSV、企業の人格など、様々な角度から描くことができます。ビジョンは、経営戦略を凝縮し、人の心に訴えるものでなければなりません。

「ブランドコンセプト」を打ち出す

ブランドコンセプトは、ブランドコアと、それをビジュアル（図表・ロゴ）とバーバル（言語）に変換した知覚表記から構成されます。ブランドコアはさらに、ブランドプロポジション（ブランドプロミスともいう）とブランドイメージに分解されます。

ブランドプロポジションは、外向きの戦略のターゲット顧客に対する差別化された提供価値を凝縮したメッセージです。ブランドプロポジションをさらに要約してキーフレーズにしたものをタグライン（Tag line：キャッチコピー）といいます。

事例　ブランドコンセプト

マツダ　マツダは「走る歓び」をブランドプロポジション、「Be a Driver.」をタグラインとしている。自動車各社が燃費、自動制御などの機能で差別化に邁進する中、デザインや車がある経験、という差別化価値を訴求する姿勢がうかがわれる。

吉野家　「うまい、やすい、はやい」

無印良品　「わけあって、やすい」

自社の差別化価値と合致したタグライン

出典：各社ホームページ（2016年）より

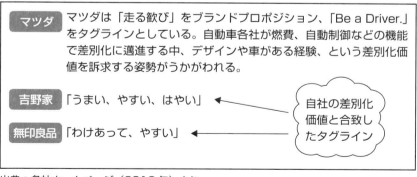

ブランドイメージは、ブランドプロポジションが実現されたときに、顧客から自社がどのように見られたいのか、提供する商品・サービスの視点と、企業を人として見た場合の人格の視点に分けて、キーワードを各5つ程度定義します。ブランドイメージは行動指針と共に、後述のPDCAの重要なCheck項目となり、自社内に展開するブランド実現活動の要となります。

ブランドは、全社レベルから個別事業へとブレークダウンします。

「行動指針」で従業員を動かす

行動指針は、会社のDNA（遺伝子情報）として不変のものと、経営戦略と対になる可変のアクションベースの2つに分けられます。

アクションベースは、ブランドコンセプトならびに内向きの戦略のミッションに対応したあるべき行動とその行動を実現するためのプロセスおよび仕事の進め方の描写です。

よく見かけるのは、総花的、網羅的な行動指針で、行動変化を促さないものです。アクションベースは尖《とが》っている少数のものを掲げ、それが達成されたら次の指針を掲げるようにしましょう。変化を求められている会社は、不変のDNAや当たり前の優等生像の描写は重要ではなく、変えるべき行動をデフォルメすべきです。

事例　ソフトバンクの行動指針

300年成長し続けるソフトバンクグループのDNA
　⇒「努力って、楽しい。」

特に大切にしたいバリュー（行動指針）
　⇒「No.1」
　　「挑戦」
　　「逆算」
　　「スピード」
　　「執念」

出典：同社ホームページ（2016年）より

◎ステートメント体系の構成

ステートメント体系は、ミッション、ビジョン、戦略、ブランドコンセプト、行動指針の５つの要素から構成される

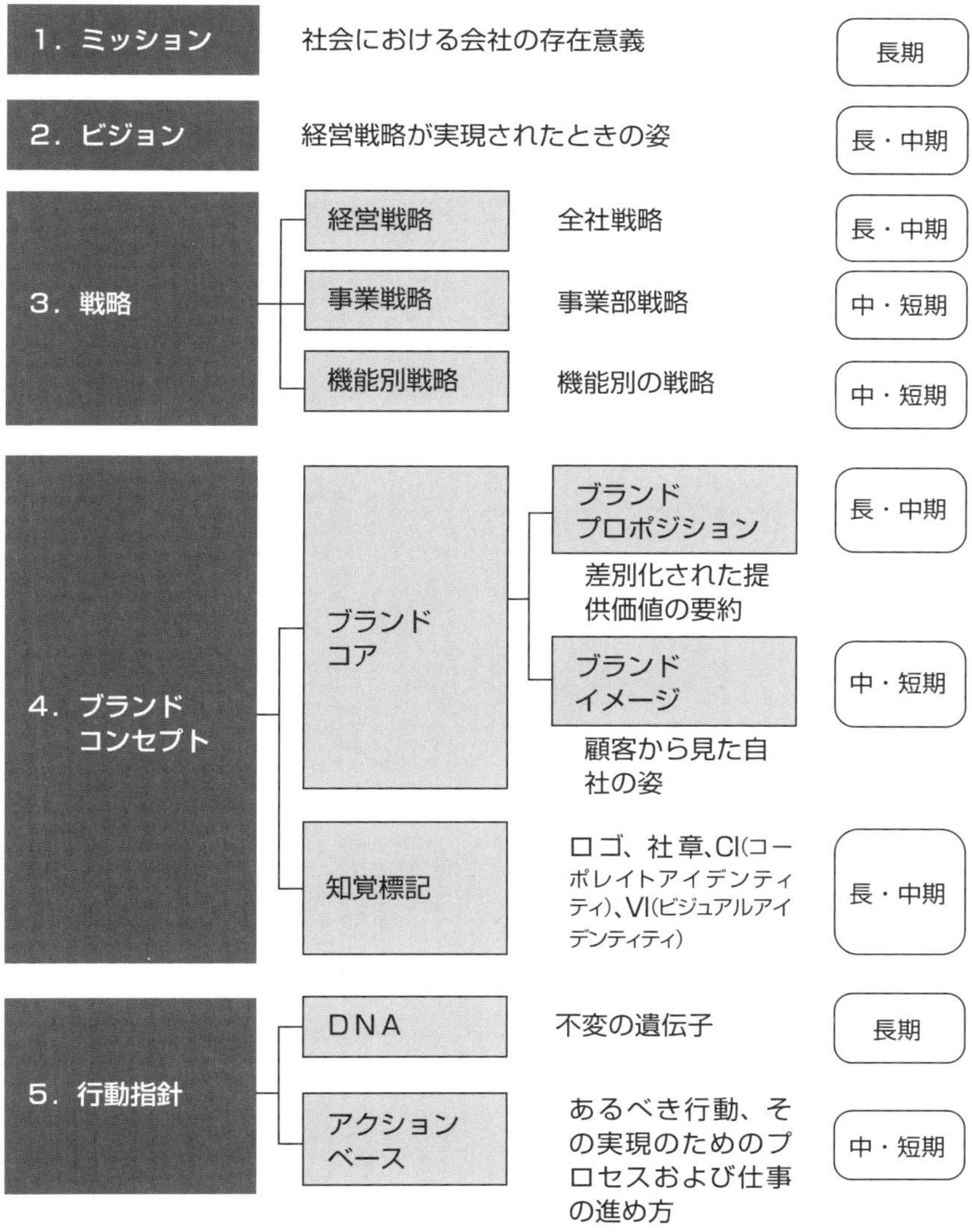

「PDCAマネジメント」で従業員の行動変革を促す

経営戦略を個人に落とし込みPDCAを回す

誰が、いつ、何をすべきかを設計する

PDCAマネジメントとは、戦略のPDCAを回すために、誰が、いつ、何をすべきかを設計することです。

① 誰が

全社、事業部、部署別にPDCAサイクルのオーナーを定義します。全社のオーナーは社長、事業部は事業部長、部署は部署長となり、最終的には従業員一人ひとりがオーナーとして個人のPDCAを回すことになります。

② いつ

年次、半期、四半期、月次、週次、日次など、PDCAのサイクルを決めます。

③ 何をすべきか

所定のタイミングで、所定のKPIで、行動の結果をCheckし、改善策を立て（Act）、次のPDCAサイクルのためのPlanを作成します。

Planの対象を決め、振り分ける

Plan（計画）の対象はタスク（注力すべき業務）だけでなく、スキル、収支の目標値も含まれます。

Planは会社から事業部、事業部から部署、部署から個人へと落とし込まれます。

事業部・部署はそれぞれがPL責任（利益責任）を負った1つの擬似的会社と見なします。それはスタッフ部門も同じです。企画部門は戦略コンサルティング会社、経理部門は会計・税務事務所、人事部門は人事コンサルティング会社や採用代行・給与計算代行・社会保険労務士事務所、総務部門は総務代行会社などと考えます。

PL責任の明確化により、自部門の価値、対価、コスト、利益を計算し、存在意義を高める対策を考えるサイクルが回ります。場合によっては社外へのアウトソース、他部門による自部門の業務の吸収などを検討します。

豆知識　部署にPL責任をもたせる「アメーバ経営」

アメーバ経営は京セラの創業者稲盛和夫氏が創り出した経営管理手法。アメーバ経営では、組織をアメーバと呼ぶ小集団に分け、市場の動きに即座に対応できる部門別採算管理を行う。

❶経営の原理原則＝「売上最大、経費最小」により利益を追求

❷アメーバを独立採算で運営するため、アメーバ間で売買を発生させる

❸全社員が容易に理解できる家計簿のような採算表を作成する

各アメーバのリーダーは、それぞれが中心となって自らのアメーバの計画を立て、メンバー全員が知恵を絞り、努力することで、 アメーバの目標を達成していく。

各階層のＰｌａｎを連結する

経営戦略の重要タスク・組織スキル・収支予想を、フレームワークを使って、個人のタスク・スキル・目標値へ落とし込みます。

経営戦略の重要タスクは、外向きと内向きの戦略に分け、それぞれの重要タスクが事業部・部署を経て、個人に割り振られます。

組織スキルは、会社のコアコンピタンス(中核能力)、競争優位性をそれぞれの事業部・部署とつなぎ、部署のコアコンピタンス、競争優位性を個人のスキル目標とします。

収支予想は、収支ＫＰＩモデルを用いてＫＰＩを各事業部・部署に割り振り、目標値が設定されます。

このようにして、会社、事業部、部署、個人の各階層のＰｌａｎが連結され、戦略の実現へ向けて動き始めることになります。

各階層のＣｈｅｃｋを連結する

各階層のＣｈｅｃｋ連結のためには、まずはＣｈｅｃｋ(計測)する項目(ＫＰＩ)を洗い出し、会社全体としてのＫＰＩ体系をつくる必要があります。

そして、ＫＰＩの計測にはコストがかかること、ＫＰＩ数が多すぎると現場を混乱させ、逆に少なすぎると統制が弱くなることを念

Plan 連結のためのフレームワーク

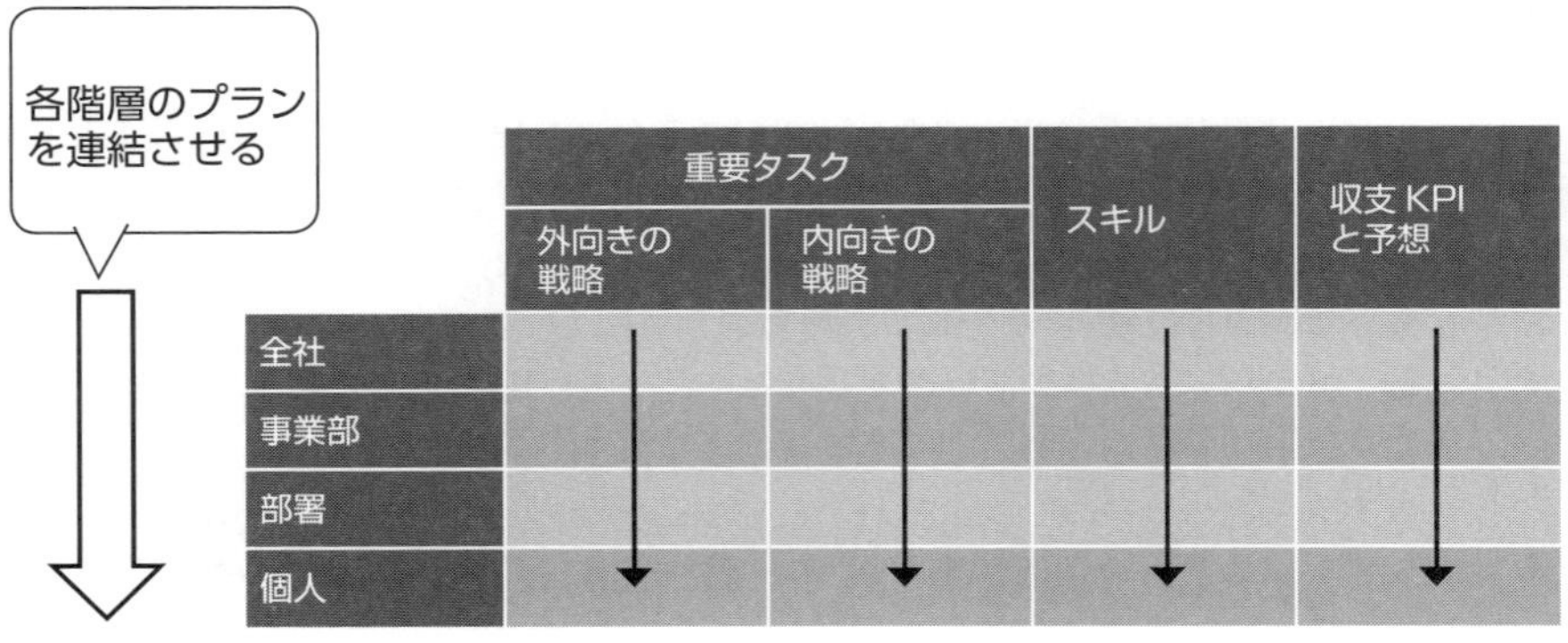

頭に、最適となるＫＰＩのセットを選びます。

ＰｌａｎとＣｈｅｃｋを連結する

重要タスクは、まずタスクの実行プロセスを描く必要があります。そしてその進捗度合いを項目とします。関連する収支・業務・ブランド・行動ＫＰＩがあればそのＫＰＩもＣｈｅｃｋ項目とします。

スキルは、会社や事業部などの組織の場合は競合他社とコアコンピタンスや競争優位性の充足度を比較し、個人の場合は人事制度のコンピテンシーモデルなどを用いて充足度をＣｈｅｃｋします。

最後に収支ＫＰＩは、ＫＰＩ体系を用いて関連するＫＰＩを各組織に割り当てます。個人あるいは直接部門は定量的ＫＰＩを割り当てることが可能ですが、間接部門は会社全体の売上や利益がＫＰＩとなります。

ＣｈｅｃｋとＡｃｔをつなぐ仕組みをつくる

放っておくと、ＣｈｅｃｋとＡｃｔ（対策）はつながりません。

ＣｈｅｃｋとＡｃｔをつなぐには、Ａｃｔを考えるプロセス、ならびに対策とその効果予想、実行体制、予算申請などのアウトプットを標準化し、現場に提供することが重要です。

Check 連結のためのKPI 体系例

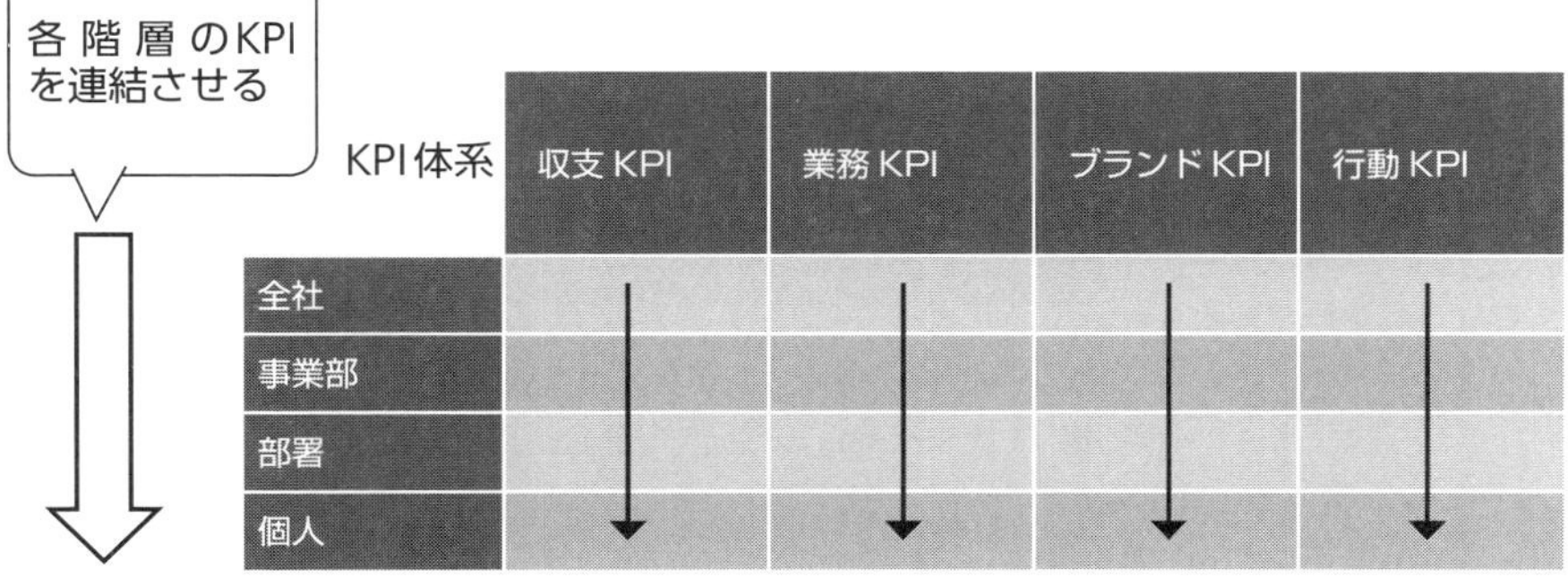

Ａｃｔを考えるプロセスには、Ｃｈｅｃｋ項目の目標値と実績値のギャップへの対策例、予想効果の算出方法なども含まれます。たとえば、ブランドイメージ調査結果と自社の市場シェアの相関式を提供すると、ブランドイメージ向上施策の効果予想が容易になります。また業務ＫＰＩと業務コストをつなぐ方程式を提供すると、業務ＫＰＩの向上施策の効果予想が簡単になります。

Ａｃｔを現場から吸い上げるタイミング、Ｐｌａｎへ反映させるプロセス、帳票等も明確にしておく必要があります。

ＰＤＣＡの統制と自由のさじ加減

ＰＤＣＡサイクルの統制と自由のさじ加減は、内向きの戦略の組織アーキテクト（90ページ参照）の設計によります。

たとえば、均質のサービスを低価格で提供することを目指すマクドナルドはマニュアルにより統制を強め、スターバックスは逆に落ち着いた環境でスペシャリティコーヒーを飲むという「体験価値」を顧客に提供するために、店舗に最大限の自由を与えています。

Ｄｏにおける個人の自由裁量の部分は、ステートメント体系の行動指針が律することになります。

Check（計測）とAct（改善策）をつなぐ

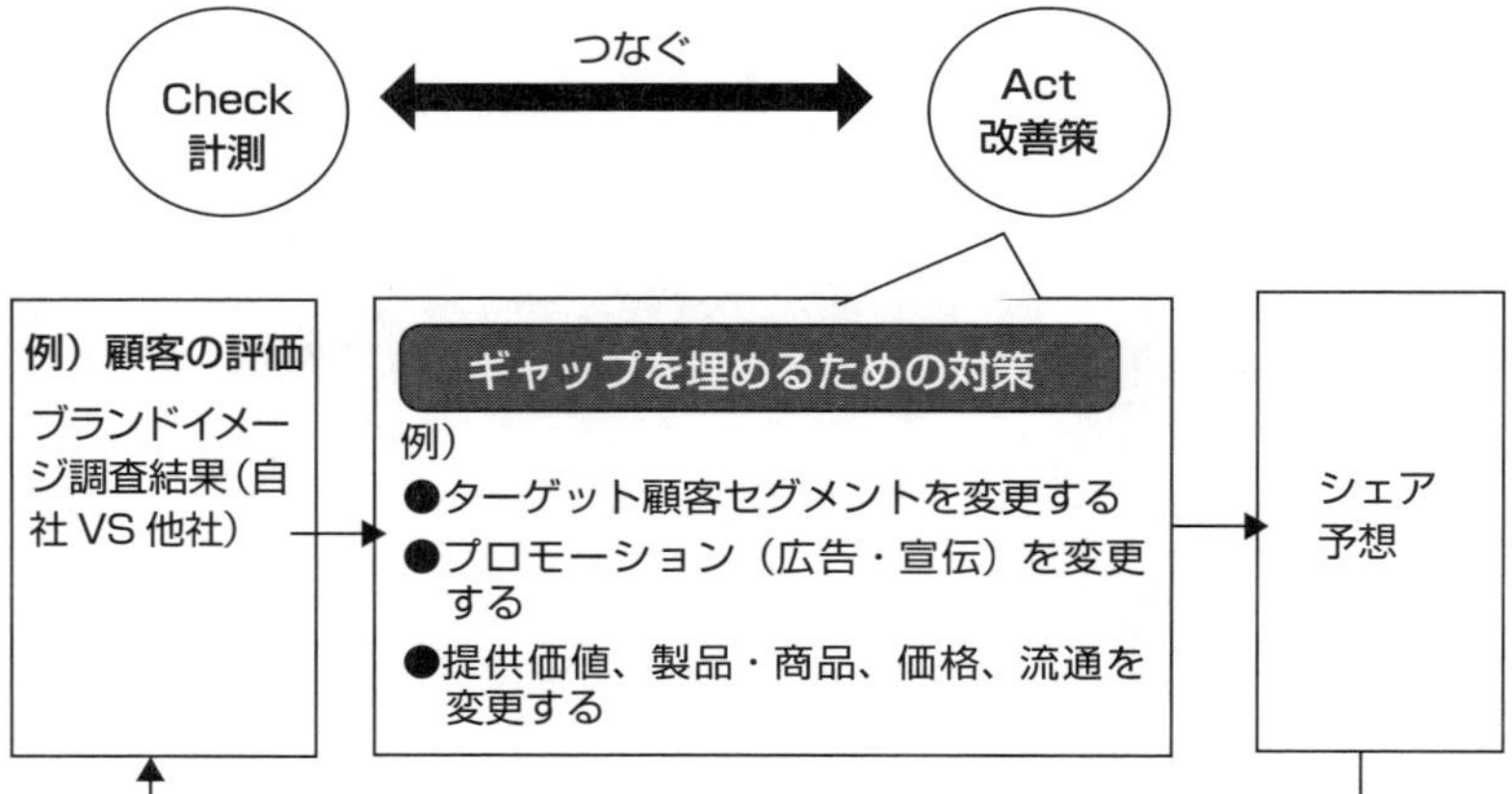

◎ PDCA マネジメントで戦略のＰＤＣＡを回す

Plan（計画）は、共通のフレームワークを用いて全社から事業部、部署、個人へと落とし込む。Do（行動）は行動指針で統制し、Check（計測）は KPI 体系をつくり現場に割り当てる。Act（改善策）は現場任せにせずに、プロセス、帳票をつくりコントロールする

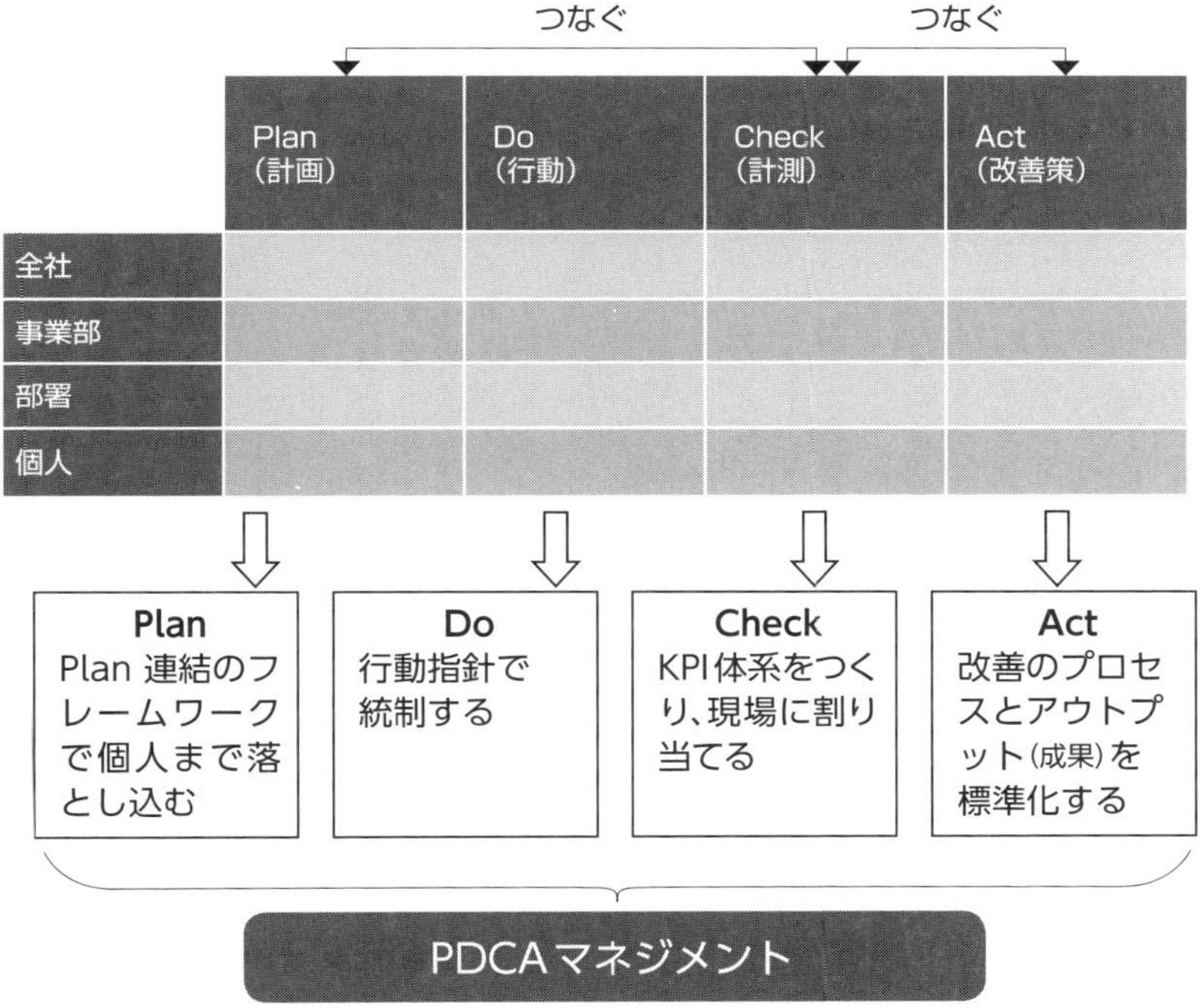

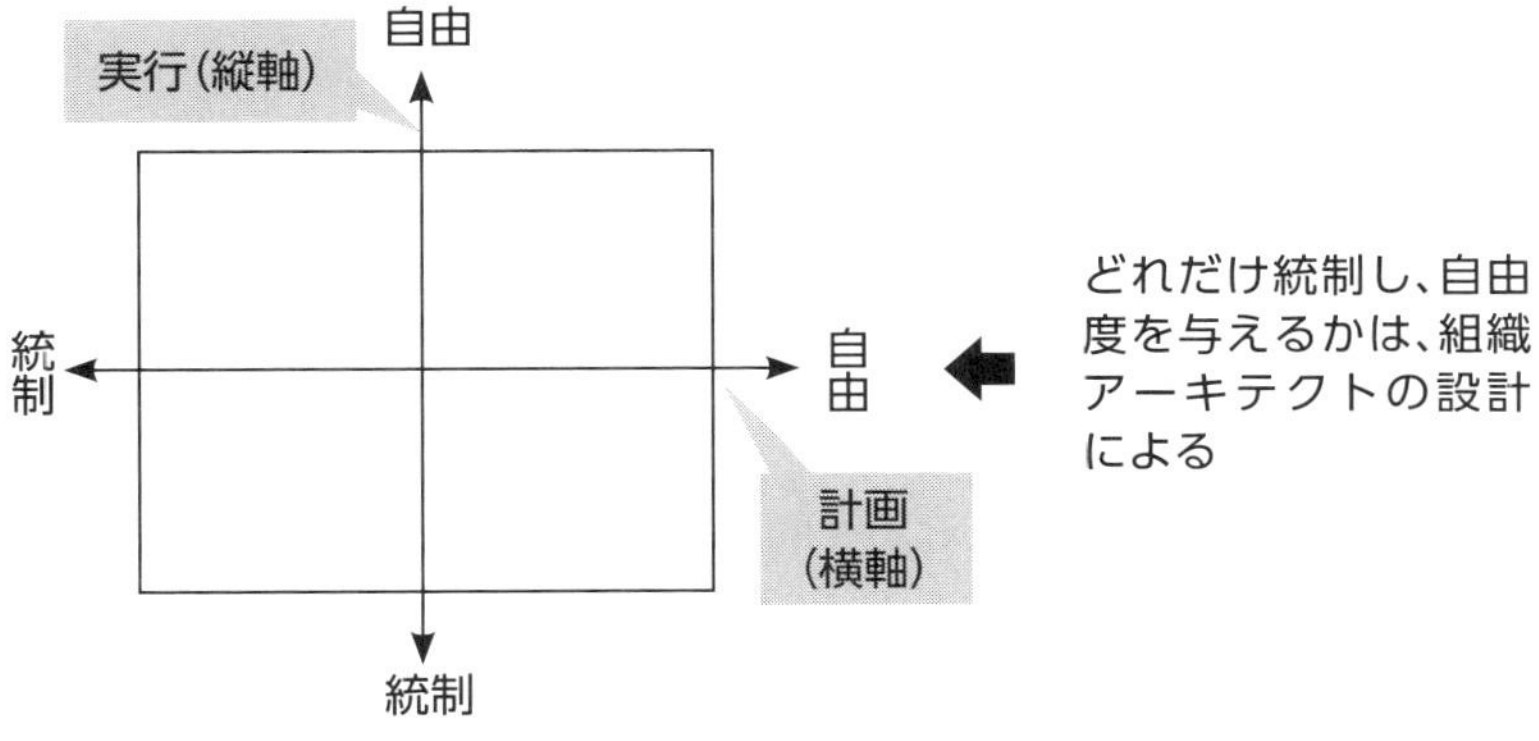

出典：ジェームス・クィグリー、メルダッド・ハグハイ他著『AS One』をもとに作成

第 9 章

PDCAサポートシステムを設計する

PDCAサポートシステムは経営のOSに付け加えられる基本アプリの位置づけ。

チェンジエージェント制度で変革を推進する

16％の変革リーダーを確保する仕組みをつくる

〝人〟が〝人〟を動かす

経営戦略のPDCAを回すサポートシステムの1つが、チェンジエージェント制度です。経営戦略が実現できるかどうかは、現場の〝人〟の気持ちにかかっています。「はい、わかりました」と言いながら、裏では、できるだけ手を抜くフォロワー、アパシーもたくさんいます。〝人〟の気持ちを変え、変化への動機づけを行うためには、〝人〟が〝人〟を動かす施策が有効です。

16％の変革リーダーをいかに確保するか

変革リーダーの確保には、経営戦略と新たなステートメント体系が打ち出され、尊敬する人、上司、同僚の言動が変わる。これが効

チェンジエージェント制度

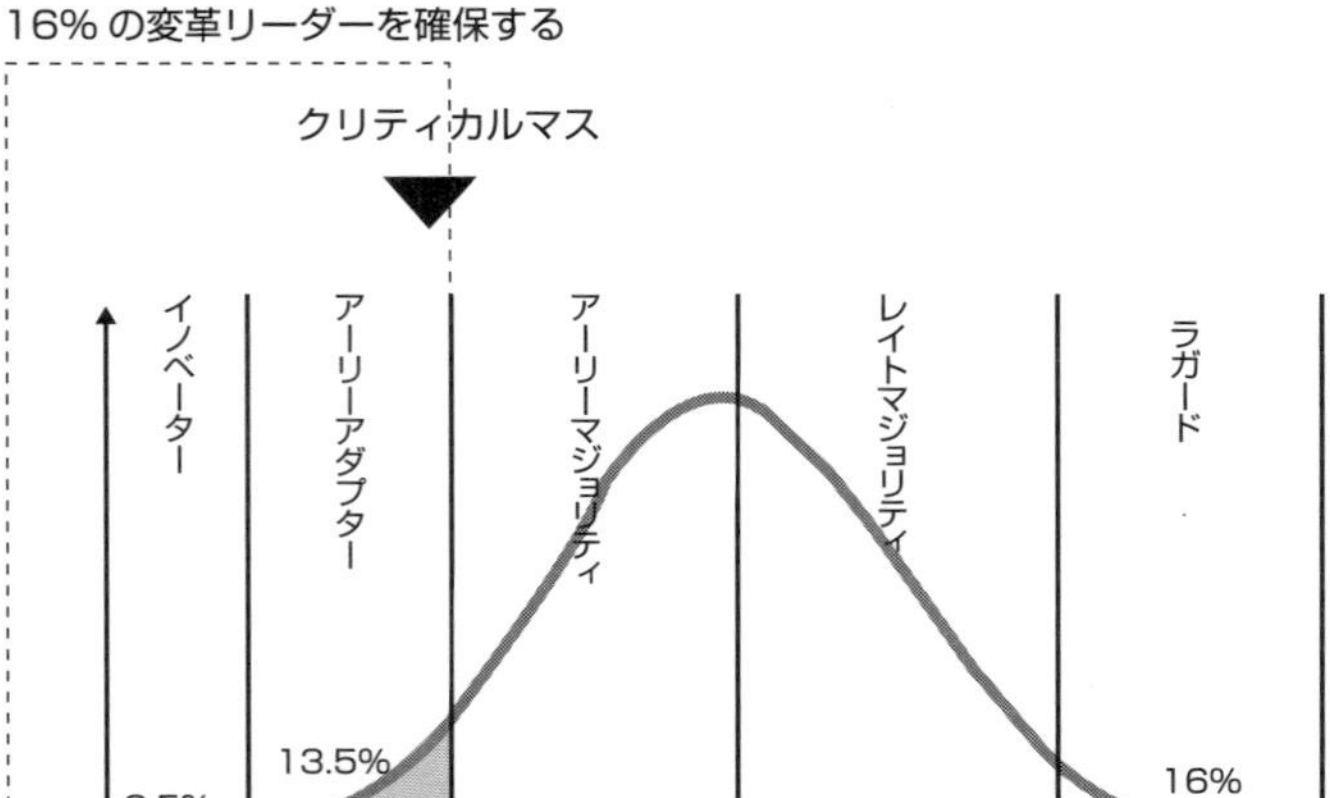

きます。

クリティカルマスである会社の16%の従業員、つまり6人に1人の言動が変われば、会社が動き出します。この16%の変革リーダーを確保するのに有効な方法が、チェンジエージェント制度です。

チェンジエージェントとは、組織の変革の担い手、あるいは触媒役として変化を起こしていく人のことです。スキルの高低によらず、会社の方向性に共感・コミットし、指示がなくとも自分から一歩踏み出すタイプの人材です。その人材に変革の風土づくりの役割を担ってもらうのがチェンジエージェント制度です。

チェンジエージェント制度は、推進組織の設置、心に刺さるステートメント、自由に動ける時間の確保、変化に対するインセンティブづくりが必要となります。

チェンジエージェント制度のつくり方

チェンジエージェント制度のモデルケースは次のようになります。

① 推進組織の設置

まずは、既成の組織とは別の企業変革推進室（仮称）を新設します。できれば社長直下とし、各事業部に分室を設置します、分室の長は事業部長が兼務します。メンバーは職制を通して任命するのではな

企業変革推進室（仮称）の活動内容例

企業風土変革

- 事業部内コミュニケーション施策の策定と実行
- 全社共通のブランドコンセプトや行動指針の事業部内浸透支援
- チェンジエージェントの勧誘

経営戦略の実行“支援”

- 部・課・個人のＰＤＣＡサイクルの具体化とサポートツールの作成支援
- 部・事業部への Act/Plan の吸い上げサポート
- 部・課・個人の Act/Plan を事業部内、事業部横断的に共有するナレッジマネジメント（202 ページ参照）の推進など

く、挙手で自由参加とします。チェンジエージェントがみんなから見える舞台に立ち、後に続く予備軍を引き寄せます。部課長は、企業風土変革の阻害要因にならないと判断される場合は全員参加、そのおそれがある場合は外れてもらいます。

② 心に刺さるステートメント

全社員を巻き込み、全社のブランドイメージ、行動指針を事業部、機能別組織にブレークダウンさせ、当事者意識をもたせます。特にビジョン、ブランドコンセプト、行動指針が重要です。

③ 自由に動ける時間の確保

チェンジエージェント制度を設けても、既存組織での業務に遠慮して機能しないことがあります。そこで、チェンジエージェントの活動に10～20％程度の時間を割くことを認め、予算を提供する〝御触れ〟を出しておきます。

④ 変化に対するインセンティブ

他部署との交流、役職を飛び越えた事業部長との直接のコミュニケーション、会社に貢献しているやりがい、自分たち主催のコミュニケーションイベントの開催などがインセンティブとなるような制度とします。

全社ステートメントを個人に落とし込む

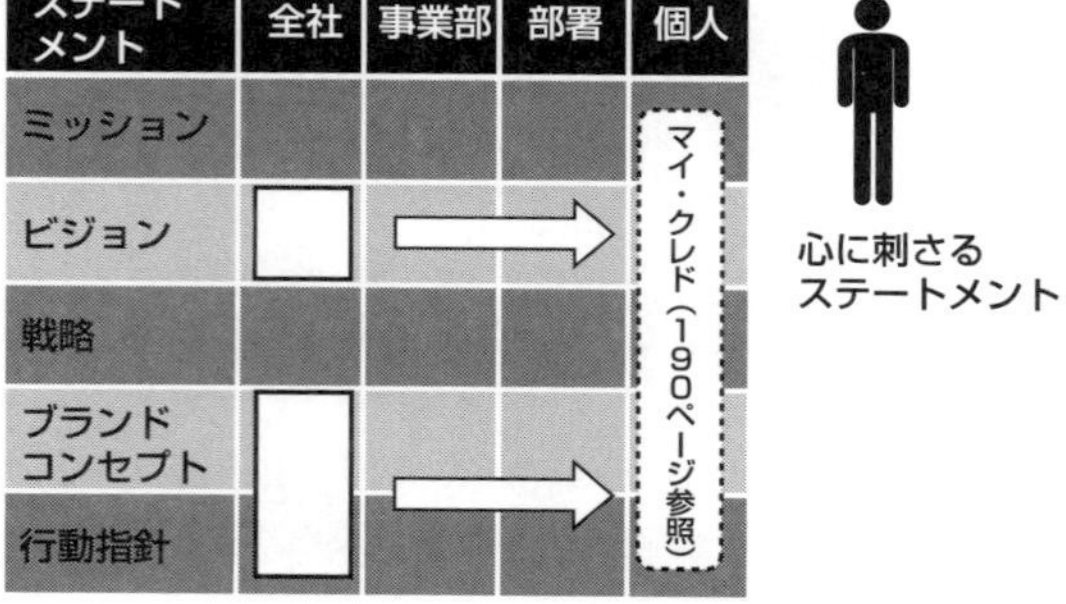

◎人が人を動かすチェンジエージェント

自ら一歩踏み出すチェンジエージェントを活用して組織を動かす

1.企業変革推進室を設置する

POINT

できれば社長直下とし、各事業部に分室を設置し、事業部長が室長を兼務する
メンバーは挙手による自由参加が望ましい

2.全社のステートメントを個人に落とし込む

POINT

全社ステートメントを個人に落とし込み、従業員の変革へのモチベーションを上げるようにする
“心に刺さるステートメント”

3.チェンジエージェントとして動く時間を確保する

POINT

4.インセンティブを与える

POINT

会社に貢献しているやりがいなど、チェンジエージェントになることが本人のインセンティブとなるような制度にする

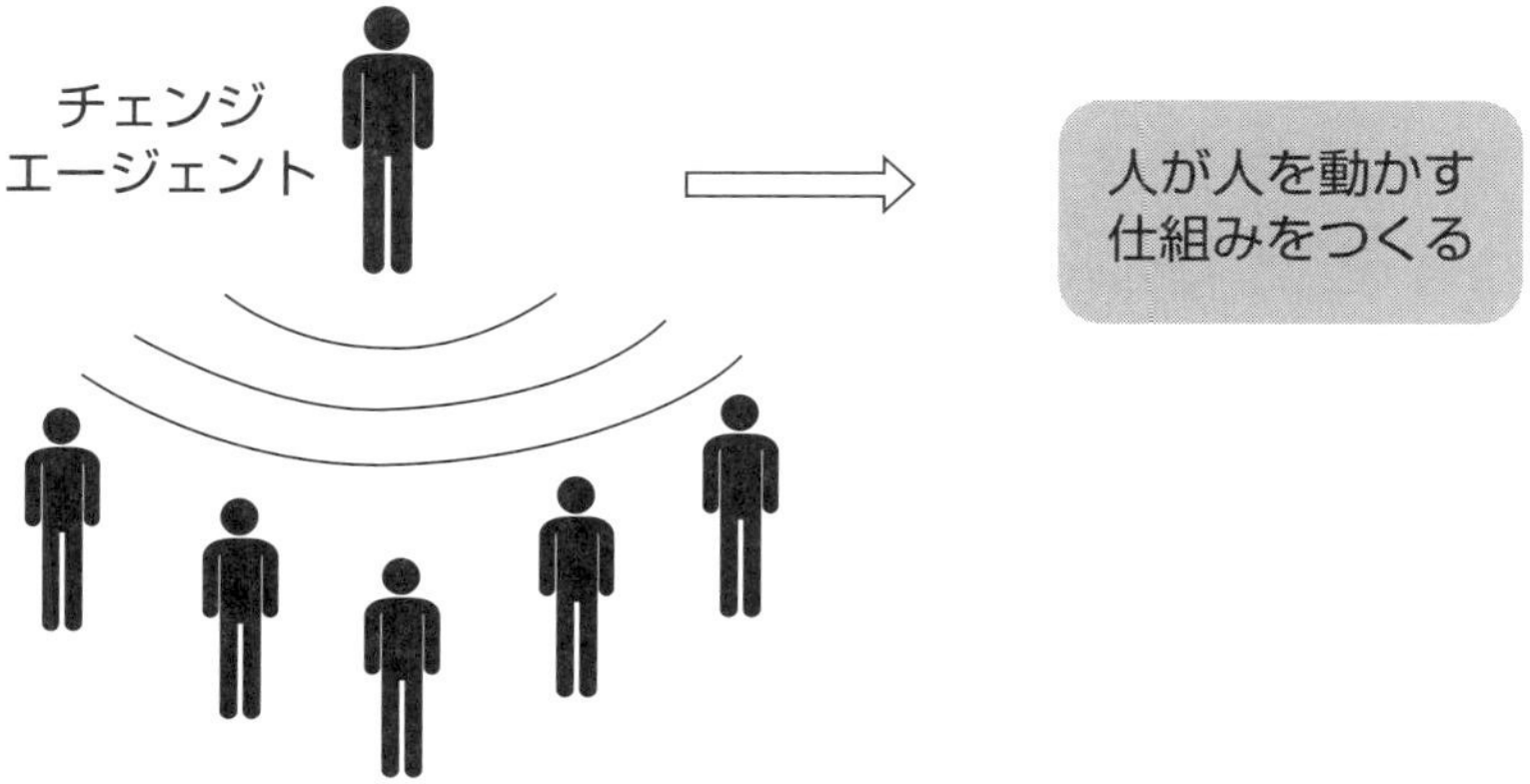

マイ・クレドで会社の論理と個人の論理をつなぐ

会社のステートメント体系とつながるマイ・クレドをつくる

マイ・クレドは個人のステートメント体系

会社の論理と個人の論理をつなぐツールとしてマイ・クレド（My credo）があります。

マイ・クレドは、自分という個人は、分業社会において何の価値を社会に提供して生きていくのかという信条のまとめです。

まずは〝ステートメント体系〟を意識して、自由に思いついたことを書き出してください。ポストイットや大きな付せんなどを使ってもよいです。

次に、それがステートメント体系のどれに当たるのか考えて、再整理し、要約を短い言葉、文章でまとめてみましょう。ステートメント体系のすべてを埋める必要はありません。

マイ・クレドのつくり方

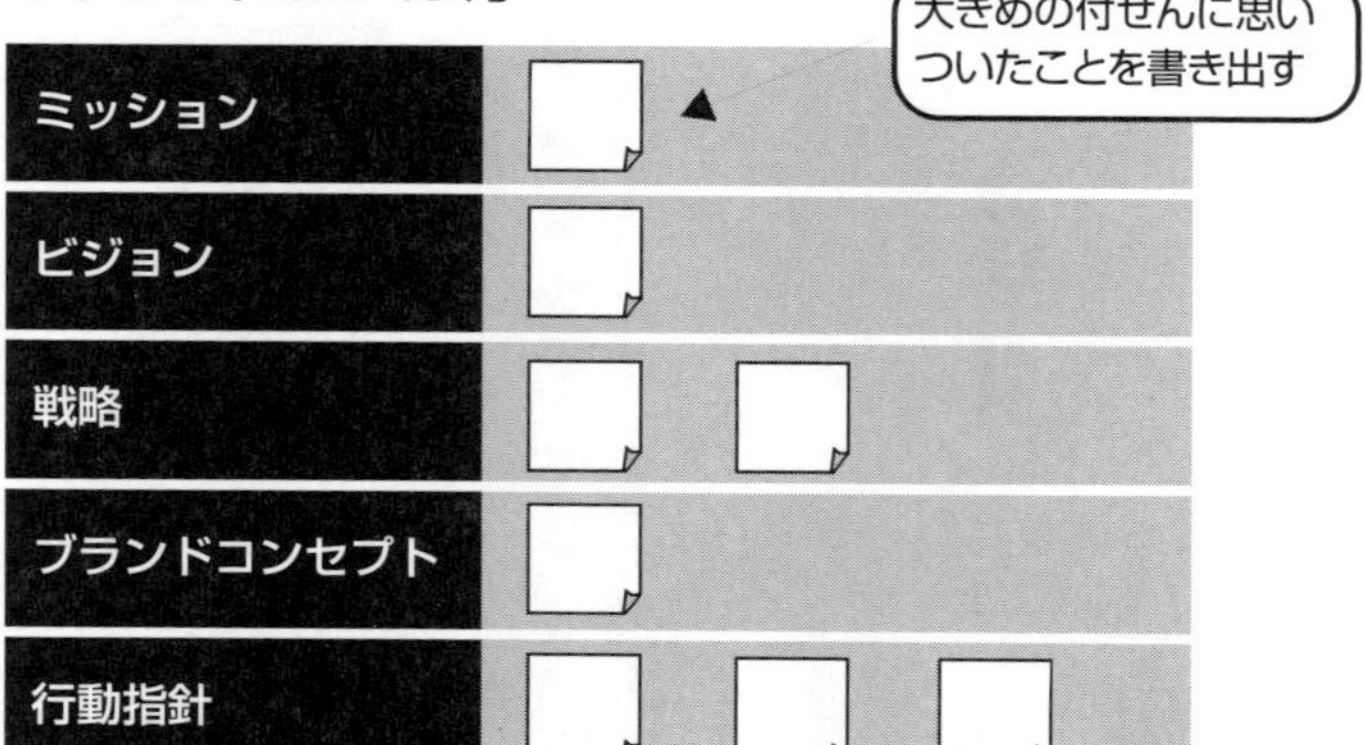

■「ミッション」で仕事の位置づけを定義する

マイ・クレドのミッションは、人生において仕事をどう位置づけるかの定義です。組織心理学者のエドガー・H・シャインは、社会人の仕事に対する価値観や欲求に着目して8つのグループに分類しました（下欄参照）。

たとえばこの分類の中のどれに一番近いかを考え、自分の仕事に対する価値観や欲求を理解します。

■「ビジョン」で将来の自分の姿を描く

10年後、5年後、3年後、1年後に自分がどうなっていたいかビジョンを描きます。社会への提供価値、職業、他人からどのようにリスペクトされたいかを考えてみてください。むずかしい場合は、これはいやだというものをまず考え、なぜいやかを分析すると、「ああ自分ってこうなんだ」と自分のなりたい姿が明確になります。

■「戦略」で会社とのかかわり方を描く

自分のビジョンを実現するために、今の会社はどう利用できるか、どの職場でどんな仕事をしたいか、そのためにどのようなスキルを身につけるべきか、をまとめます。できればロードマップを作成してください。

エドガー・H・シャインの「キャリアアンカー」(その1)

タイプ	特徴
起業家的創造性	新しい製品やサービスの開発、新しい仕組みをつくったり、新しい事業を起こす欲求をもつ
奉仕・社会貢献	価値観によって行動が方向づけられ、大義のために身を奉じることを望む
純粋な挑戦	何事にも、誰にでも打ち勝つことを目指し、障害の克服、不可能な問題の解決に挑みたいという願望をもつ
ワークライフバランス	仕事とプライベートのバランスよい調和が必要だと考え、自分の時間の都合に合った働き方を求める

出典：エドガー・H・シャイン『キャリアアンカー』をもとに作成

■「ブランドコンセプト」は他人に見られたい自分の姿

「自分はこんな人間。仕事においてこれは約束する」が自分のブランドプロポジション（ブランドプロミスともいわれる）です。そして、その約束が果たされた際、他人から自分の能力および人間性をどのように見られたいか、ブランドイメージをまとめます。

■「行動指針」であるべき行動を描く

自分の戦略を実現するための、また目指す自分のブランドイメージを実現するための、あるべき行動と、そのあるべき行動を実現するためのプロセスおよび仕事の進め方を、5つ程度書き出します。

会社のステートメント体系と突合させる

会社、事業部、自分の所属する部署のステートメント体系とマイ・クレドを突合し、それぞれがどう関係するのか考えます。

会社のステートメント体系と同じフレームワークを使うことにより、会社の論理と個人の論理がシンクロし、今の仕事が自分にとってどのような意義があるのかが明確になり、自分の社会的大義を果たすリーダーシップが覚醒されます。

エドガー・H・シャインの「キャリアアンカー」（その2）

タイプ	特徴
専門・職能別コンピタンス	特定の仕事に対する才能と高い意欲をもち、専門家であることを目指す
全般管理コンピタンス	経営管理に関心をもち、組織の階段を上り、責任ある地位につきたいという願望をもつ
自律・独立	自分のやり方とペースを優先。自律的な専門職を望み、コンサルティング、教育関係、研究者などを選ぶ
保障・安定	安全で将来の出来事が予測でき、生活が保障されていたい。終身雇用、退職制度が整っている企業を選ぶ

出典：エドガー・H・シャイン『キャリアアンカー』をもとに作成

◎マイ・クレドで会社の論理と個人の論理をつなぐ

会社のステートメント体系と突合させ、会社におけるリーダーシップを覚醒させる

〔例示〕		自分	⇔ 突合する	会社
ミッション		幸せを目的とした自由・競争主義の仕組みを現場からつくる		健康事業領域で生活者の幸せをつくる
ビジョン		５年以内に社会的存在意義があるベンチャーを起業する（できれば会社の新規事業として）		５年目にアクティブシニアの健康支援事業領域で、グローバル No.1 となる
戦略		●与えられた仕事に一段上の視点で積極的に取り組む ●３年以内に、社会人向けＭＢＡ講座受講、土日にＮＧＯに参加		健康サプリメント・飲料事業から、３年後に「健康のPDCA サービス」へ展開する
ブランドコンセプト	ブランドプロポジション／タグライン	「ここから変える！」		「健康な生活をつくる」
	ブランドイメージ	●熱い ●挑戦する ●論理思考		●挑戦している ●グローバル ●ビジネスモデルの変革者
行動指針	DNA	●奉仕・社会貢献		●自立した個を尊重する
	アクションベース	●より困難な道を選ぶ ●逃げない ●一段上の視点から課題を定義する		●挑戦 ●グローバル ●ゼロベースで事業をつくり直す

▲ マイ・クレド（個人の論理）

▲ ステートメント体系（会社の論理）

ＰＤＣＡマネジメントと人事制度をつなぐ

ＰＤＣＡのタイミングと管理項目をそろえる

Ｐｌａｎと人事制度を連結させる

戦略と人材マネジメントは遊離しがちです。

経営戦略や事業戦略に人材マネジメントをしっかりと織り込むと共に、経営計画ではＰＤＣＡマネジメント（178ページ参照）と人事制度の連結を設計しなければなりません。

ＰＤＣＡマネジメントのＰｌａｎは、全社の戦略が、事業部、部署を経由して、個人のタスク、スキル、目標値へと落とし込まれて、人事制度の役割・タスク・目標と連結されることになります。そこで、まず、戦略のＰＤＣＡサイクルのＰｌａｎ作成のタイミングと、人事制度の役割・タスク・目標設定のタイミングを合わせる必要があります。

戦略の Plan と人事制度の Plan の内容をつなぐ

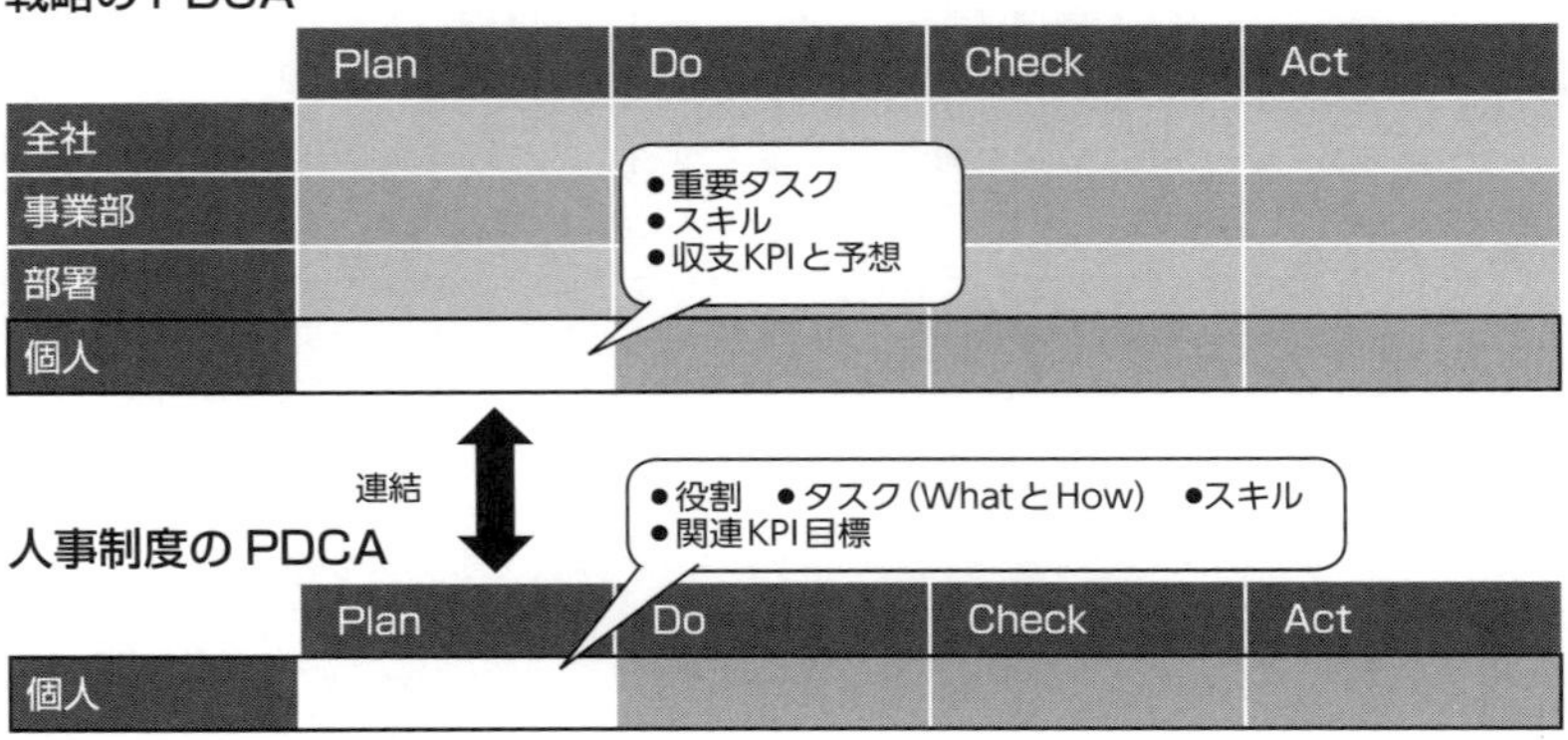

また人事制度は、より長期的な観点から目標を定める必要がありますので、その部分は人事の目標設定で追加する必要があります。

当たり前のように思えますが、実際には、経営戦略・事業戦略のＰＤＣＡサイクルと人事制度が〝有機的に〟つながっている会社は少ないと思います。

つながっていない場合は、多くの従業員にとって、給与・賞与に連結する人事制度の役割・タスク・目標のほうが重要になるので、ＰＤＣＡマネジメントが疎《おろそ》かとなります。

Doと人事制度を連結させる

Ｄｏの自由度は、ステートメント体系の行動指針が律することになります。そこで、人事制度の目標設定の段階で、タスクをどのように実行（Ｄｏ）するかを行動指針に照らし合わせて記述して、ＰＤＣＡのＤｏと人事制度をつなぎます。

タスクがＷｈａｔ（何を）であるとすると、行動指針がＨｏｗ（どのようにして）の関係になります。

Checkと人事評価項目を連結する

まず戦略のＰＤＣＡサイクルのＣｈｅｃｋのタイミングと人事評

価のタイミングを合わせます。そして、戦略から個人に落とし込まれた重要タスク、スキル、収支ＫＰＩと予想の目標値の達成度をＣｈｅｃｋすることになります。

人事制度の評価項目は、成果、将来の達成能力、モチベーションです。人事制度の評価項目と戦略から個人に落としこまれた目標との関係は、「成果」はＫＰＩ体系の数値目標、「将来の達成能力」は重要タスクの進捗度・進め方とスキル、「モチベーション」は人事制度固有の評価項目となります。

成果は客観的な評価（Ｃｈｅｃｋ）が可能ですが、スキル、モチベーションは上司、顧客（内部顧客を含む）、同僚など、多角的な視点からの定性評価が主体となります。

Ａｃｔと人事制度を連結させる

ＰＤＣＡマネジメントのＡｃｔのタイミングと合わせて、人事制度のタスク・目標の調整を行います。

期首に作成した人事制度のタスク・目標が、期中のＰＤＣＡサイクルにより変化しているにもかかわらず、見直されないことになると、ＰＤＣＡマネジメントと人事制度の双方に悪影響を及ぼすことになります。

戦略の Check と人事評価項目をつなぐ

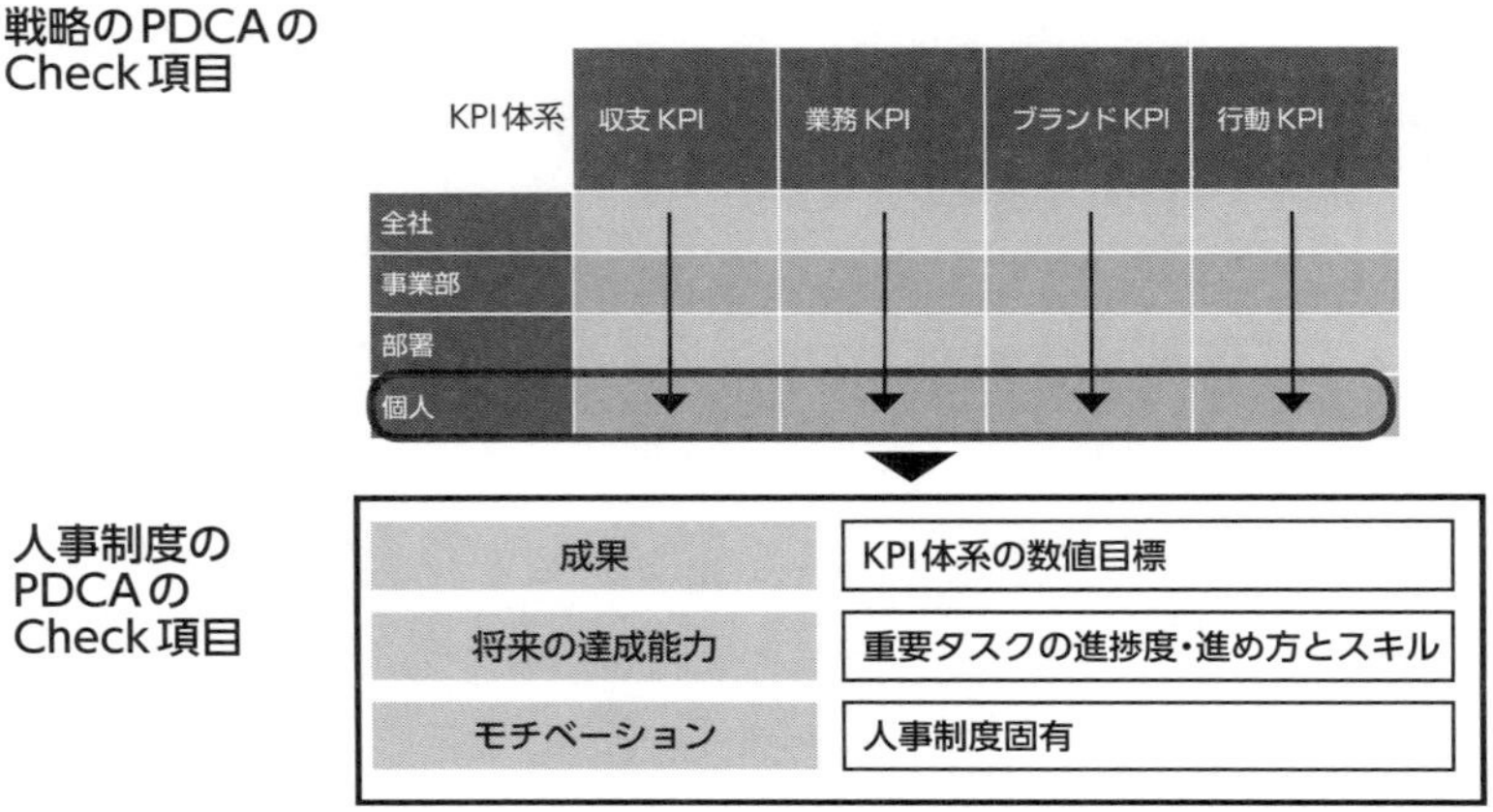

◎人事制度設計のポイント

PDCA マネジメントとつなぐ

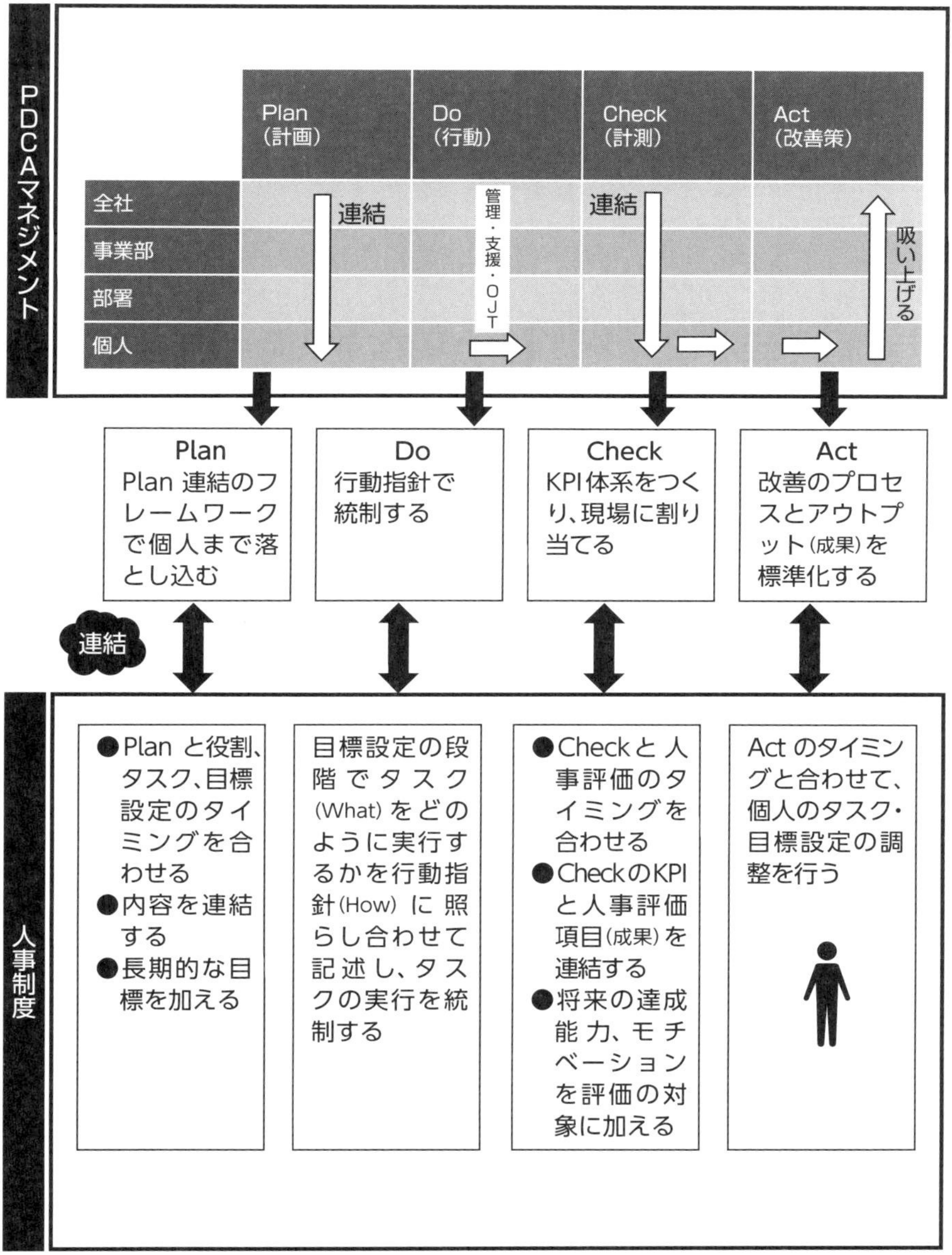

自社固有の経営モデルを教える教育プログラムをつくる

自律的ＰＤＣＡを回すマインドとスキルを養成する

経営戦略と個人のつながりを教える

経営戦略はＰｌａｎの最上位に位置づけられ、事業戦略、部署の戦略を経由して個人へ落とし込まれます。

そして個人は行動指針に律されてＤｏを行い、全社、事業、部署、個人の各階層でＤｏの結果をＣｈｅｃｋして、Ａｃｔで改善策を導き出し、その結果を個人から部署、事業、全社へと吸い上げて、新たなＰｌａｎが作成されます。

この全体像を知らない従業員は、自律的なＰＤＣＡサイクルを回すことができず、よくて、従順な〝フォロワー〟、あるいは全体観がない自己中心的で目先作業埋没型の歯車、最悪は〝アパシー〟として全体の流れを止める歯車となってしまいます。

経営戦略と PDCA のつながり

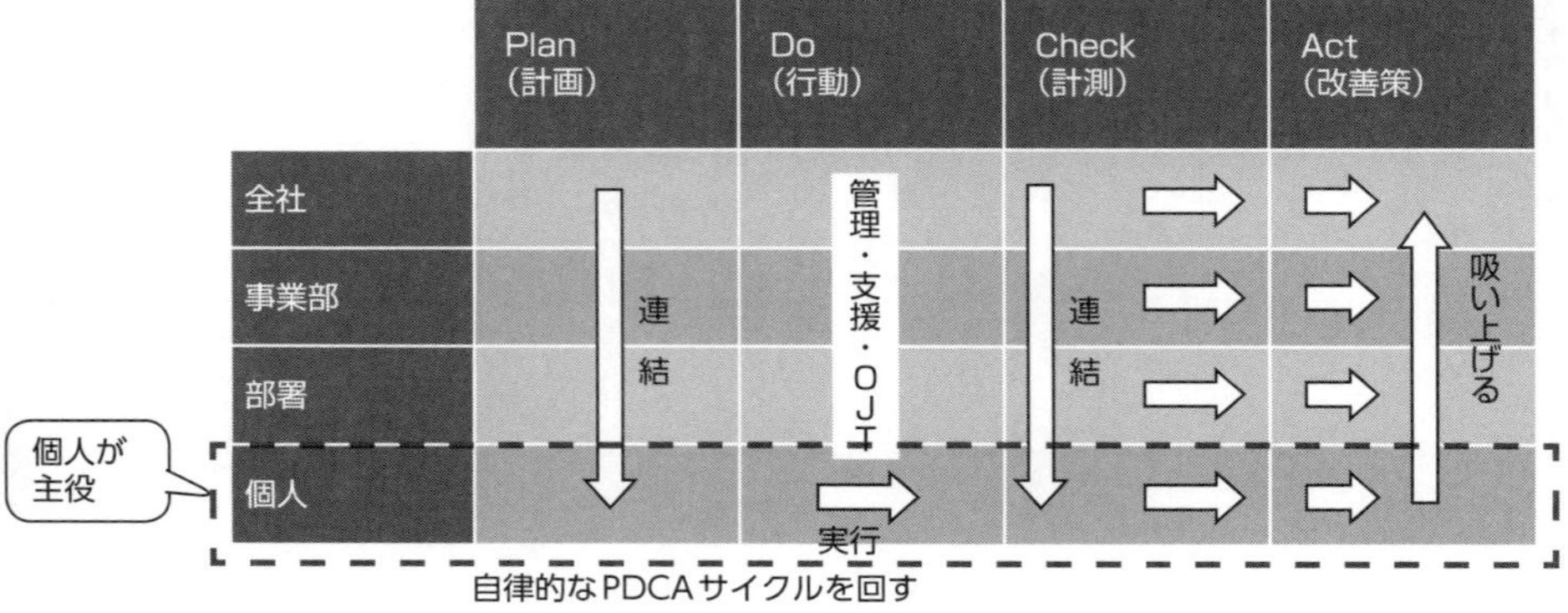

リーダーのマインドを養成する

会社は社会の幸せをつくる分業の一形態であり人為的なルールにすぎません。従業員一人ひとりが、社会でどのような分業を志向するのかミッション、ビジョンをもち、会社、事業部、部署のミッション、ビジョンとシンクロさせる必要があります。それが自律的なPDCAサイクルを回すモチベーションとなります。

自立した〝個〟として「自らがやりたい分業を選定し、仲間を集めて幸せをつくり、つくった幸せを、ほかのチームがつくった幸せと交換する」手順、方法を理解し、それを会社という場で実践しようとするマインドと、行動のイメージをもつことが重要です。

これはベンチャーや自営業を含む小規模会社では当たり前のことであり、決してむずかしいことではありません。

社会人としての人格は入社3年前後で形成されますので、そのタイミングを逃さないことです。また、新社会人だけでなく、すべての従業員も、一度は自由・競争主義における会社とは何か、基本的な経営論を受講させます。

課題解決スキルを養成しCheckとActをつなぐ

PDCAサイクルにおいて、CheckとActの間には大きな

リーダーのマインドを養成する

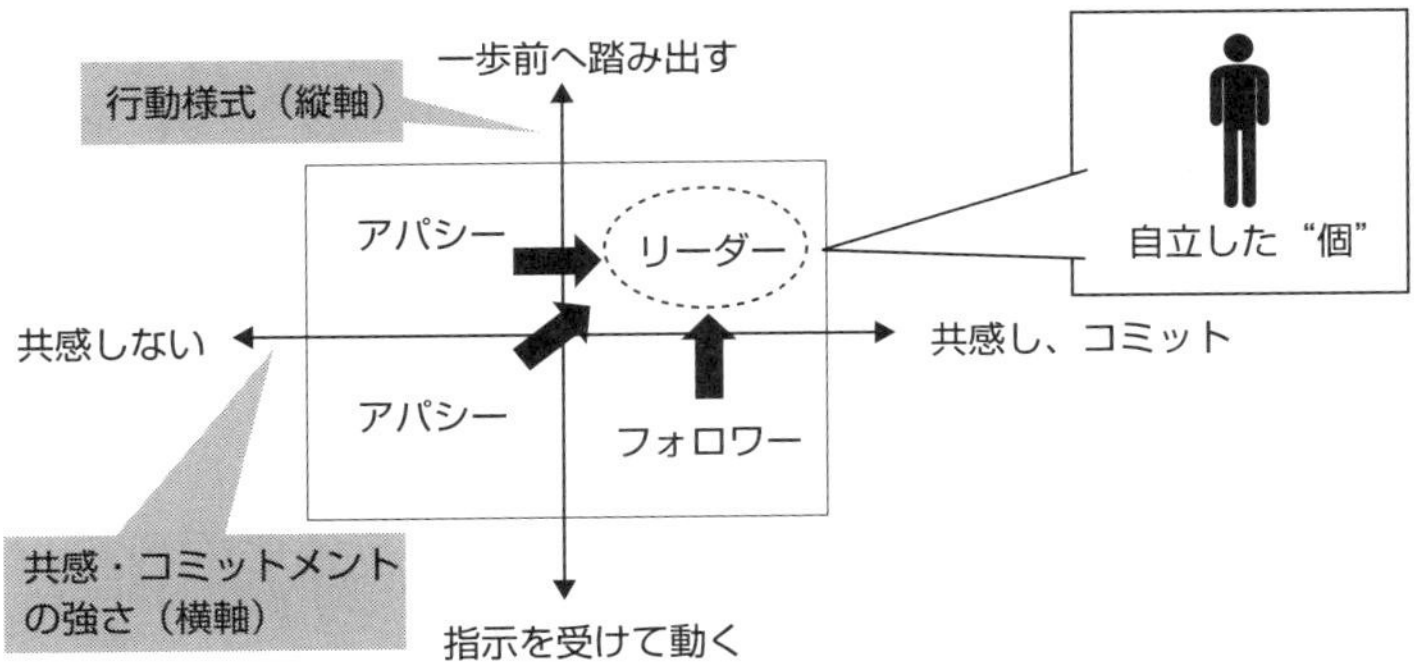

ギャップ(溝)があり、放っておくとつながりません。

そのためＡｃｔの考え方とプロセス、成果物のテンプレートを現場に渡しますが、それだけでは不十分です。多くのエクセレントカンパニーは、独自の課題解決手法を開発しています。

自社独自の課題解決手法を日々究めて、競争優位性へと昇華させることが求められます。後述のナレッジマネジメントは、この課題解決スキルを高める〝下駄〟となります。

経営計画を〝全従業員〟に教える

多くの会社では、社会人としてのありきたりのスキルや態度を身につけさせる教育、あるいは担当業務を理解させる教育は実施しますが、経営モデルに関する教育はほとんどなされていません。

そのような教育があったとしても、管理職に対して大学教授が〝一般論〟を講義することが多く、自社固有の経営モデルについて教育を行っている会社は稀です。

そこで、まず、経営計画の作成を通じて、自社固有の経営モデルを整理・可視化します。そのうえで、〝全従業員〟に経営モデル、経営計画の内容を教えます。その教育が組織スキルを高め、競争優位性の構築の基盤となります。

課題解決スキルを養成する

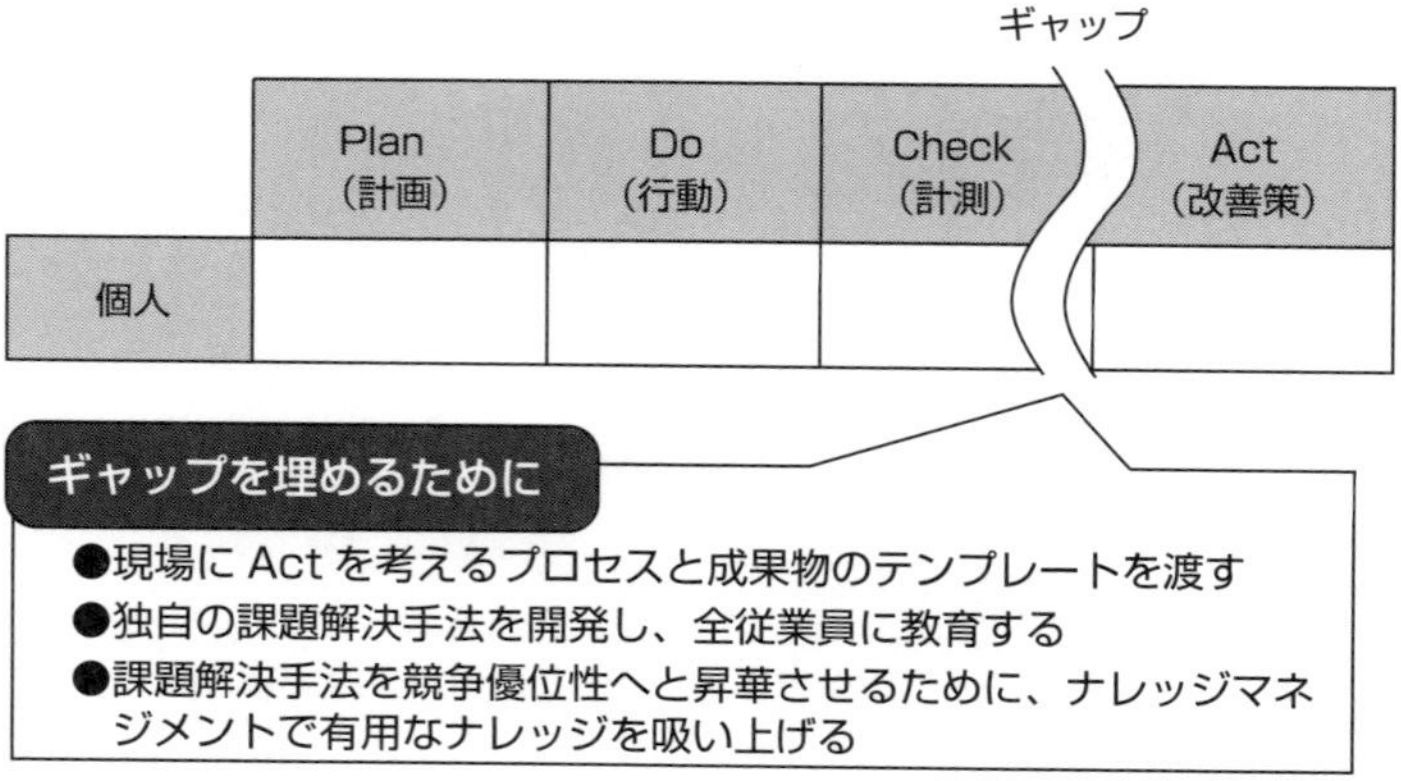
ギャップ
Plan
(計画)
Do
(行動)
Check
(計測)
Act
(改善策)
個人
ギャップを埋めるために
●現場に Act を考えるプロセスと成果物のテンプレートを渡す
●独自の課題解決手法を開発し、全従業員に教育する
●課題解決手法を競争優位性へと昇華させるために、ナレッジマネジメントで有用なナレッジを吸い上げる

◎教育制度設計のポイント

自律的 PDCA を回すスキルマインドを養成する

1.経営戦略と個人のPDCAのつながりを教育する

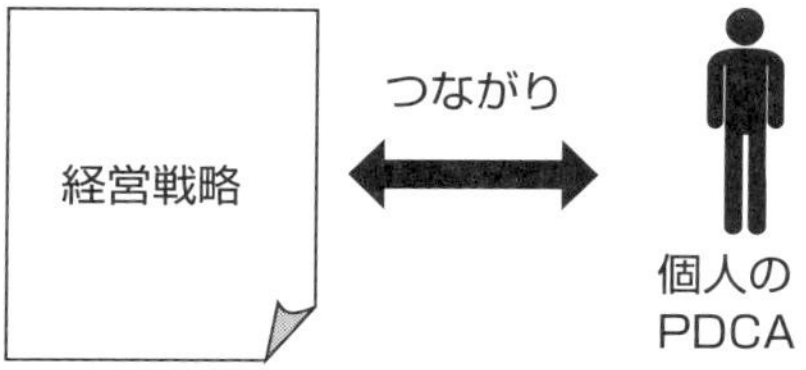

POINT

全体像を知ることで
自律的ＰＤＣＡを回
せるようになる

2.リーダーのマインドを養成する

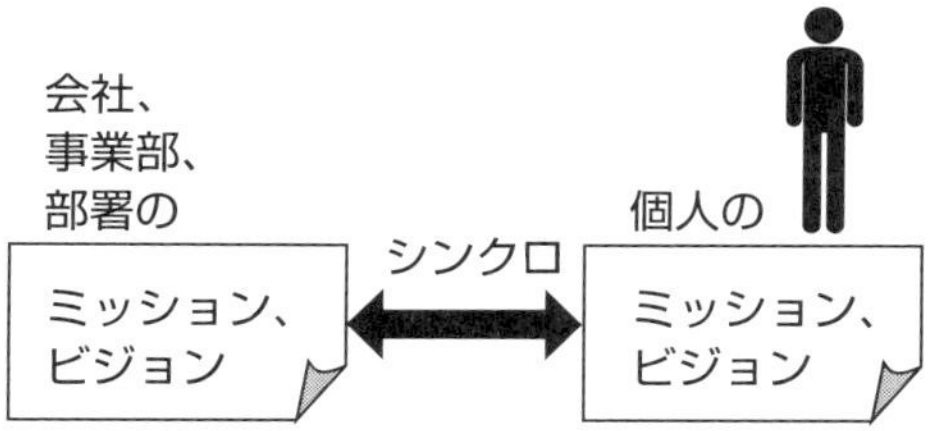

POINT

会社とは社会の分業
の一形態にすぎず、
自分の志を実践する
場だと教える

3.課題解決スキルを教育する

POINT

プロセスと成果物の標準化、独自の問題解決
手法、ナレッジマネジメントがポイント

4.経営計画、自社固有の経営モデルを教える

POINT

自社固有の経営モデルに関する教育をしっかりと行
い、経営計画を説明する

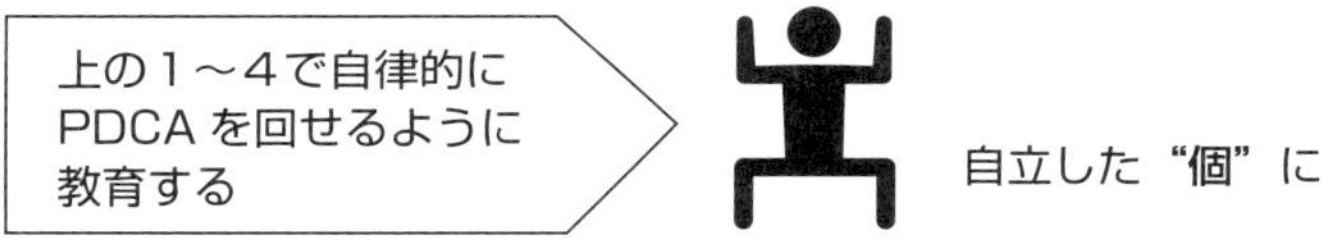

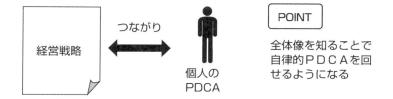

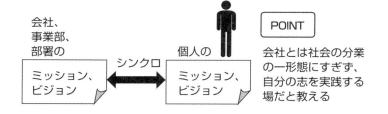

ＰＤＣＡから生まれるナレッジを組織知化する

ナレッジマネジメントの仕組みを設計する

ナレッジ・データベースをつくる

ＰＤＣＡサイクルを回すことにより生まれるナレッジ（組織で活用できる知識・経験・事例・ノウハウなど）は、会社にとってかけがえのない資産です。

ＰＤＣＡマネジメントの実践の過程で生み出されるナレッジを、見える化し、組織内で共有し、知恵に昇華させ、活用すべきです。ナレッジ・データベースはナレッジをシステマチックに吸い上げ、組織で活用する、その有効な手段となります。

たとえば、どの事業ドメインで、どの部署の誰が、いつ、どんな施策を実施したら、どんな結果になったか、そして次回はこんなＡｃｔを考えているという構成で内容を簡単にまとめて記録します。

ナレッジの登録シート（例）

事業ドメイン			
部署／担当者／連絡先			
課題			
施策名／施策 ID *			
施策内容			
実施時期		From	To
結果		実施前	実施後
	KPI 1		
	KPI 2		
Act（改良点、所感）			
自社への示唆			

＊施策内容を因数分解し ID をつけておく

その際は、できるだけ会社に役立つ汎用的示唆を抽出するように心がけましょう。これらのナレッジは、事業ドメイン、部署、実施時期、結果KPIなどのキーで検索できるようにします。

ナレッジ・リーダーを決める

ナレッジ・データベースは有用ですが、文字だけではよくわかりません。やっぱり人に聞いてみたいですよね。したがってナレッジ・データベースには、連絡先を入れておきます。

また、経営戦略のコアコンピタンス、競争優位性にかかわるナレッジは、それぞれの領域ごと（購買、生産、営業など）にナレッジ・リーダーを決めておきます。

ナレッジ・リーダーは、システムにアップロードされるナレッジを見て、より汎用性があり、競争優位性があるナレッジへと昇華させる役割を負います。ナレッジ・リーダーの名簿を社内で公開しておくと、「これは、あのくわしい人に聞いてみよう」となり、組織知の形成が加速されます。

ナレッジの発表会を開催する

ナレッジマネジメントの責任者、または、ナレッジ・リーダーの

ナレッジ・リーダーを決める　Know Who

	R&D	購買	生産	営業
コアコンピタンス	……	……	……	……
競争優位性	✔		✔	
ナレッジ・リーダー	田中太郎	……	鈴木花子	……

競争優位性にかかわるナレッジには、
ナレッジ・リーダーを決めておく

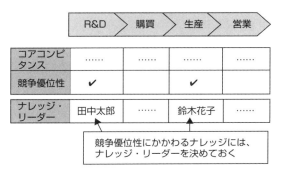

主催で、ナレッジの発表会を開催します。

旬のテーマを選定し、ナレッジをアップロードした人に発表してもらい、討議をすることにより、その場で新たな知恵が発掘され、深まり、参加者の知恵の活用イメージが湧くことになります。

また社内報なども活用して、旬の知恵を広めることも行います。

継続のインセンティブを工夫する

ナレッジマネジメントは、スタート時はそれなりに使われますが、期間が経過するとナレッジが陳腐化して使われなくなります。

その原因は、ナレッジをデータベースにアップロードする苦労と比較して、見合った褒奨・報酬がない、あるいは、利用者の側からは、ナレッジを取りにいく苦労に対して得られるものが小さいということです。

そのため、ナレッジへの貢献度を人事制度の昇格条件に入れたり、行動指針にナレッジへの貢献を入れて、人事評価の対象にします。また、ベストナレッジの投票を行い金銭的報酬、非金銭的褒奨を提供します。

ナレッジ・データベースの活用度を上げる

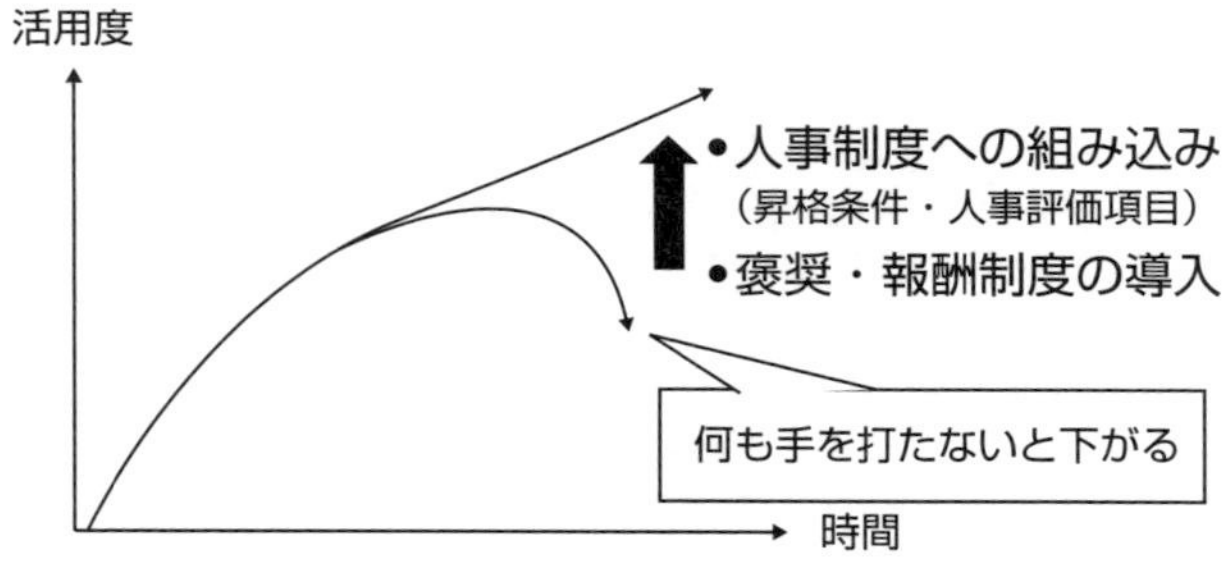

◎ナレッジマネジメントのポイント

PDCA から生まれるナレッジを組織知化してコアコンピタンス、競争優位性をつくる

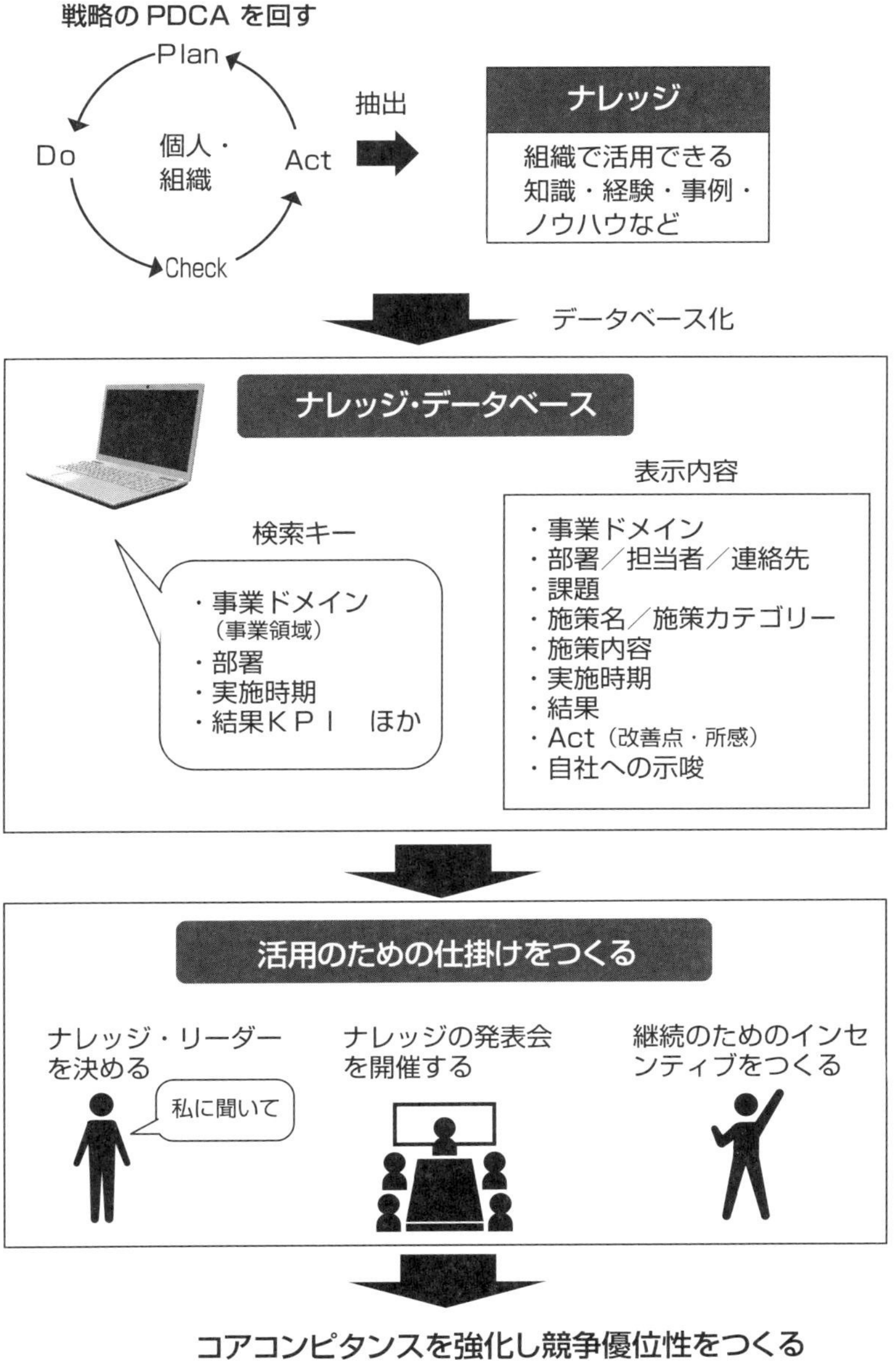

第10章

経営計画で会社を変える

経営計画を利用して
会社を変えるポイントと事例を紹介する。

コミュニケーション戦略をつくり経営計画をカスタマイズする

経営計画（マスタープラン）はそのまま発信しない

経営計画の目的は、株主・債権者、経営陣、採用候補者、従業員などのステークホルダー（＝ターゲット・オーディエンス）のあるべき行動を引き出すことです。その目的達成のために、ターゲット・オーディエンス別にコミュニケーション戦略を立て、経営計画（マスタープラン）の内容をカスタマイズする必要があります。

コミュニケーション戦略は、ターゲット・オーディエンスの定義、経営計画の内容発信の目的、コミュニケーション戦略で使うメディア、メッセージ、予算などから構成されます。

株主・債権者

株主・債権者に対するコミュニケーション戦略の目的は、経営戦略の承認、株の継続保有ならびに新たな株の購入、新たな融資枠をいただくことなどです。

メディアは、ホームページで開示される経営方針・経営戦略、有価証券報告書や決算短信、決算説明会の開催、株主に対する株主通信や事業報告書の送付などです。

経営計画のマスタープランと、発信メッセージに齟齬《そご》がないことが重要です。

株主・債権者向けの経営計画に入れる内容は、会社の方向性を示すミッション、ビジョン、外向きの戦略（事業ドメインと事業ポートフォリオ）、内向きの戦略（組織設計）、収支予想がメインとなります。

またCSR（企業の社会的責任）レポートを作成する場合は、環境、寄付、文化への貢献というよりも、本業としてのCSVへの取り組みスタンス、つまりCSV指標と会計利益指標の考え方を示すことが重要です。

利益、配当の見込み、その裏づけとなる戦略、資金調達計画を説明するのは当然ですが、社会的大義やその実現のためにチャレンジする姿勢を示し、株主・債権者の共感・応援したい気持ちを誘発することが重要です。

株主・債権者向けコミュニケーション戦略

目的	メディア	メッセージ
●経営戦略の承認 ●株の継続保有、新たな株の購入 ●新たな融資枠をいただく	●ホームページ ●説明会 ●冊子（株主通信、事業報告書ほか）	●利益、配当の見込みとその裏づけとなる戦略 ●資金調達計画 ●ＣＳＶ指標と会計利益指標の考え方

経営陣

経営陣に対するコミュニケーション戦略の目的は、全社戦略の内容の詳細の説明と、その実現のための経営陣の役割、目標を明確にし、行動のベクトルの整合性をとることです。

メディアは、紙、電子データ、説明会の開催に加えて、ワークショップもよく用いられます。

ワークショップは、経営計画の骨子を作成後、経営陣を巻き込み肉づけする方法、作成された経営計画を説明し、それぞれの経営陣が担当する事業の事業戦略、事業計画への意味合いを考えてもらい、整合性を確保する方法などがあります。いずれにしても十分な準備が必要となります。

経営計画に入れる内容は、マスタープランのすべてです。ただし経営陣は詳細まで目を通せないので、要約をつくり説明し、ワークショップで討議を行い理解を深めます。

必要に応じて経営計画の修正をしますので、ターゲット・オーディエンスの中で、最初に取り組むべきです。

採用候補者

採用候補者に対するコミュニケーション戦略の目的は、優秀な人

経営陣向けコミュニケーション戦略

目　的	メディア	メッセージ
経営陣一人ひとりおよび部門の役割、目標を明確にし、行動のベクトルの整合性をとる	●計画書（紙、電子データ） ●説明会 ●ワークショップ	●経営戦略による大まかな会社の方向性と担当事業部門の位置づけ ●担当事業部門の戦略の詳細

材を惹きつけ、入社してもらうことです。

メディアは、採用候補者向けホームページ、各種説明資料、説明会などです。またインターンや、会社訪問などで、従業員から採用候補者に対して口頭で伝えられることもあります。

経営計画に入れる内容は、ミッション、ビジョン、経営戦略の要約、組織、人材マネジメント、キャリア機会などの内向きの戦略と収支予想がメインとなります。

採用候補者となる人材が望む会社像、キャリア機会、組織、人事・教育制度などが発信するメッセージに必要です。

また、社会の富裕化と、それを促進する政策に端を発し、リーダーの資質を備えた学生が少なくなっています。ＣＳＶ指標に着目した社会的大義のある事業推進を前面に出すことが、優秀な学生を惹きつけるポイントとなります。

従業員

従業員に対するコミュニケーション戦略の目的は、経営戦略に沿った従業員の行動変革です。

メディアは、社内のイントラネット上の説明資料、社内報、小冊子の配付、全社員向けの映像配信などに加えて、全社員が一堂に会

採用候補者向けコミュニケーション戦略

目　的	メディア	メッセージ
求人要綱に適合した人材を惹きつけ、入社の意志を固めてもらう	●ホームページ ●説明会 ●冊子（会社案内） ●ＯＢ訪問 ●従業員（インターン）	●欲しい人材が求める、会社の方向性、キャリア機会、組織、人事・教育制度などの裏づけ ●ＣＳＶ指標に着目した社会的大義のある事業推進への取り組み

するオールスタッフイベント、社長が各職場を回り内容を説明するキャラバン、事業部や部課での説明会の開催など非メディア施策も用います。

さらに経営陣と同じく、経営計画の骨子を作成後、ブランドイメージや行動指針を従業員巻き込み型で考えさせ、経営計画に反映するワークショップ、作成された経営計画のエッセンスと各事業部の事業計画を説明し、それぞれの部署で部署の計画への意味合いを考えてもらうワークショップを開催することもあります。

経営計画に入れる内容は、資金調達計画と資本政策を除くすべてになります。

また、管理職向けと一般社員向けに分け、一般社員向けはより平易にします。いずれの場合も自部署に関連する情報を多く入れることになります。

株主・債権者、採用候補者と同様に、社会的大義やその実現のためにチャレンジする姿勢を描き、共感してもらい、行動変革を起こすモチベーションを与えることが重要です。会社の方向性、ブランドコンセプト、行動指針などによりあるべき行動を示します。

従業員向けコミュニケーション戦略

目　的	メディア	メッセージ
あるべき行動変革を促す	●計画書（紙、電子データ） ●説明会 ●ワークショップ	●社会的大義やその実現のためにチャレンジする姿勢（ミッション・ビジョン） ●経営戦略による会社の方向性 ●ブランドコンセプト、行動指針によるあるべき行動

◎経営計画（マスタープラン）のカスタマイズ例

ターゲット・オーディエンスごとにマスタープランの内容をカスタマイズする

○　全社分
△　担当する事業分

						経営計画に含まれる要素				
						マスタープラン	ターゲット・オーディエンス向けカスタマイズ版			
							株主・債権者	経営陣	採用候補者	従業員
経営計画要素	ターゲット・オーディエンスのプロフィール					○				
経営計画要素	ターゲット・オーディエンスの誘発したい行動					○				
経営計画要素	ステートメント体系	ミッション				○	○	○	○	○
経営計画要素	ステートメント体系	ビジョン				○	○	○	○	○
経営計画要素	ステートメント体系	戦略	経営戦略	外向きの戦略	事業ドメイン	○	○	○	○	○
経営計画要素	ステートメント体系	戦略	経営戦略	外向きの戦略	事業ポートフォリオ	○	○	○	○	○
経営計画要素	ステートメント体系	戦略	経営戦略	内向きの戦略	事業のミッションとＫＰＩ	○		△		△
経営計画要素	ステートメント体系	戦略	経営戦略	内向きの戦略	顧客接点	○		△		△
経営計画要素	ステートメント体系	戦略	経営戦略	内向きの戦略	業務プロセス	○		△		△
経営計画要素	ステートメント体系	戦略	経営戦略	内向きの戦略	ＩＣＴ（情報通信技術）	○		△		△
経営計画要素	ステートメント体系	戦略	経営戦略	内向きの戦略	組織	○	○	○	○	○
経営計画要素	ステートメント体系	戦略	経営戦略	内向きの戦略	人材マネジメント	○		○	○	○
経営計画要素	ステートメント体系	戦略	経営戦略	内向きの戦略	行動革新メカニズム	○	○	○	○	○
経営計画要素	ステートメント体系	戦略	経営戦略	収支予想		○	○	○	○	○
経営計画要素	ステートメント体系	戦略	経営戦略	資金調達計画と資本政策		○	○	○		
経営計画要素	ステートメント体系	戦略	経営戦略	未充足ニーズと競争優位性		○	○	○	○	○
経営計画要素	ステートメント体系	戦略	個別事業戦略			○		△		△
経営計画要素	ステートメント体系	ブランド				○	○	○	○	○
経営計画要素	ステートメント体系	行動指針				○		○	○	○
経営計画要素	PDCA マネジメント					○		○		○
経営計画要素	PDCAサポートシステム	チェンジエージェント制度				○		○		○
経営計画要素	PDCAサポートシステム	人事制度				○		○		○
経営計画要素	PDCAサポートシステム	教育制度				○		○		○
経営計画要素	PDCAサポートシステム	ナレッジマネジメント				○		○		○

エクセレントカンパニーへの船出をする

自社固有の経営計画を礎石とする

エクセレントカンパニーの特質

長年にわたって高いパフォーマンスを維持している企業は、しっかりした経営計画をつくって、それを着実に実行しています。

2005年に世界6000社を対象に調査を行ったアクセンチュア社の調査レポート、ならびに『ビジョナリー・カンパニー』の著者であるジム・C・コリンズの調査結果を統合すると、エクセレントカンパニーの特質は次のキーワードに要約されます。

- トップのリーダーシップ
- 人を選ぶ
- 現実を直視する
- 単純明快な戦略的アイデンティティ

エクセレントカンパニーの特質(その1)

■トップのリーダーシップ
カリスマ経営は短命である。自分がいなくなったあとも、成長を維持する組織の仕組みづくりへのリーダーシップが求められる

■人を選ぶ
不適切な人を乗せたバスは、その人の管理のために膨大な無駄な時間を費やす。最初に人を選ぶ

■現実を直視する
楽観を排し、現実を直視したうえで、勝利の方程式をつくる

■単純明快な戦略的アイデンティティ
「情熱をもって取り組めるもの」「経済的原動力となるもの」「自分が世界一になれる部分」の3つの重なる部分を短く言い当てた中長期戦略ビジョンを自社のアイデンティティとする

●規律の文化
●新技術に振り回されない
●劇的な転換は日々の積み重ね
●基本的価値観

自社固有の経営モデルをつくる

エクセレントカンパニーの特質で明らかなように、企業経営のあるべき姿は小手先の外向きの戦略の策定・実行ではありません。事業のライフサイクルは短くなり、個別事業の外向きの戦略の巧拙が企業の業績に与える影響は少なくなっています。

経営トップ自らが新たな事業ドメインを設定し、事業ポートフォリオをゼロベースで見直し、業務プロセス、ICT、組織、人材マネジメント、行動革新メカニズムなどを刷新することが求められます。

そして会計利益指標だけでなくCSV指標を経営の評価指標に加え、新たなビジネスモデルのPDCAを回さなければなりません。

経営のリーダーシップのあり方

社会は猛烈なスピードで変化しています。既存産業は消失するも

エクセレントカンパニーの特質(その2)

■規律の文化
人ではなく、あるべき行動を誘発するシステムをつくり管理する
■新技術に振り回されない
新技術は、これまでの方向を加速させる促進剤にすぎない。新技術を追い、また新たな新技術を求める主客転倒に陥らない
■劇的な転換は日々の積み重ね
粛々とやるべきことをやり続けていれば、いつのまにか車は勢いを増す。逆もまた然りである
■基本的価値観
収益は、生きていくには必要不可欠なものではあるが、生きていく目的ではない。重要なのは基本的価値観をもっているか否かである

のも多く、少なくとも形は変わります。この21世紀産業革命の中で、生き延びて社会的大義を果たすためには、大胆な舵取りが必要です。

この時代において必要な経営のリーダーシップの類型は、調整型ではなくトップダウン型、またお任せ型ではなく統制型となります。三隅《みすみ》理論ではPM型、Pm型、フィードラー理論ではタスク中心・指示的なスタイル、SL理論では教示的、説得的リーダーシップです。

一人が状況に応じてリーダーシップの類型を使い分けできればよいですが、実際はもって生まれた資質とその後の環境により得意な類型が決まってしまいます。

自分が求められるリーダーシップの類型に合わない場合は、①チームのために勇退し新たなリーダーを招へいする、②類型が異なるメンバーでリーダーシップチームを編成して対処する、③しっかりした経営計画をつくり仕組みで補完する、の3つの対策を考え実行してください。

社長、経営陣はもはや〝上がり〟のポジションではなく、最前線であることを認識しなければなりません。リーダーは、経営計画を率先垂範で実行し、背中で引っ張ることが求められます。

三隅のPM理論

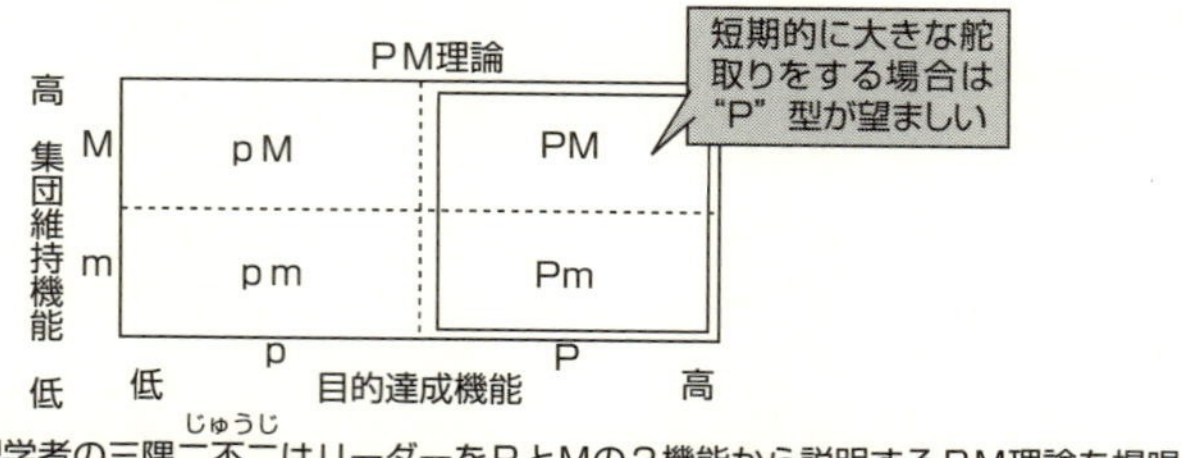

心理学者の三隅二不二《じゅうじ》はリーダーをPとMの２機能から説明するPM理論を提唱
・P機能：仕事の目標を達成させるために計画を立てたり指示を与えたりする目標達成機能 (Performance function)
・M機能：集団の雰囲気を良好に保ち、まとまりを維持・強化しようとする集団維持的機能 (Maintenance function)
PMそれぞれの要素が強いときは大文字、弱いときは小文字であらわす

◎エクセレントカンパニーへの船出

ゼロベースで経営計画をつくり実行するためには、経営の強いリーダーシップが必要である

社会の変化

豊かになった社会　富の偏在
超高齢社会　ニーズの変化と多様化
グローバル化　技術進化と応用の加速

●既存事業ドメインの消失
●新たな事業ドメインとビジネスモデルの出現

求められるリーダーシップ

- 三隅理論 → ＰＭ型、Ｐｍ型
- フィードラー理論 → タスク中心・指示的なスタイル
- ＳＬ理論 → 教示的・説得的リーダーシップ

リーダーシップのつくり方

①求められるリーダーシップに合うような、新たなリーダーを招へいする
②類型が異なるメンバーでリーダーシップチームをつくり対処する
③しっかりした経営計画をつくり、仕組みでリーダーシップを補完する

☞ フィードラー理論
フィードラーは、最善のリーダーシップ・スタイルは、①リーダー・成員関係、②タスク構造、③職位パワーの３次元の状況により、タスク中心・指示的なスタイルと、人間関係中心・非指示的なスタイルの有効性が異なることを示した。

☞ SL理論（Situational Leadership Theory）
ハーシィとブランチャードが提唱したＳＬ理論（Situational Leadership Theory）は、部下のスキル習熟度が高まるに連れ、教示的リーダーシップから、説得的、参加的、委任的リーダーシップへと変化すべきと提唱した。

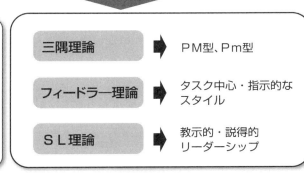

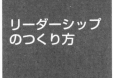

事例1

巨額赤字からV字回復を遂げた「日立製作所」

日立は2008年、7873億円という巨額の赤字を計上したあと、業績をV字回復させせた。その背後にある経営戦略・経営計画を明らかにする

2008年度当時の課題

１９２０年(大正9年)に、日立鉱山で使用する機械の修理工場を独立させ日立製作所が設立されてから、事業ドメインは拡大を続けました。２００８年当時は、家電、ＨＤＤ、電池、半導体、鉄道車両、自動車部品、電力、昇降機、金属、化成品、計測機器、金融など、日立は何をする会社なのかよくわからない状況でした。

２００８年秋のリーマンショックをきっかけに、競争力・シナジーがない事業群の矛盾が一気に噴出し、２００９年3月期決算は、当期純利益▲７８７３億円と、日立創業以来、未曾有の赤字を計上することになりました。

7,873億円の巨額赤字から一気にV字回復

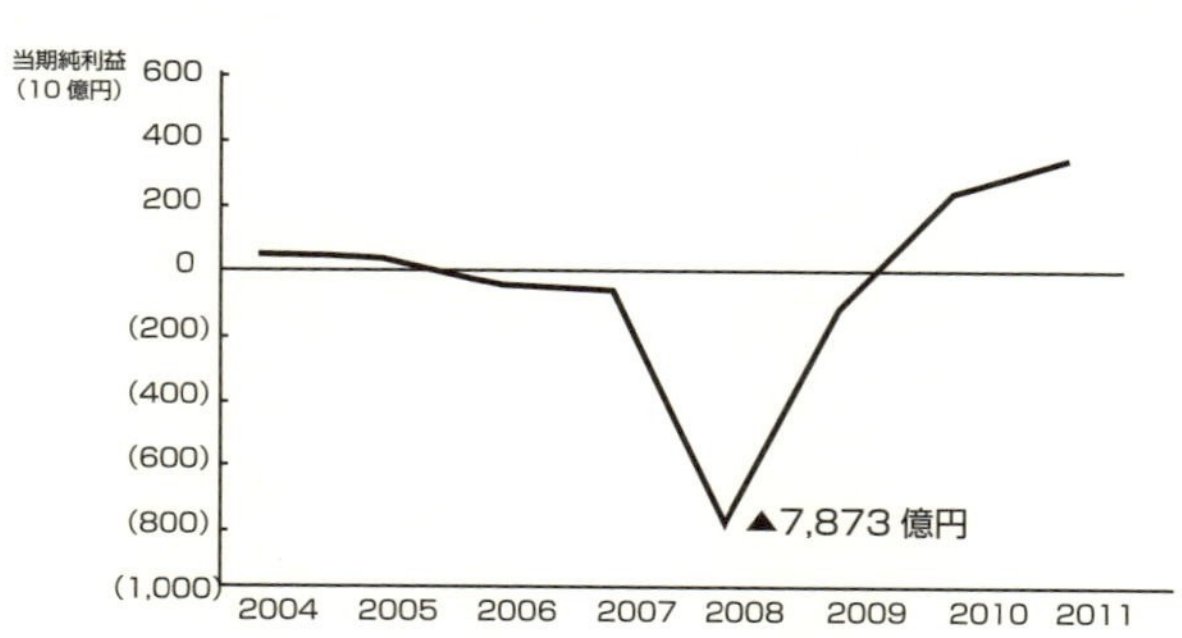

事業ドメインの変更

日立は、まず〝総合電機〟という何でも屋から〝社会イノベーション事業〟へと提供価値軸で事業ドメインを再定義しました。〝社会イノベーション〟とは、情報システムを活用して社会インフラを革新する意図を示しています。

事業ポートフォリオの入れ替え

事業ドメインの再定義を踏まえて、日立は遠ざける事業と近づける事業を明確にします。遠ざける事業として、HDDおよび液晶事業を売却し、テレビの自社生産を終了しました。近づけるべき事業は、買収、子会社化を進めます。また火力発電事業は三菱重工と統合、そのほかの事業領域においても、グローバルリーディングカンパニーとの提携を進めました。

内向きの戦略の刷新

2009年にカンパニー制を導入しました。同時に、グループ全体のブランドマネジメントを強化し、ステートメント体系を整理し、守るべきものと、変えるべきものを明確にしました。

事業ポートフォリオの入れ替え

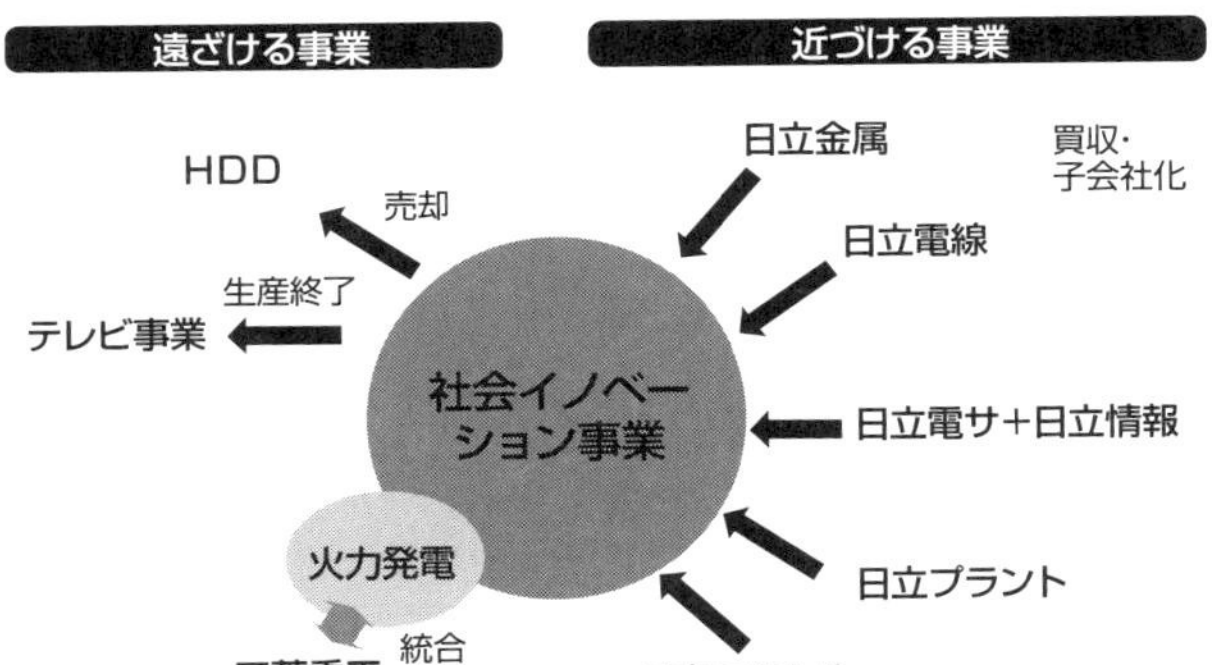

さらに、グローバルマネジメントに対応した人事制度の導入、業務プロセスの見直しによるコスト削減など、カンパニー横断的な取り組みを次々に実施しました。

リーダーシップのあり方

これらビジネスモデルの変革を企画・実行できた背景には、経営のリーダーシップがあります。

日立は、２００９年３月にグループ会社に出されていた川村隆氏を呼び戻して社長に任命しました。年齢としては若返りからの逆行ですが、経営能力に優れており、かつ本社のしがらみから距離をおく立場にいたため、経営改革が断行できるという理由です。

川村氏は、期待通り、合理的なあるべき姿を描き、その達成に突き進む変革のリーダーシップを発揮しました。

業績

日立はその後V字回復を遂げ、好業績を維持しています。

２０１６年３月期の連結決算では、売上高10兆円、営業利益は６０００億円を超えています。

豆知識　日本企業は外部からのトップの起用は少ない

日産自動車、JAL、りそな、ベネッセ、ローソン、LIXIL、サントリー、カルビーなど、社長を外部から招へいした例は、ちょこちょこある。しかし、コンサルティング会社（Strategy&）の世界の大手上場企業 2,500 社を対象とした 2013 年の調査では、日本は社外からのトップの招へいはまだまだ少ないようだ。

社長の外部招へい率

日本　3%

北米　23%

西欧　25%

◎V時回復を遂げた日立の経営モデル

日立は「社会イノベーション」という事業ドメインを設定し、企業変革を起動。新たなリーダーシップのもと、ビジネスモデルの中身をつくり、戦略のPDCAを回し、ハイパフォーマーへ転進中

事例のポイント

		ポイント
外向きの戦略	事業ドメイン	●社会イノベーション事業
	事業ポートフォリオ	●遠ざける事業は売却 ●近づける事業は内部取り込み ●戦略的提携の推進
内向きの戦略	業務プロセス	●徹底した無駄の排除
	組織	●カンパニー制
	人材マネジメント	●グローバル人事制度 ●行動指針の刷新（“日立の心”）
リーダーシップ		● Pm型リーダーシップ（216ページ参照）

エクセレントカンパニーの特徴との関係

特徴	関係性
1. リーダーシップ	✓
2. 人を選ぶ	
3. 現実を直視する	✓
4. 単純明快な戦略的アイデンティティ	✓
5. 規律の文化	✓
6. 新技術に振り回されない	
7. 劇的な転換は日々の積み重ね	
8. 基本的価値観	✓

事例2

持続的な成長を遂げている生産材プラットフォーム会社「ミスミグループ」

部品の企画・製造・販売事業を推進するミスミグループは、明確な外向きの戦略とユニークな内向きの戦略により、創業から持続的成長を維持している

外向きの戦略の中身

ミスミグループの外向きの戦略は明瞭です。

- **事業ドメイン**：部品の企画・製造・販売
- **事業ポートフォリオ**：自動化（FA）用部品、金型用部品、エレクトロニクス部品、工具・消耗品関連など
- **提供価値**：お客様の求める多様な精密機械部品を1個からでも「高品質・低コスト・確実短納期」で提供する
- **マーケティングミックス**：1000万種類の部品をカタログ・Webを通して、世界18万社以上のお客様へ販売
- **バリューチェーンの押さえ方**：生産財の流通機能として、ミスミブランド以外の他社商品も販売する

継続的に業績を上げているミスミ

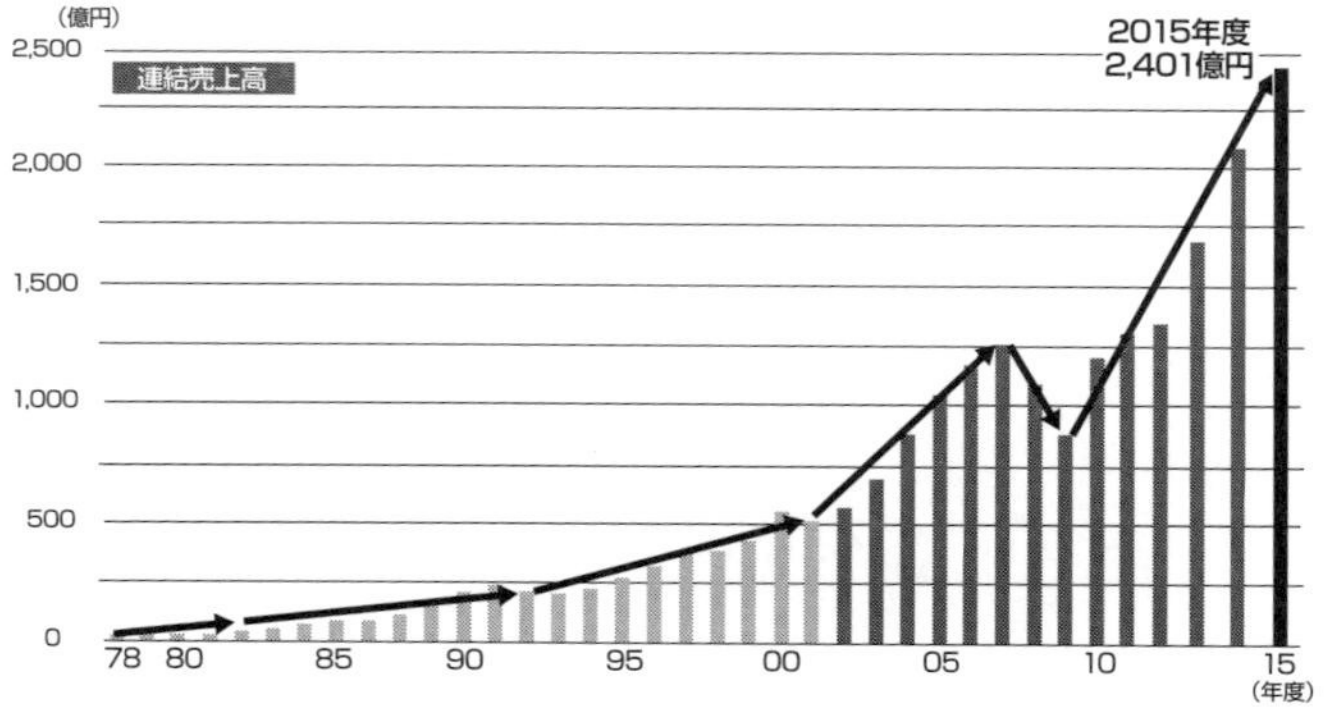

内向きの戦略の中身

会社の枠組みを取り払い、個人に力点をおくユニークな内向きの戦略を構築しています。

① 業務プロセス

海外における拠点展開により、最適調達を目的とした現地生産・現地調達の取り組みを推進しています。

② 組織

「企業のために個人があるのではなく、個人のために会社がある」という企業経営コンセプトをもち、フラットな階層の中、「創って、作って、売る」少人数のチームを編成し、自律的な組織運営を実施しています。

③ 人材マネジメント

配置に関しては、社員はチームリーダーによる公募で選ばれ、人事部による人事異動はありません。

教育は、歯車としての断片的な知識やスキルを段階的に教えるのではなく、チーム制、公募制度により、やる気のある若手を選抜し、経営経験を積ませ、同時に、経営・戦略の理論の座学を行い、経営人材を育成しています。

「スモール・イズ・ビューティフル」という組織の考え方

ミスミの組織は、少人数のチームが「創って、作って、売る」という機能をワンセットもち、そのチームの中でリーダーや社員が自律的に計画を組んで意思決定し、事業を推進しています。

各チームは独立した企業のように組織を運営するため、経営リーダーの育成も加速できます。これらの組織は、事業規模が一定まで大きくなると「スモール・イズ・ビューティフル」の概念のもとに「セル分裂」を行い、組織を独立させ、競争力を維持してきました。

(「ミスミグループ」ホームページより)

④ **パフォーマンスマネジメント**

全社員に経営情報を開示し、少人数のチームが自律的にＰＤＣＡを回しています。

リーダーシップのあり方

創業以来33年間社長を務めた田口弘社長が、プロダクトアウトからマーケットアウトへの発想の転換、持たざる経営、オープンポリシー、チームアプローチ（「スモール・イズ・ビューティフル」）、人事部のない会社、会社の枠組みを取っ払い個人が社会から評価される企業構造へなど、ユニークなビジネスモデルを企画し、ミスミの成長を牽引してきました。

その後、三枝匡社長が、外向きの戦略の精緻化、戦略研修による経営人材の育成を進め、ビジネスモデルをさらに進化させ、２０１３年に大野龍隆社長へバトンを渡しました。

業績

１９６３年の設立（三住商事として）から成長を持続し、２０１６年３月期の売上高は連続ベースで２４０１億円、営業利益２５７億円となり、５期連続で売上高・利益ともに過去最高を更新しています。

人材マネジメント「がらがらポン」

ミスミでは、異動は原則として、2 年に 1 度、全社的に行われる「メンバーがらがらポン」だけ。定期異動はない。「がらがらポン」では、社員が第 1～第 4 希望まで異動希望先を出す。

一方、ビジネスプランに責任をもつ「統括ディレクター」も、社員のキャリアがわかるデータベースなどを見て、欲しい社員の希望を出す。それで、マッチングを行う。

メンバーは 1 人 20 分ほどでプレゼンを行い、事業部長と統括ディレクターの「がらがらポン面接」を受ける。合意すれば異動となる。

◎創業以来、成長を続けているミスミの経営モデル

ミスミは、生産材プラットフォーム会社として、多様な部品を１個から、高品質、低コスト、確実の納期で提供するという差別化価値を提供している。それを実現させる競争優位性は、会社の枠組みを取り払い、個人に力点をおく内向きの戦略にある

事例のポイント

		ポイント
外向きの戦略	事業ドメイン	部品の企画・製造・販売
	提供価値	多様な部品を１個から、高品質、低コスト、確実の納期で提供
	チャネル	カタログ、Web
	バリューチェーン	生産材流通機能 他社商品も販売する
内向きの戦略	業務プロセス	海外拠点展開による最適調達（現地生産・現地調達）
	組織	フラットな階層 自律的組織運営（少人数のチームがそれぞれ「創って、作って、売る」）
	人材マネジメント	人事異動は公募制 経営人材育成教育と権限委譲による経験
経営計画	PDCA マネジメント	全社員に経営情報開示 少人数のチームが自律的に PDCA を回す
リーダーシップ		PM 型リーダーシップ

エクセレントカンパニーの特徴との関係

特徴	関係性
1. リーダーシップ	✓
2. 人を選ぶ	
3. 現実を直視する	
4. 単純明快な戦略的アイデンティティ	✓
5. 規律の文化	✓
6. 新技術に振り回されない	
7. 劇的な転換は日々の積み重ね	
8. 基本的価値観	✓

事例3

29期連続で増収増益を果たしている「ニトリホールディングス」

「お、ねだん以上。」のキャッチコピーで有名なニトリは、家具・インテリア業界の市場が縮小する中、持続的に好業績を維持している。その秘密に迫る

経営計画のタイムフレームとビジョン

ニトリは1967年に創業し、1972年にまだ2店舗しかなかった当時、似鳥社長は何と30年2期の60年の経営計画を立てています。

最初の10年は店づくり、次の10年で人づくり、そして最後の10年が、その人たちによる商品づくりや仕組みづくりです。現在は、グローバル化と事業領域の拡大を掲げ、第2期30年間計画を推進中で、2032年には3000店舗、売上3兆円を目標にしています。

多くの企業が長期ビジョンをもたず、現状の延長線で3年や5年計画を立ててその達成に四苦八苦している中、世の中のトレンドを読みこれだけ長期の経営戦略を立てて着実に実行している会社はそう

29期連続増収増益を果たしたニトリ

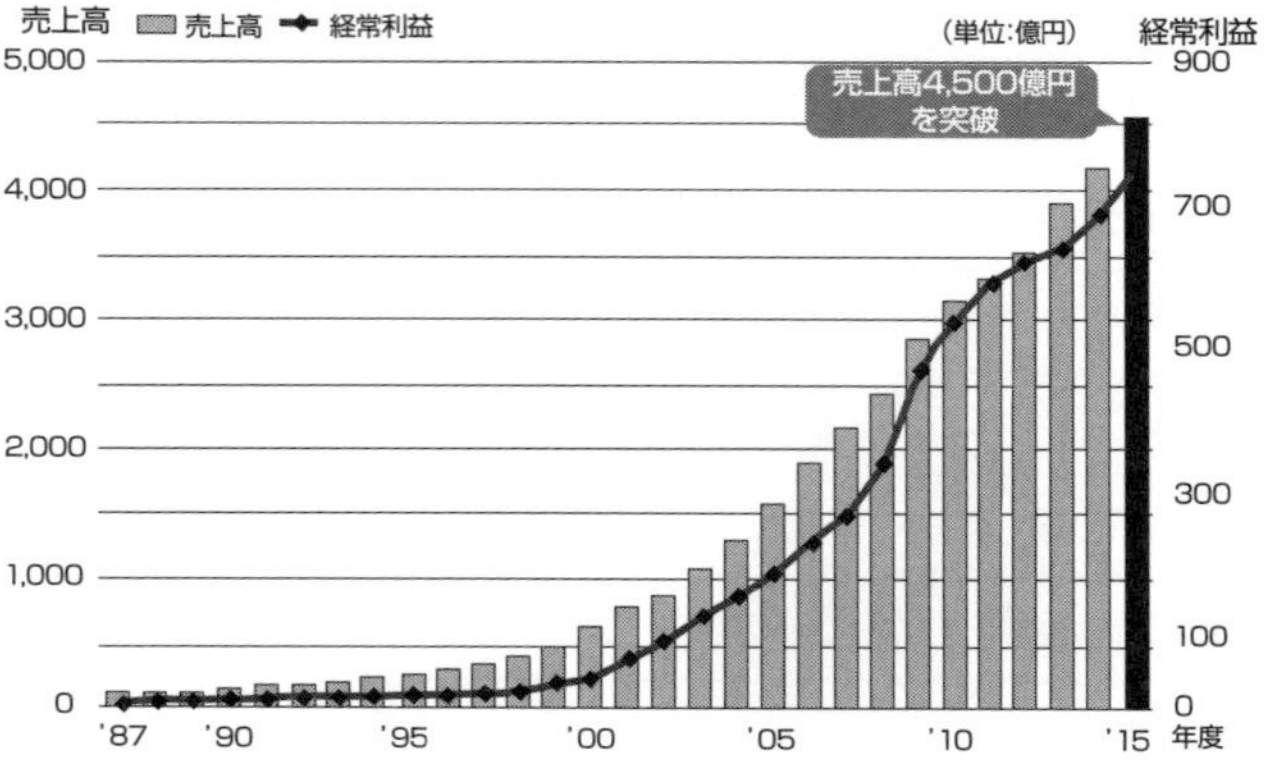

多くないと思います。

外向きの戦略の中身

ニトリの外向きの戦略の骨子は明瞭です。

- **事業ドメイン**：ホームファニシング
- **ターゲット顧客セグメント**：年収８００万円以下のすべての人
- **提供価値**：「トータルコーディネーション」「低価格であるが、お値段以上の価値」
- **バリューチェーンの押さえ方**：売れるベーシック商品は自社製造。そのほかは中間業者を入れずメーカーから直輸入

内向きの戦略の中身

① **業務プロセス**

ベーシック商品は、商品の企画、原材料の仕入れ、現地生産、輸入、販売、商品搬送までをほぼ自社で手掛け、物流センターや配送拠点までも自社で保有しています。

② **組織**

フラットな組織で、人の管理のスパン・オブ・コントロールを広げ自分で考えて行動することを推奨しています。スパン・オブ・コ

ニトリの「60年経営計画」

ニトリホールディングスの会長、似鳥昭雄氏が 1972 年にアメリカ研修旅行に参加した時、日本はアメリカに比べて 50 年以上は遅れていると実感し、30 年で追いつき 60 年かけて追い越そうという計画を立てた。

ントロールの広さによる管理不足を克服するために、役割・タスクの明確化とマニュアル整備を徹底しています。マニュアルは変化することが前提で、業務の継続的改善が行われます。

③ 人材マネジメント

中核事業会社ニトリの社員を対象に、2～3年で製造や物流、販売など幅広い業務にあたり配置転換を繰り返します。それは役員も例外ではなく、店舗で一般社員と同じ仕事をさせられます。また外部からキーパーソンを採用したり、先進国アメリカに出店することにより経営ノウハウを習得し、外部研修への参加などを通して、組織スキルを高めています。

リーダーシップのあり方

「ロマンとビジョン」を経営理念にして、長期計画を策定し、重要事項はトップダウンで意思決定し、かつ現場主義で現場を掌握する強いPM型リーダーシップを発揮しています。

業績

ニトリグループは連結で29期連続増収増益、2016年2月期の売上は4581億円、経常利益750億円に達しました。

ニトリの「お、ねだん以上。」の強み

「お、ねだん以上。ニトリ」というキャッチコピーは、外向きの戦略の提供価値の表現。つまり安いだけでなく、センスのよさや、品質の高さが実感できることを経営戦略で規定している。その実現のため、店舗数を増やし規模の経済（量産効果）を追求すると共に、メーカー・商社・物流機能でバリューチェーンを革新している。

◎ 29 期連続増収増益のニトリホールディングスの経営モデル

ニトリは、似鳥社長のリーダーシップと明確な戦略アイデンティティ、それを実現させる内向きの戦略により、家具・インテリア業界の市場が縮小する中、持続的に好業績を維持している

事例のポイント

		ポイント
ビジョン		60 年の経営計画を作成
外向きの戦略	事業ドメイン	ホームファニシング
	ターゲット顧客	年収 800 万円以下のすべての人
	提供価値	●「トータルコーディネーション」 ●「低価格であるが、お値段以上の価値」
	バリューチェーン	売れるベーシック商品は自社製造、そのほかはメーカーから直輸入
内向きの戦略	組織	●フラット ●マニュアルによりスパン・オブ・コントロールを拡大
	人材マネジメント	●役員も例外ないローテーション ●外部リーダーの招へい ●ベストプラクティスの積極的吸収
リーダーシップ		ＰＭ型リーダーシップ

エクセレントカンパニーの特徴との関係

特徴	関係性
1. リーダーシップ	✓
2. 人を選ぶ	
3. 現実を直視する	
4. 単純明快な戦略的アイデンティティ	✓
5. 規律の文化	✓
6. 新技術に振り回されない	
7. 劇的な転換は日々の積み重ね	✓
8. 基本的価値観	✓

て・と

提供価値 46
ディシジョンツリー 135、137
デット・エクイティ・レシオ 153
デルファイ法 157
トランスフォーメーションマップ 128

な

ナレッジマネジメント 173、202

は・ひ

バランススコアカード 102
バリューチェーン 46
ビジネスモデル 22、36

ふ・へ・ほ

フィードラー理論 216、217
フェーズド・アプローチ 130
フェルミ推定 78
フォロワー 109
ブランドコンセプト 175
フリーキャッシュフロー 146
ブルーオーシャン戦略 55
ブレークイーブン分析 158
フローチャート 128

ま・み

マイ・クレド 171、190
マーケティングミックス 46
ミッション 174

ら・り・ろ

ランチャスター戦略 130
リアルオプション 135
リーダー 108
流動的組織 93
流動比率 153
ロードマップ 22、37、125

C

CRF 148
CSV指標 165、166

D

DCF法 145

M

MECE 76

N

NPV(Net Present Value) 146、147

P

PDCAサポートシステム 171、185
PDCAマネジメント 171、178
PER(Price Earning Ratio) 154
PM理論 216
PPM(Product Portfolio Management) 50、131
PSM分析 150

R

ROA(Return On Assets) 154
ROE(Return On Equity) 154

S

SL理論 216、217

その他

4R 132
5フォース分析(Five Forces) 127

用語索引

あ・い

アパシー 108
アメーバ経営 179
アンゾフの事業拡大マトリックス 54
イノベーター理論 116
インタレスト・カバレッジ・レシオ 153

う・え・お

内向きの戦略 22、37、83、107
売上高営業利益率 154
エクセレントカンパニー 214
演繹的・帰納的発想 77

か・き

会計利益指標 166
仮説思考 77
感度分析 156
ガントチャート 127
企業価値 154
キャリアアンカー 191
教育制度(プログラム) 173、198
共創・合成 79
競争優位性 38、171

く・け・こ

クリティカルマス 117
経営計画 23、41、169、207
経営戦略 23、39、169
コアコンピテンス 180
行動革新メカニズム 90、107
行動指針 176
コンセプト拡張 78、79
コンティンジェンシープラン 134、140

さ・し

事業計画 210、212
事業戦略 27
事業ドメイン 22、36、46
実勢株価乖離率 154
シナジー効果 66
シナリオプランニング 135、137
資本政策 161
収支予想 22、38、143
収支ＫＰＩモデル 148
従業員の行動を引き出す４つのレバー 28
従業員のセグメンテーション 108
人材マネジメント 100
人事制度 173、194

す・せ・そ

ステークホルダー 23
ステートメント体系 171、174
スパン・オブ・コントロール 92
ゼロベース思考 80
戦略の方程式化 72
組織アーキテクト 90
組織スキル 96、180
組織ストラクチャー 92
外向きの戦略 22、37、45、71
ソリューションシステム 77

た・ち

タイムフレーム 22
ターゲット・オーディエンス 23、172
ターゲット顧客 46、72
多次元発想 76
チェンジエージェント 171、186

著者紹介

内海康文（うつみ・やすふみ）

経営コンサルタント。企業変革・新産業創造のプロ。

株式会社 HRC 代表取締役。

大阪大学経済学部卒業。

シカゴ大学 MBA（Beta Gamma Sigma）

日本鉱業（現ＪＸ金属）を経て、マッキンゼー・アンド・カンパニーで国内外のリーディングカンパニーに対する経営コンサルティング活動に従事。その後、チューリッヒ保険で戦略、組織、人事、広報などの管理部全般を統括する。同時に自ら事業戦略を策定しチューリッヒダイレクトを立ち上げる。その後、ジェミニ・コンサルティングに入社。シニア・パートナーとして会社経営ならびに多業種、多テーマにわたる経営コンサルティング活動を行う。ジェミニ・コンサルティング在籍中に関連会社として株式会社ビジネス・アーキテクトを設立し代表取締役を務める。

株式会社ビジネス・アーキテクトでは、新産業創造を目的としてＮＥＣとのＪＶ（ジョイントベンチャー）を含め３社を立ち上げ、各社の会社経営に従事する。また株式会社ビジネス・アーキテクト在籍中にモニター・グループのバイス・プレジデントを兼任し日本拠点の経営に参画する。現在も国内外のリーディングカンパニー、ベンチャー企業の経営コンサルティング活動を継続し、同時に次世代リーダー育成を目的とした研修企画ならびに研修講師を務める。

著書に『起死回生のターンアラウンド』（東洋経済新報社）。


経営計画策定《けいえいけいかくさくてい》・実行《じっこう》の教科書《きょうかしょ》　〈検印省略〉

2017年　5　月 26　日　第　1　刷発行

著　者――内海 康文（うつみ・やすふみ）
発行者――佐藤 和夫

発行所――株式会社あさ出版
〒171-0022 東京都豊島区南池袋 2-9-9 第一池袋ホワイトビル 6F
電　話　03 (3983) 3225 (販売)
　　　　03 (3983) 3227 (編集)
ＦＡＸ　03 (3983) 3226
ＵＲＬ　http://www.asa21.com/
E-mail　info@asa21.com
振　替　00160-1-720619

印刷・製本　美研プリンティング（株）
乱丁本・落丁本はお取替え致します。

facebook　http://www.facebook.com/asapublishing
twitter　http://twitter.com/asapublishing

ISBN978-4-86063-938-9 C2034